我国应用型本科高校管理制度创新研究

刘海峰　等著

电子工业出版社

Publishing House of Electronics Industry

北京·BEIJING

内 容 简 介

本书为 2017 年度教育部人文社会科学研究一般项目"我国应用技术大学管理制度创新研究"的研究成果。我国应用型本科高校有 600 余所，目前的各种管理制度相对落后。为适应深化产教融合教育教学改革和服务地方经济社会发展的需要，应用型本科高校应创新各种管理制度，以此提高应用型人才培养质量、应用型科研能力和社会服务能力。本书重点论述了应用型本科高校的"应用型"教学管理制度、学科专业管理制度、师资管理制度、科研管理制度、学生管理制度、社会服务管理制度等方面的创新，对我国应用型本科高校制度创新有较高的借鉴价值。

本书适合应用型本科高校教师及学校管理者阅读。

图书在版编目（CIP）数据

我国应用型本科高校管理制度创新研究 / 刘海峰等著. —北京：电子工业出版社，2020.12
ISBN 978-7-121-40184-8

Ⅰ. ①我… Ⅱ. ①刘… Ⅲ. ①高校管理－体制改革－研究－中国 Ⅳ. ①G647.1

中国版本图书馆 CIP 数据核字（2020）第 245474 号

责任编辑：祁玉芹　文字编辑：曹　旭
印　　刷：中国电影出版社印刷厂
装　　订：中国电影出版社印刷厂
出版发行：电子工业出版社
　　　　　北京市海淀区万寿路 173 信箱　邮编：100036
开　　本：787×1092　1/16　印张：12.5　字数：320 千字
版　　次：2020 年 12 月第 1 版
印　　次：2023 年 3 月第 2 次印刷
定　　价：59.00 元

凡所购买电子工业出版社图书有缺损问题，请向购买书店调换。若书店售缺，请与本社发行部联系，联系及邮购电话：（010）88254888，88258888。

质量投诉请发邮件至 zlts@phei.com.cn，盗版侵权举报请发邮件至 dbqq@phei.com.cn。

本书咨询联系方式：qiyuqin@phei.com.cn。

本书为 2017 年度教育部人文社会科学研究一般项目"我国应用技术大学管理制度创新研究"（17YJA880050）的研究成果。

"我国应用技术大学管理制度创新研究"
项目组成员

主持人：刘海峰

成　员：张　静　吴杰霞　石　剑

　　　　吴荣立　李　娟　郜景阁

　　　　夏　霖

PREFACE

前言

- 我们处在百年未有之大变局时代！
- 我们处在高等教育之大发展时代！
- 我们处在高等教育之大改革时代！

　　2020 年对中国和世界来说都是极不平凡的一年，一场突如其来的"新冠肺炎疫情"引发的世界动荡，正在改变或即将改变世界政治、经济、文化、教育等格局。与以往任何历史时期相比，当今中国面对的国际形势更具不确定性，面临的竞争也更为激烈；与以往任何历史时期相比，中国高等教育服务国家和地方创新驱动发展的需要也显得更加迫切！

　　应用型高等教育是我国高等教育的重要组成部分。按照教育部 2017 年《关于"十三五"时期高等学校设置工作的意见》，我国高等教育总体上分为研究型、应用型和职业技能型三大类型。应用型本科高校主要指 1999 年以来经教育部正式批准设立的本科高校，截至 2019 年 6 月，该类本科高校总计有 456 所（不包括尚未脱离"母体"的独立学院和转设的本科职业大学），占我国本科高校总数的 37%，可谓"三分天下有其一"。

　　应用型本科高校是我国改革开放的产物，也是我国高等教育大众化的产物。我国应用型本科高校自产生以来，发展速度堪称突飞猛进。目前，各个应用型本科高校在校生人数大都在 2 万人以上，加上继续教育部分，学生总数平均也在 2.3 万人以上，按照西方高等教育界的观点，我国各个应用型本科高校都可被称为巨型大学。

　　我国应用型本科高校在实现规模扩张的同时，人才培养质量不高、科学研究水平较低、社会服务能力较弱的问题逐渐显现，专业同质化、校企合作不规范、大学生就业难等问题最为突出，改革应用型高等教育已成为社会各界的共同心声。2013 年以来，我国应用型本科高校自觉开展了轰轰烈烈的"转型发展"教育教学改革活动，确立了"产教融合、校企合作"的办学模式，时至今日，改革虽然取得了一定的成绩，但专业同质化、校企合作不规范、大学生就业难等突出问题并没有得到较大改观。2017 年，国务院办公厅下发《关于深化产教融合的若干意见》，我国应用型本科高校也进入到"深化产教融合教育教学改革"的发展阶段。

实施高等教育改革，说起来容易做起来难。提到"改革"，大家似乎都拥护，可一旦触及谁的利益，谁就会站出来反对。当今我国各个应用型本科高校好比一座座"大学之镇"，学校各级领导就是镇上的管理者，二级院系就是镇里的社区，教师和学生就是社区里的居民。校级领导、中层领导、教师、学生都有不同的利益诉求，学校领导与中层领导之间、领导与教师之间、教师与教师之间、教师与学生之间、学校与地方政府之间、学校与地方企业之间客观存在利益的博弈，维护旧秩序容易，重建新秩序很难。目前，我国各个应用型本科高校深化产教融合教育教学改革实质性进入了"改革有热情但改革有阻力"的攻坚克难期。

不论是"转型发展"教育教学改革，还是继之而起的"深化产教融合"教育教学改革，这些改革的难点都是教师，改革的痛点还是教师。而与教师密切相关、对教师行为进行规范的就是各种管理制度，无规矩不成方圆。我国应用型本科高校办学历史短，各种教学管理制度、人事管理制度、学科专业管理制度和科研管理制度等大都是在老牌本科高校管理制度的基础上修修补补转化而来的，带有较强的学术性和研究性特征。具体讲是在2008—2013年教育部新一轮本科教学合格评估之际制定、补充、完善起来的，与"产教融合、校企合作"应用型高等教育管理理念不符。现有的各种管理制度业已成为阻碍学校转型发展和深化产教融合教育教学改革的重要瓶颈之一，尽管改革必然伴随剧烈阵痛，但应用型高等教育管理制度改革却箭在弦上不得不发。

高校管理制度改革实际上是高校治理结构的改革，应用型本科高校管理制度改革的目标是构建基于产教融合、校企合作办学理念的现代应用型本科高校治理结构体系。治理结构愈先进，治理过程愈高效。

本书立足我国应用型本科高校的发展实际，借鉴国内外应用型高校管理经验，总结我国应用型本科高校近年来转型发展和深化产教融合教育教学改革所取得的宝贵成果，力求在三个方面有所突破。一是在应用型本科高校管理制度上有所创新。这是本书的研究重点，本书详细论述了我国应用型本科高校在应用型教学管理、应用型科研管理、应用型师资队伍管理、应用型学科专业管理、应用型学生管理及社会服务管理等主要管理制度方面存在的主要问题、创新的必要性、制度的体系化、国内外经验及制度创新的对策和建议。二是在应用型高等教育理论上有所创新。本书结合管理制度创新，提出了"转型发展高等教育理论""产教融合高等教育理论"等具有中国特色的应用型高等教育理论。三是在应用型高等教育观点上有所创新。本书结合我国应用型本科高校近年来的改革实践经验，提出了"服务地方经济社会发展是应用型本科高校的初心""政府主导、行业指导、校企双主体、中介参与是产教融合的创新组织结构""服务地方经济社会发展、服务中华民族伟大复兴是中国应用型本科高校新时代的新使命"等具有中国特色的应用型高等教育新观点、新理念。

　　我国应用型本科高校是国家及地方工程师忠实的培养者。目前，我国已成为世界第二大经济体，工业门类最为齐全，制造业也较为发达。尽管我国应用型本科高校本身还存在这样或那样的诸多问题，但我国应用型本科高校已经为国家及地方培养出数以千万计的工程师，并极大地促进了中国当代工业的发展，为国家及地方经济社会发展做出了显著贡献。成绩是主要的，也是首先应当予以肯定的，而"勇于面对诸多问题、从不回避不足之处"是我国应用型本科高校不断改革、不断进取、不断完善、不断发展的不竭动力。

　　当今时代是中华民族伟大复兴的时代，中国崛起、民族复兴离不开中国应用型高等教育。"技术强国"是中国崛起、民族复兴的立国之本，"技术人才"是中国崛起、民族复兴的精锐之师，"先进技术"是中国崛起、民族复兴的强国利器。在实现中华民族伟大复兴的征程中，中国应用型高等教育应肩负更多的责任与担当。

　　建设中国特色应用型高等教育管理制度体系是一项复杂的系统工程，具有长期性和艰巨性。既要借鉴国外应用技术型大学的管理经验，又不能照抄照搬。必须结合我国应用型本科高校的发展实际，通过转型发展和深化产教融合教育教学改革，逐步探索建设具有中国特色的应用型高等教育管理制度体系。

　　目前，我国应用型高等教育才蹒跚起步，有关的中国特色应用型高等教育管理制度研制尚在探索之中。由于本项目负责人和项目组成员的能力和水平有限，本书中的一些理论观点可能不够科学或不够妥当，对政策的理解也可能不够深入、不够全面，权作本项目组的大胆探索、抛砖引玉，恳请国内同行和朋友们给予批评指正。

刘海峰

2020 年 3 月

CONTENTS

目　　录

>>>>>>>>>>>>

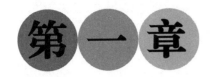

第一章

应用型本科高校管理制度概述

>>

党的十九大报告指出，"建设教育强国是中华民族伟大复兴的基础工程，必须把教育事业放在优先位置，加快教育现代化，办好人民满意的教育。"同时，党的十九大报告提出了"深化产教融合、校企合作"的要求。目前，我国应用型本科高校都在致力于转型发展和深化产教融合的教育教学改革。产教融合、校企合作既是我国应用型本科高校的主流办学模式，又是我国应用型本科高校主流人才培养模式、主流科学研究模式和主流社会服务模式。制度是保障，我国应用型本科高校欲达到转型发展和深化产教融合教育教学改革的目的，就必须加强与产教融合、校企合作相适应的各种管理制度的改革与创新。

第一节　选题缘由及研究意义 ✍

本书是教育部人文社会科学研究一般项目"我国应用技术大学管理制度创新研究"的研究成果，后来研究名称之所以变更为"应用型本科高校管理制度创新研究"，主要是受2017 年 1 月发布的《教育部关于"十三五"时期高等学校设置工作的意见》的影响，按照该文件精神，我国高等教育总体上可分为研究型、应用型和职业技能型[①]三大类型。换言之，我国"十三五"或"十四五"期间可能不再重点建设"应用技术型大学"，而重点建设"应用型本科高校"。2017 年 1 月是一个重要"分水岭"：在这之前，我国很多正在"转型

---

① 教育部. 教育部关于"十三五"时期高等学校设置工作的意见（教发〔2017〕3 号）[R]. 2017-01-25.

发展"的地方本科高校希望建设成为应用技术型大学；在这之后，建设目标统一修改为"应用型本科高校"。不论是应用技术型大学还是应用型本科高校，其办学模式和人才培养模式都是"产教融合、校企合作"，名称不同，宗旨一致。

一 选题缘由

（一）地方本科高校"转型发展"和"深化产教融合"教育教学改革是本项目组研究应用型本科高校管理制度的直接动力

2012 年年底，教育部规划司决定启动"地方本科高校转型发展工程"研究。2013 年年底，第一份研究报告《地方高校转型发展工程研究》由黄淮学院项目组上报教育部规划司。本项目组作为第一批研究"新建本科高校转型发展"教育教学改革的基层工作者，一直参与"地方本科高校转型发展"和"深化产教融合"教育教学改革的理论研究和实践活动[①]。2015 年 10 月，《关于引导地方高校转型发展的指导意见》（征求意见稿）出笼，旋即修改为教育部、国家发展改革委、财政部《关于引导部分地方普通本科高校向应用型转变的指导意见》[②]并正式颁布。2016 年 9 月，国务院决定，在"十三五"期间，国家投入 100 亿元重点建设 100 所"十三五"产教融合发展工程规划建设项目应用型本科高校，即"地方高校转型发展和产教融合发展示范校"。2017 年 1 月，《国家教育事业发展"十三五"规划》明确指出，"优先发展应用技术类型高校"。2017 年 10 月，党的十九大报告也明确指出，"深化产教融合、校企合作"。2017 年 12 月，国务院办公厅《关于深化产教融合的若干意见》出台。目前，我国 100 所"示范校"已经遴选结束，"产教融合型应用型本科高校建设"已步入历史发展的快车道，但我国地方本科高校与"深化产教融合教育教学改革"相适应的教学、科研、人事、学生、社会服务等管理制度都没有建立起来。本项目组曾参与教育部等三部门联合印发的《关于引导部分地方普通本科高校向应用型转变的指导意见》的前期研究和后期修改工作，全程参与地方本科高校"转型发展"和"深化产教融合"教育教学改革活动。通过亲身经历，痛感地方本科高校管理制度创新的必要：当今我国地方本科高校各项管理制度相对落后，"新的改革举措"与"现有管理制度"到了动辄"打架"甚或"撞墙"的地步。"现有管理制度"业已成为学校转型发展和深化产教融合教育教学改革的主要制度性障碍，制度改革与创新亟待提上议事日程。

（二）地方普通本科高校大学生就业难是本项目组研究应用型本科高校管理制度的间接动力

大学生就业难是一个普遍问题，该问题在地方普通本科高校中尤为突出。2013 年，我

---

① 2010—2012 年，本项目主持人与常熟理工学院顾永安教授、许霆教授等开始研究"新建本科高校转型发展"，2012 年撰写完成《新建本科院校转型发展论》，由中国社会科学出版社出版。

② 教育部，国家发展改革委，财政部. 关于引导部分地方普通本科高校向应用型转变的指导意见（教发〔2015〕7 号）[R]. 2015-10-21.

国高校毕业生规模达到 700 万人，媒体称之为"最难就业年"[①]；2014 年，我国高校毕业生规模达到 720 万人，媒体称之为"更难就业季"；2015 年，我国高校毕业生规模达到 749 万人，媒体称之为"史上更难就业季"；2016 年，我国高校毕业生规模达到 765 万人，媒体找不到合适的形容词来表述大学生"就业难"问题。2018 年我国高校毕业生规模达到 820 万人，2019 年我国高校毕业生规模达到 834 万人，毕业生规模比芬兰、丹麦国家总人口数还要多，几乎接近希腊、匈牙利的国家总人口数。事实上，近年来我国地方普通本科高校"大学生就业难"问题越来越严重，高教人不应对之视而不见、无动于衷。大学生就业难折射出了我国高校"人才培养供给结构性矛盾"，解决这一矛盾，就成为高教人追求的目标之一。近年来，地方本科高校自下而上掀起的"转型发展"和"深化产教融合"教育教学改革活动，在某种程度上是一种"自我救赎"自发行动[②]。不论是"转型发展"还是"产教融合"，其宗旨都是提高人才培养质量和破解大学生就业难这一核心问题。其简易对策就是"教师带领学生参与企事业单位急需的技术研发与推广项目，企事业单位为避免核心技术人才流失而提前录用大学生"[③]，进而有效解决本科大学生就业难问题，这也是欧洲应用技术型大学毕业生就业率和就业质量普遍高于研究型大学的"秘密武器"。但是，我国地方高校"转型发展"和"深化产教融合"教育教学改革一直遭遇重重困难，一路走来，阻力之大，难以想象！各种质疑，层出不穷。究其根源，政策、制度跟不上，顶层设计跟不上，纵使有"理想化"的改革理念，很多改革举措也很难落到实处，不少改革措施因制度性障碍无法顺利实施，这一问题在公办本科应用型高校中最为明显。不在管理制度上加强改革创新，地方本科高校的"转型发展"和"深化产教融合"教育教学改革难以实现较大的突破。

二 研究意义

（一）理论价值

加强应用型本科高校管理制度研究，有利于丰富"地方高校转型发展和深化产教融合教育教学改革"理论体系。

地方本科高校"转型发展"和"产教融合"两个概念都是西方高等教育学词典里不曾出现的词汇，极其富有中国智慧、中国特色。地方高校"转型发展"呼应的是我国当代产业"转型升级发展"的社会现实，地方高校"产教融合"呼应的是我国当代"创新驱动发展战略"的社会现实，都来源于当代中国现实的产业经济和社会发展活动。实际上，我国当代高等教育领域已经形成了"地方高校转型发展和产教融合发展学派"，自 2013 年以来，公开发表的含有"转型发展""应用技术大学""产教融合"的学术论文有 12000 余篇，参与高校有 400 余所[④]，参与讨论的专家涵盖研究型大学、应用型本科高校和职业技术学院

---

① 袁新文. "最难就业年"如何破解[N]. 人民日报，2013-05-10.
② 谭贞，刘海峰，等. 新建本科院校转型发展模式研究 [M]. 北京：科学出版社，2017.
③ 刘海峰，白玉，等. 我国应用技术大学建设与科研工作的转型[J]. 中国高教研究，2015（7）：71.
④ 主要是 1999 年以来"专升本"的新建本科高校，该类高校截至 2018 年 6 月共计 448 所。

的知名学者，改革活动前后历时 8 年之久……从中国高等教育史来看，把此次改革活动称之为"地方高校转型发展和产教融合发展学派"，诚不为过。8 年改革，8 年经验，地方本科高校"转型发展""产教融合"相关的核心概念、核心观点、教育理论日益彰显，而"应用型本科高校管理制度"则是其中重要的组成部分。中国的应用型本科高校应拥有中国的特色，中国应用型本科高校管理制度同样应拥有中国的特色，因此，加强"中国特色应用型本科高校管理制度创新研究"有利于丰富"地方高校转型发展和深化产教融合教育教学改革"理论体系。

加强应用型本科高校管理制度研究，有利于丰富中国特色应用型本科高校内涵建设和特色发展的理论内容。

制度是改革与发展的保障，中国特色应用型本科高校管理制度是"地方高校转型发展和深化产教融合教育教学改革"的核心内容和特色内容，为诸多改革举措的重中之重，该领域研究极具挑战性。"十三五"和"十四五"期间，服务国家及地方创新驱动发展战略是应用型本科高校的使命和责任担当，"内涵建设和特色发展"是我国应用型本科高校的重要任务，因此，加强中国特色应用型人才培养管理制度、应用型科学研究管理制度、应用型高校社会服务管理制度等诸多管理制度研究，有利于丰富中国特色应用型本科高校内涵建设和特色发展的理论内容。

加强应用型本科高校管理制度研究，有利于推动当代中国高等教育学、职业技术教育学的学科发展。

中国高等教育理论不能总跟在西方高等教育理论后面亦步亦趋，应有中国特色；中国职业技术教育学理论也不能总跟在西方相关理论后面邯郸学步，也应有中国特色。"地方高校转型发展和深化产教融合教育教学改革"是我国近年来一场较大的、同时兼顾高等教育和现代职业技术教育的改革活动，其教育学理论内容正是中国当代高等教育学、职业技术教育学的特色之一。因此，加强应用型本科高校管理制度研究，可以丰富我国当代高等教育学和职业技术教育学的理论内容，可以拓宽我国当代高等教育和职业技术教育学科研究新领域，进而推动当代中国高等教育学、职业技术教育学的学科发展。

（二）应用价值

本研究成果希望为我国众多地方普通本科高校和各级教育主管部门提供一部《应用型本科高校管理制度创新研究》的书面文本，供地方应用型本科高校和相关教育机构决策参考。

研究成果可供我国 100 所"十三五"产教融合发展工程应用型本科高校直接应用。

目前，我国 100 所"十三五"产教融合发展工程应用型本科高校由于"制度缺失"，都面临着"改革但不敢花钱、怕花错钱"等现实问题，甚至有人抱有"与其改革犯错误不如不改革"等因噎废食的态度。尽快研制出"中国特色应用型本科高校各项管理制度"，改革者才会有章可循，大胆改革。事实上，目前我国 100 所"十三五"产教融合发展工程应用型本科高校都急需具有中国特色的"应用型本科高校各项管理制度"。近年来，我国地方高校"转型发展"教育教学改革活动，主要借鉴欧洲应用技术型大学的办学经验，实践表明：简单借鉴欧洲应用技术型大学的办学经验，理论上受质疑，实践上行不通。因此，必须结合我国地方本科高校的发展实际，探索具有中国特色的应用型本科高校办学经验和管理制度。

研究成果可供我国其他"转型发展和深化产教融合改革示范校"直接应用。

目前，除100所全国性"十三五"产教融合发展工程应用型本科高校外，各省市尚有较多新建本科高校（包括部分民办新建本科高校）加入全国应用技术大学（学院）联盟，他们同样急需"具有中国特色的应用型本科高校各项管理制度"，以指导自身的转型发展和深化产教融合教育教学改革。

研究成果可以为各级教育主管部门指导地方高校转型发展和深化产教融合教育教学改革提供决策参考。

目前，教育部和各省教育厅对"地方高校转型发展和深化产教融合教育教学改革"的指导尚处在宏观层面，大多是鼓励性、导向性的宏观政策，而"中国特色应用型本科高校管理制度"则属于中观层面的改革内容，需要我国各个应用型本科高校在转型发展和深化产教融合教育教学改革实践中不断探索。政府宏观政策与高校中观制度的结合及政府宏观政策引导地方高校进行管理制度改革的方式等都是很现实的问题。

三　研究目的

应用型本科高校各种管理制度创新是一项庞大而繁杂的系统工程，本研究不可能面面俱到，研究对象主要集中在应用型教学、科研、人事、学生、服务、创业、就业各领域"主要的、具有代表性的、当前急需的"管理制度。具体而言，就是借鉴国外应用技术型大学科学合理的管理制度，吸收我国100所转型发展示范校近年来"制度改革与创新"的实践经验，结合我国地方普通本科高校的发展实际，初步研制并构建具有中国特色、适应当前转型发展和深化产教融合教育教学改革的主要管理制度，为我国未来逐步建立完善的中国特色应用型本科高校管理制度体系奠定基础。

第二节　文献综述及成果述评

检索中国知网等学术期刊网和国家图书馆等各大图书馆官网，尽管以"应用技术大学管理制度"为标题的学术著作和学术论文一部（篇）未有，但与"应用型本科高校管理"相关的研究成果则非常丰富，主要研究成果如下。

一 文献综述

（一）关于现代大学及其应用技术型大学管理制度的研究

应用型本科高校是现代大学的重要组成部分，故研究应用型本科高校管理制度必须了解现代大学管理制度的研究现状和发展趋势。

1. 关于现代大学管理制度的研究

孙霄兵所著《中国特色现代大学制度建设研究》一书，阐述了中国现代大学制度的四大特色："要有稳定机制、要有创新机制、要有社会支持机制、要有民主管理民主监督"[①]。唐世刚的《大学制度价值论》一书，阐述了当代大学制度的价值冲突及主要矛盾，提出了"现代大学制度应当平衡大学与政府、社会之间的复杂利益关系"[②]新观点，对我国应用型本科高校产教融合管理制度创新具有一定的借鉴价值。张茂聪、李松玉的《现代大学管理制度改革与创新：国际比较的视野》一书，通过欧美大学与我国大学管理制度的国际比较，研讨了我国大学在办学自主权、内部管理制度、教育问责制、教学管理制度、科研管理制度、人事管理制度、学生管理制度和大学章程诸方面的改革举措[③]，特别是该书所提出的办学自主权、教育问责制管理制度，对我国应用型本科高校管理制度创新有较大的借鉴意义。王洪才的《中国大学模式探索：中国特色的现代大学制度构建》一书，探讨了现代大学由管理型向治理型转变的逻辑、模式，提出了"现代大学制度建设的根本在于创新"的观点[④]。储著斌的《现代大学治理的地方高校实践研究》一书，论述了地方高校党委领导下校长负责制制度、地方高校学校章程、教学科研等管理制度，提出了地方本科高校"治理有方、管理到位、风清气正"的管理改革目标，其中的地方高校"经费投入政策、办学成本分担"[⑤]等经费管理制度对我国应用型本科高校后勤财务管理制度创新具有一定的借鉴价值。彭俊的《现代大学制度研究——以学术自由权为核心》一书，探讨了以学术自由权为核心背景下的大学外部治理结构和内部治理结构的发展趋势[⑥]。吴献新的《现代学校制度与管理实践》一书，主要从依法治校的角度，阐述了现代高校应逐步实现由高校管理向高校治理的转变[⑦]。

2. 关于应用技术型大学管理制度的研究

邓泽民、董慧超的《德国应用科学大学研究》一书，详细阐述了德国应用技术型大学

① 孙霄兵. 中国特色现代大学制度建设研究[M]. 北京：教育科学出版社，2014：135-136.
② 唐世刚. 大学制度价值论[M]. 青岛：中国海洋大学出版社，2017：182.
③ 张茂聪，李松玉. 现代大学管理制度改革与创新：国际比较的视野[M]. 济南：山东教育出版社，2013.
④ 王洪才. 中国大学模式探索：中国特色的现代大学制度构建[M]. 北京：教育科学出版社，2013：283.
⑤ 储著斌. 现代大学治理的地方高校实践研究[M]. 成都：西南交通大学出版社，2018：172-180.
⑥ 彭俊. 现代大学制度研究——以学术自由权为核心[M]. 北京：中国政法大学出版社，2018：116-185.
⑦ 吴献新. 现代学校制度与管理实践[M]. 北京：高等教育出版社，2017.

的法律、学制、专业、教学、课程、研发、学生、师资、招生、就业、校企、教产、学分、学位、经费、质量等方面的管理制度，对我国应用型本科高校管理制度创新具有较大的借鉴价值[①]。郑邦山的《新建本科院校发展道路探索》一书，从学科强校、质量立校、人才兴校发展战略出发，论述了新建本科高校党政相关管理体制机制[②]。马陆亭在其《应用技术大学建设的若干思考》一文中指出，地方本科高校转型发展是高等教育和职业技术教育的"双重需要"[③]。李建忠在其《芬兰应用技术大学办学特色与经验》一文中强调，应通过立法或教育法修改，"明确应用技术大学的地位、使命和层次"，为我国应用技术大学发展提供法律保障[④]。孙诚、杜云英在其《欧洲应用技术大学的发展思路》一文中指出，推动我国应用技术型高校发展，必须在人才培养、科学研究、社会服务管理制度上加强"统一的科学评估标准建设"[⑤]。王洪才在其《中国该如何发展应用技术大学》一文中指出，发展中国特色应用技术型大学，办学体制的封闭性"是一个最难以克服的障碍"[⑥]。

（二）关于应用型本科高校大学章程及行政管理制度的研究

1. 关于应用型本科高校大学章程的研究

2015 年年底，114 所中央部属高校全部完成大学章程的制定及核准工作，应用型本科高校大学章程制定及修改工作陆续展开。在应用型本科高校大学章程建设方面，孙霄兵指出，高校应结合"放管服"改革，"为高校章程实施营造制度环境"[⑦]。范颖、赵亚飞认为，我国应用型本科高校在大学章程建设方面存在内容同质化、条文表述模糊化、可操作性较差、监督机制不明化等问题，应"完善章程文本建设，运行有效的监督机制和规范的制定程序"[⑧]，逐步完善应用型本科高校大学章程。鲍嵘、朱华伟认为，地方本科高校大学章程应"具备有用性、合规性、整合性、兼容性"[⑨]。吴能武认为，地方本科高校大学章程建设普遍存在文本不佳、内容缺失、质量不高诸多问题，应从"加强章程建设培训、优化章程核准流程、加强对章程执行的监督与检查等方面"[⑩]完善大学章程。

2. 关于应用型本科高校行政管理制度的研究

在党委领导下的校长负责制方面，柳友荣认为，党委领导下的校长负责制是中国特色应用型本科高校"大学制度之魂"[⑪]。李延保、张建林认为，我国应用型本科高校不是"教

① 邓泽民，董慧超. 德国应用科学大学研究[M]. 北京：科学出版社，2017.
② 郑邦山. 新建本科院校发展道路探索[M]. 开封：河南大学出版社，2010：154.
③ 马陆亭. 应用技术大学建设的若干思考[J]. 中国高等教育，2014（10）：10.
④ 李建忠. 芬兰应用技术大学办学特色与经验[J]. 大学（学术版），2014（2）：73.
⑤ 孙诚，杜云英. 欧洲应用技术大学的发展思路[J]. 中国高等教育，2014（12）：62.
⑥ 王洪才. 中国该如何发展应用技术大学[J]. 高校教育管理，2014（6）：19.
⑦ 孙霄兵. 推进大学章程实施提高高校治理水平[J]. 中国高等教育，2016（19）：5.
⑧ 范颖，赵亚飞. 应用型本科院校大学章程比较研究[J]. 保山学院学报，2017（4）：6.
⑨ 鲍嵘，朱华伟. 大学章程与高校内部治理结构之关系研究[J]. 现代教育管理，2019（5）：12.
⑩ 吴能武. 地方高校章程建设的问题分析与对策建议[J]. 上海教育评估研究，2016（4）：6.
⑪ 柳友荣. 新时代中国特色现代大学制度的学理阐释与实践理路[J]. 复旦教育论坛，2018（4）：17.

授治校"而是"教授治学",不是"去行政化"而是"去官本位",新时代我国应用型本科高校应强化党委领导下的校长负责制,学校理事会(董事会)只具有"咨询、顾问性质,少数机构带有审议的功能"①。罗昌勤、韦春北认为,我国应用型本科高校党委领导下的校长负责制目前存在理解不够准确、管理制度滞后等问题,应通过"准确理解制度科学内涵、探索党政合一领导体制"②。

在高校行政问责制度方面,张茂聪、李松玉认为,应研制并实施《高等学校问责法》和《高校干部问责制实施办法》及其配套的高校监督管理制度、信息公开管理制度、高校决策听证管理制度等,对执行不力、渎职失职行为应视其情节轻重分别处于诫勉谈话、书面检查、公开道歉、通报批评、取消评先评优资格、减扣绩效津贴、调整工作岗位、停职检查、引咎辞职、责令辞职、降职免职等处分③。

在学校理事会(董事会)内部治理结构改革方面,杨科正、张笑予认为,我国应用型本科高校理事会建设普遍存在"定位模糊、功能弱化、运行虚化"诸多问题,应从明确职责、人员组成、运行机制三个方面加强理事会建设④。马凤岐、李亚飞认为,目前我国高校普遍存在不重视理事会管理职能等问题,应从校外人士担任理事长、明确学校理事会职能、完善理事会会议等方面提高理事会管理效率⑤。李延保、张建林认为,我国应用型本科高校的内部治理结构是"党委领导、校长负责、教授治学、民主管理、依法治校"⑥。孙曙光认为,新时期应扩大高校理事会的权限,学校重大教学改革、重要人事变动等重大事项都应征求理事会(董事会)的意见⑦。

在校学术委员会管理制度方面,谭光兴、王祖霖认为,新时期需要完善学术委员会规程,应处理好"党委领导与学术委员会独立行使职权的关系、校长治校与教授治学的关系、学术委员会与其分支机构的关系"⑧。许化荣认为,我国应用型本科高校学术委员会制度存在"运行程序混乱无序"诸多问题,应从"构建完善的组织机构、规范合理有序的运行程序"等方面完善学术委员会制度⑨。在领导干部选拔制度方面,孙为、刘焕礼认为,地方高校在选拔干部方面普遍存在"权力过于集中、监督机制不到位"等问题,应"优化干

---

① 李延保,张建林. 对新时代中国特色社会主义大学制度建设几个问题的讨论[J]. 高等教育研究,2018(6):21.

② 罗昌勤,韦春北. 新建本科院校贯彻党委领导下的校长负责制的困境和对策[J]. 高教论坛,2014(1):13.

③ 张茂聪,李松玉. 现代大学管理制度改革与创新:国际比较的视野[M]. 济南:山东教育出版社,2013:193.

④ 杨科正,张笑予. 论理事会在公立高校治理体系中的职责与建设[J]. 宝鸡文理学院学报,2018(5):107.

⑤ 马凤岐,李亚飞. 关于有效发挥我国高校理事会作用的几个问题[J]. 复旦教育论坛,2018(3):28.

⑥ 李延保,张建林. 对新时代中国特色社会主义大学制度建设几个问题的讨论[J]. 高等教育研究,2018(6):22.

⑦ 孙曙光. 高校理事会:现代大学治理的制度创新[J]. 煤炭高等教育,2015(3):18-19.

⑧ 谭光兴,王祖霖. 新时代我国高校学术委员会制度探讨[J]. 江西师范大学学报,2019(2):88-90.

⑨ 许化荣. 治理视角下我国地方高校院(系)学术委员会运行模式研究[D]. 济南:山东师范大学,2017:45-48.

部选拔工作的权力结构、任用程序、监督机制和问责惩戒机制"[1]。在高校反腐倡廉制度方面，肖心茹认为，地方本科高校在行政、科研、后勤领域存在腐败行为，应"完善大学管理体制机制、加强教师思想政治工作、强化办学行为立体监督"[2]等方面预防高校腐败现象。谢宝富认为，我国地方高校存在"腐败种类繁多、腐败主体多元化"等问题，应"改变现行高校监督、科研、财务及组织人事管理制度"[3]。

（三）关于应用型本科高校教学管理制度的研究

1. 关于应用型本科高校教学质量保障的研究

史秋衡等人在《高等教育大众化阶段质量保障与评价体系研究》一书中指出，高校内部质量保障强调教育教学活动过程中行为准则的规范和调整，并以相关的质量制度和质量标准来实现，教学质量制度呈现"从强调评价绩效化开始、走向大学自我质量管理调适、走向院校内部质量文化建设"[4]三大变迁规律。刘克宽在《应用型本科教育质量规范化管理机制研究》一书中强调，应用型本科高校应建立更具开放性、调节性的教学质量保障体系和标准体系，规范管理机制，实现教学质量有效控制，并提出"三三四四"规范化教学质量管理模式。"三三四四"规范化教学质量管理模式是：三大理念，学生中心、全员参与、系统运作；三大体系，质量目标结构体系、质量过程考核体系、质量保障运作体系；四大机制，组织制度保障机制、过程激励约束机制、科研促进教学机制、内部评估评价机制；四大环节，人才培养系统的生源输入环节、人才输出环节、社会反馈环节、改进提高环节[5]。房敏在其《规制与引领：地方新建本科高校教学管理制度研究》一书中认为，新建本科高校在教学管理制度的设计和执行过程中都存在缺陷，应从"大制度"角度重构应用型本科高校教学管理的"规制性制度、规范性制度和认知性制度"[6]。和震、李玉珠等在其《职业教育产教融合制度创新》一书中，从产教融合的视角，探索了国家宏观产教融合制度、专业集群与区域产教融合制度、工作分析与工学结合制度、校企合作制度，重点诠释了"现代学徒制"的制度内涵[7]。

2. 关于应用型本科高校其他教学管理制度的研究

在应用型人才培养模式方面，孟庆国和曹晔认为，应用技术技能型人才培养应注重"本

---

① 孙为，刘焕礼. 对高校领导干部选拔任用现状与廉政风险防控的思考[J]. 黑龙江教育学院学报，2018（6）：152-153.

② 肖心茹. 高校制度反腐过程中的观念误区研究[D]. 长沙：湖南师范大学，2015：33-39.

③ 谢宝富. 警惕披着"合法"外衣的高校腐败[J]. 人民论坛，2019（3）：80.

④ 史秋衡，等. 高等教育大众化阶段质量保障与评价体系研究[M]. 广州：广东高等教育出版社，2012：182-184.

⑤ 刘克宽. 应用型本科教育质量规范化管理机制研究[M]. 北京：教育科学出版社，2014：231-239.

⑥ 房敏. 规制与引领：地方新建本科高校教学管理制度研究[M]. 北京：中国社会科学出版社，2018：3-4.

⑦ 和震，李玉珠，等. 职业教育产教融合制度创新[M]. 北京：科学出版社，2018：161.

科+技师"等多种人才培养模式，应创新本科高等教育与中高职教育衔接制度①。在教务管理制度方面，洪求枝认为，我国应用型本科高校在教务管理上存在"校企良好沟通机制缺失"等问题，应"将社会教学单位纳入教务管理范围、改进学生考核方式"②。在教师教学管理制度方面，贾雅琼、俞斌认为，适应创新型人才培养需要，应加强创新型项目和教学团队制度建设③。在课堂教学管理方面，侯长林认为，欲打造高水平应用型"金课"，就必须加强课堂教学的研究性，教师应加强应用型科学研究并把研究成果带入课堂，引导学生探险并获得最新应用技术知识，为此，"要尽快建立和完善有利于促进课堂教学研究性的制度和机制"④。在课堂教学方法方面，李旭红认为，应用型本科高校应重视案例分析法、讨论法等教学方法，为此，应"完善教学质量评估制度，完善教学管理制度"⑤。在实践教学管理方面，Achim Loewen（阿希姆·洛文）认为，应用型科研和研发是应用型本科高校实践教学的"基石"，应实行"规定以从事科研为主的教授每周 9 个课时量"⑥等制度创新。林芙蓉、张学翎认为，第二课堂是应用型本科高校实践教学的主阵地，应"完善第二课堂管理制度、健全第二课堂管理体系"⑦。在学生毕业设计（论文）管理方面，余雪、黄浩认为，我国新建本科高校学生毕业设计（论文）普遍存在"管理制度不善、执行力不强"等问题，应着力构建毕业设计（论文）质量监控体系，加强"全过程、全员性、可量化的质量监控"制度建设⑧。龚兵丽认为，应根据毕业设计（论文）的专业性、多样化、应用性，对毕业设计（论文）采取"分类管理"制度⑨。

（四）关于应用型本科高校应用型学科专业建设管理制度的研究

1. 关于应用型学科建设管理制度的研究

谭贞、刘海峰等认为，新建本科院校转型发展，非但不能弱化学科建设，而且要加强学科建设，主要是通过校地互动、校企合作加强应用型学科建设，为此，新建本科院校应加强"应用型学科管理制度、应用型学科培育和设置管理制度、应用型学科评估和奖惩制度、应用型学科建设资金管理制度、应用型学科动态调整机制"⑩等相关管理制度建设。徐军伟认为，学科是地方本科高校发展的"牛鼻子"，地方本科高校应用型学科建设发展缓

① 孟庆国，曹晔. 中国特色高技能人才培养体系与模式研究[J]. 职教论坛，2016（13）：69.
② 洪求枝. 刍议应用型专业建设下的高校教务管理[J]. 湖北科技学院学报，2015（6）：118.
③ 贾雅琼，俞斌. 浅谈开展创新性项目对应用型教学团队建设的促进作用[J]. 教育教学论坛，2017（13）：35.
④ 侯长林. 论应用型本科高校课堂教学的研究性[J]. 铜仁学院学报，2019（1）：35.
⑤ 李旭红. 应用型本科院校教师课堂教学方法使用现状调查[J]. 西部素质教育，2019（7）：181.
⑥ Achim Loewen. 应用科学大学实现应用型教学的基石[J]. 应用型高等教育研究，2017（3）：11.
⑦ 林芙蓉，张学翎. 学分制下应用型本科院校第二课堂建设与管理对策[J]. 黑龙江教育学院学报，2019（2）：16.
⑧ 余雪，黄浩. 新建本科院校毕业论文质量管理体系研究[J]. 合肥学院学报，2019（1）：110.
⑨ 龚兵丽. 应用型本科高校毕业论文（设计）分类管理模式[J]. 三明学院学报，2019（1）：96.
⑩ 谭贞，刘海峰，等. 新建本科院校转型发展模式研究 [M]. 北京：科学出版社，2017：125.

慢，应先立新、后破旧，实行"学科特区"①管理，校企合作共建应用型特色学科。孙建京、吴智泉认为，地方应用型高校应重点发展应用型特色学科，应处理好"科学学科和技术学科之间、工程学科和技术学科之间的关系"②，校企合作共建应用技术学科。张新婷认为，学科是地方本科高校组织的"细胞"，应"放大院校的学术权力，做好应用型学科的顶层设计，加强应用型学科建设的中期绩效考核和年终绩效考核，加强应用型学科团队建设、制定应用型学科建设评估指标"③等相关管理体制机制的建设。王志蔚、王妍妍认为，江苏省应用型本科高校应用型学科建设出现"争先进位"④的发展态势，应尽快制定《江苏省校企合作促进法》，进一步促进应用型本科高校应用型学科建设。战锐、徐珊珊认为，应用型本科高校学科布局与结构不合理、同质化现象严重，应"加强组织保障，建立学科动态调整机制，加强学科队伍，加强过程管理，加强监督考核，建立资金动态支持，建立激励约束机制"⑤等相关管理制度的建设。

2. 关于应用型专业建设管理制度的研究

在应用型专业建设管理方面，谭贞、刘海峰等认为，新建本科院校应推行应用型专业供给结构性改革，积极创新"应用型专业设置管理办法、校企合作共建应用型专业管理办法、行业企业外聘教师管理办法、本科生校企双导师制度、应用型专业动态调整机制、应用型专业教研团队建设办法、应用型专业过程管理办法、应用型专业建设标准、应用型专业建设激励约束办法"⑥等管理体制机制。陈刚、胡景乾认为，应用型本科高校应完善"校企合作"机制，重点打造"一流应用型专业"⑦。邱竹、陆佳枫认为，应用型本科高校应立足"区域性人才需求"，加强"工程实践教学"管理⑧，校企合作共建应用型特色专业。徐雁认为，应用型本科高校大都被动地迎接专业评估，应加强"应用型专业教学质量评估标准和完善的评估与反馈机制"建设⑨。在应用型课程建设管理方面，朱涛认为，目前我国地方本科高校应用型课程改革出现"乱象"⑩，应加强应用型课程改革的指导、教学评价和过程管理。冀宏、张然、张根华等人认为，目前我国应用型本科高校应用型课程建设尚未摆脱"学术型"的一贯做法，应完善校企合作共建应用型课程管理制度，聚焦"应用型课程的目标确立、内容规划和考核标准"⑪。在应用型教材建设管理方面，张云霞认为，应用型本科高校应完善校企合作教材建设管理机制，"以 OBE 的理念为指导，反推课程与

---

① 徐军伟. 地方本科院校转型要聚焦应用型学科建设[J]. 教育发展研究，2017（1）：2.

② 孙建京，吴智泉. 地方大学应用型学科专业建设探讨[J]. 北京教育，2015（5）：68.

③ 张新婷. 地方本科院校应用型学科建设研究[J]. 铜仁学院学报，2017（11）：65.

④ 王志蔚，王妍妍. 江苏应用型本科高校领先发展的政策建议[J]. 职业技术教育，2017（21）：68.

⑤ 战锐，徐珊珊. 应用型本科院校学科建设的路径选择[J]. 职业技术教育，2017（29）：23.

⑥ 谭贞，刘海峰，等. 新建本科院校转型发展模式研究 [M]. 北京：科学出版社，2017：131.

⑦ 陈刚，胡景乾. 高等教育内涵式发展背景下的一流学院和一流专业建设[J]. 安康学院学报，2017（6）：3.

⑧ 邱竹，陆佳枫，等. 基于区域性人才需求的应用型专业办学探讨[J]. 大学教育，2017（5）：136.

⑨ 徐雁. 应用型专业教学质量评估与反馈机制存在的问题与对策[J]. 科技经济导刊，2018（36）：140.

⑩ 朱涛. 地方高校应用型专业课程教学改革探讨[J]. 教育教学论坛，2018（4）：122.

⑪ 冀宏，张然，张根华，等. 基于校企合作教育的应用型课程建设理路[J]. 应用型高等教育研究，2017（1）：43.

教材对人才培养的贡献度"①。王海峰、周莲芳认为，新建本科高校应创建"高校与产业界合作组建教材开发团队"②管理机制，共同开发应用型教材。

（五）关于应用型本科高校师资队伍建设管理制度的研究

1. 关于双师双能型师资队伍建设管理制度的研究

双师双能型师资管理制度建设是应用型本科高校人事工作的重点任务。肖志雄、秦蓓认为，目前我国应用型本科高校双师型师资管理制度滞后，应加强双师型"资格的认定管理、培养模式、培训体系、评价制度"③方面的工作。李德建、周杰根据专业知识、专业技能、专业发展，构建了"三维三级七要素三十一个指标内容"④的双师型教师标准体系。古翠凤、胡相芳认为，强化双师型师资队伍建设，应提高双师型师资的酬薪，完善"双师型师资队伍酬薪"制度。⑤言捷智、邹建国认为，我国地方本科院校普遍存在"双师型认定标准不一致"等问题，应"加强认定标准、完善培训培养制度、健全评价奖励制度"⑥。程莉萍、陶卫平认为，我国应用型本科高校不但要加强双师型师资队伍建设，更要加强"双能型"师资队伍建设，应研制"统一的双能型师资的相关制度"⑦。

2. 关于应用型本科高校其他人事管理制度的研究

在高校行政人员管理制度方面，何淑通认为，地方本科高校提高行政管理效率，应优先完善"人事管理制度、管理人员专业标准、管理人员教育培训制度"，创新"管理人员专业发展的校内保障机制"⑧。在职称评审制度方面，胡哲等认为，高校应制定科学的专业技术人员职称评审标准，完善专业技术人员职称评价机制⑨。在教师聘任制度方面，吴华认为，高校应该建立"能上能下"的行政职务和专业技术岗位职务聘任制度，强化"优绩"考核及考核指标的反馈，并实行"二级分配管理体制"⑩。在学科专业带头人管理方面，张伟杰认为，应根据德才兼备、注重业绩、教学与科研相结合等原则，制定科学合理的学科专业带头人认定标准，完善学科专业带头人高薪制度和严格的考评制度⑪。在教研团队建设管理方面，李心沁等认为，高水平协同创新团队建设对高校至关重要，应建立健全协

① 张云霞. 基于校企合作的应用型教材建设探索[J]. 教育现代化, 2017（2）：65.
② 王海峰，周莲芳. 新建高校应用型教材开发合作模式研究[J]. 宝鸡文理学院学报, 2012（5）：230.
③ 肖志雄，秦蓓. "双师型"教师专业化发展的管理策略研究[J]. 高教学刊, 2016（9）：227.
④ 李德建，周杰. "双师型"教师标准建构：逻辑起点、核心要素与路径选择[J]. 职教论坛, 2017（25）：27.
⑤ 古翠凤，胡相芳. "双师型"教师薪酬制度比较研究[J]. 教育观察, 2018（17）：47.
⑥ 言捷智，邹建国. 地方本科院校"双师型"教师队伍建设研究[J]. 学理论, 2017（8）：195.
⑦ 程莉萍，陶卫平. 应用型本科院校"双能型"师资队伍建设的探索与思考[J]. 黄山学院学报, 2015（2）：107.
⑧ 何淑通. 高校管理人员专业发展研究[D]. 南京：南京师范大学, 2017：210-253.
⑨ 胡哲，等. 科研事业单位专业技术人员职称制度的改革与思考[J]. 人才资源开发, 2018（12）：36.
⑩ 吴华. 高校教师聘任制度理论与实践研究[D]. 福州：福建师范大学, 2017：23-28.
⑪ 张伟杰. 高校学科带头人聘任的研究[D]. 杭州：浙江大学, 2003：35-36.

同创新团队的"聘用制度、考评制度、激励制度"[①]。在教师绩效考核管理方面，王征认为，高校应制定科学合理的教师绩效考核制度，完善教师绩效考核标准，创新教师绩效人性化考核方法[②]。在教授管理方面，孙霖认为，应从"法律规范、教授身份体制及大学治理体制"三个方面保障高校教授的学术权利，使教授群体在高校建设中发挥更大的作用[③]。

（六）关于应用型本科高校科学研究管理制度的研究

1. 关于应用型本科高校横向科研管理制度研究

横向科研管理是应用型本科高校当下及未来科研管理的重点，蒋艳萍、吕建秋认为，应用型本科高校普遍存在"横向项目管理制度滞后、经费管理失范、过程管理不到位"等诸多问题，应完善横向项目管理制度、规范横向项目经费管理、强化横向项目过程管理[④]。杨晓刚、赵志丹、殷昊认为，我国高校在横向科研管理上客观存在"过紧"与"过松"两种现象，横向科研管理制度陈旧老套，应在横向科研项目激励制度上"放"，在横向科研项目执行过程管理制度上"收"[⑤]。曹涛认为，我国地方本科高校在横向科研项目管理上存在"合同签订不规范、经费监管不到位"等问题，应创新管理制度，除收取必要的"管理费"外，其他经费应有项目科研人员按照财务制度自主支配，同时"规范横向科研项目合同书、制定横向科研激励制度"[⑥]。李东生认为，横向科研项目管理与纵向科研项目管理不同，应建立更加完善的横向科研项目管理制度，并实行"适度灵活的弹性经费管理制度"[⑦]。

2. 关于应用型本科高校其他科研管理制度研究

在纵向科研项目管理方面，李明镜、刘凯认为，纵向科研经费客观存在"经费预算管理粗放、科研经费预算与实际使用不符、科研人员人力资本价值不清、忽视科研人员权益、对科研人员不信任"等问题，应完善科研经费预算管理制度，完善科研劳务费和人员费的管理规定，对不同类型的纵向科研项目制定不同的管理办法[⑧]。在高校科研财务助理制度管理方面，林学延认为，为有效解决"把科研人员逼成会计"问题，应建立健全科研财物助理管理制度[⑨]。在科研机构管理方面，张义芳认为，应制定更加科学的绩效评估指标，建立更加科学的绩效评价制度，同时让科研机构"有一定自由地制定自身的优先绩效目标

① 李心沁，等. 高校中医药科研创新团队运行制度建设初探[J]. 人才研究，2017（1）：47.
② 王征. 中美高校教师绩效考核制度比较研究[D]. 兰州：兰州大学，2016：30-33.
③ 孙霖. 日本大学教授学术权利的制度保障[D]. 济南：山东大学，2017：34-38.
④ 蒋艳萍，吕建秋. 从制度建设谈广东高校横向科研项目管理现状与对策[J]. 科技管理研究，2015（5）：104.
⑤ 杨晓刚，赵志丹，殷昊. 高校横向科研项目管理的"放"与"收"[J]. 中国高校科技，2017（7）：20.
⑥ 曹涛. 高校完善横向科研项目管理的几点建议[J]. 统计与管理，2016（3）：154.
⑦ 李东生. 如何科学管理高校横向科研项目[J]. 中国高校科技，2018（1）：20.
⑧ 李明镜，刘凯. 对国家科研经费管理的再认识和制度重构[J]. 科技管理研究，2018（4）：32.
⑨ 林学延. 高校科研财务助理的制度背景分析[J]. 金融经济，2019（4）：203.

和评估指标",激活机构科研活力[①]。在科研人员调动管理方面,王岐认为,高校科研人员流动属于社会合理现象,应"改革户籍和人事档案管理制度"[②],保证科研人员安心科研促进经济发展。在科研诚信管理方面,苏洋洋、董兴佩认为,高校科研诚信教育存在"监督失灵"等问题,应"完善我国科研诚信教育制度并设立专门机构开展科研诚信教育"[③]。在科研人员健康保障管理方面,沙森认为,对科研任务繁重、长时间超负荷工作的科研人员应当实行"每年适当的学术休假"制度[④]。

(七)关于应用型本科高校社会服务管理制度的研究

1. 关于应用型本科高校人才、科技服务管理制度的研究

为地方培养大量实用技术人才是应用型本科高校社会服务的第一要务,在应用型人才培养服务管理方面,王学通等人认为,我国地方本科高校普遍存在"高校与企业缺乏沟通,专业人才培养不对口"等问题,应优化应用型人才培养模式,完善应用型教学管理制度,校企合作为地方培养生产、管理、服务一线的应用型专业技术人才[⑤]。在教师服务管理方面,邓琳蕾认为,应结合教师人事制度改革,完善社会服务激励机制,鼓励教师积极参与企事业单位科技研发等工作[⑥]。科技服务是应用型本科高校社会服务的主要表现,在科技服务管理方面,谭静芬、吴志锋认为,地方本科高校普遍存在"科研激励机制不完善、无分类"等问题,亟待建立"以薪酬为主体的物质激励机制"并完善"分类考核体系"[⑦],以此激发广大教师参与科技服务的积极性。在科技服务平台管理方面,王凡认为,新建本科高校应建立校企信息沟通机制、建立校企合作管理的长效机制,以规范的制度"明确参与者的利益、责任和义务"[⑧]。

2. 关于应用型本科高校其他社会服务管理制度的研究

在科技成果转移管理方面,孙锦礼认为,大多数应用型本科高校存在"科技成果转移制度不健全"问题,应制定科学、合理的"科研成果转化奖惩制度"并"将科研成果转化作为职称评定的参考条件"[⑨]。在高校科技成果转移机构管理方面,高江宁认为,应建立政府对参与科技成果转移企业财政补偿制度和高校科技成果转移机构的绩效评价制度,"将技术转移机构设置、经费投入、转移成效"等纳入对转移机构的考核评价体系[⑩]。在文化服务管理方面,凌春辉认为,应建立校地互动合作共建地方特色文化的合作机制,完善县

---

① 张义芳. 美、英、德、日国立科研机构绩效评估制度探析[J]. 科技管理研究,2018(22):30.

② 王岐. 科研人员流动的制度管理问题研究[J]. 辽宁经济,2019(1):38.

③ 苏洋洋,董兴佩. 论我国高校科研诚信教育制度之完善[J]. 山东科技大学学报,2019(2):110.

④ 沙森. 保障科研人员健康从制度入手[N]. 中国科学报,2018-06-04.

⑤ 王学通,等. 地方高校服务区域经济建设的问题与探索[J]. 工程经济,2018(4):51.

⑥ 邓琳蕾. 地方高校服务区域经济发展研究[D]. 南充:西华师范大学,2018:50.

⑦ 谭静芬,吴志锋. 地方高校科研人员服务地方的激励机制研究[J]. 五邑大学学报,2018(2):89.

⑧ 王凡. 新建本科院校社会服务能力提升研究[D]. 武汉:华中科技大学,2018:170.

⑨ 孙锦礼. 河南应用型大学科研成果转化问题研究[J]. 智库时代,2019(5):136.

⑩ 高江宁. 高校技术转移机构建设路径与发展策略研究[J]. 中国科技产业,2018(10):77.

乡（镇）文化遗产研究基地合作共建制度，为地方文化建设提供服务①。在高校资源服务管理方面，谭贞、刘海峰等人认为，新建本科院校应充分发挥高校图书馆、体育馆、实验室、实训室等高校教育资源优势，为所在市民提供资源服务②。在智库服务管理方面，周辉认为，地方本科高校应建立"多学科、跨学科、交叉学科"智库团队协同创新机制③，合力为社会提供高质量、高水平的智库服务。

（八）关于应用型本科高校学生工作管理制度的研究

1. 关于应用型本科高校学生工作综合管理制度的研究

目前，我国应用型本科高校教师普遍认为当代大学生"管理难"，有社会大环境影响原因，也有校内学生管理制度落后原因。罗文涵认为，"大学生管理制度落后"是当代大学生管理难的主要原因，制度体系虽然齐全，但制度内容总体陈旧，难以适应外部环境和大学生自身个性发展的快速变化，因此，应健全学生管理法律法规、完善以学生权利为中心的各种学生管理制度、建立学生管理激励和奖惩机制④。郑日辉认为，市场经济、网络技术等多种因素对高校学生管理带来冲击，应根据时代特点创新学生管理体制，完善具有开放性、包容性的大学生管理制度⑤。韩忠全认为，目前高校学生管理需要加强法制化建设，应树立"以学生为本、以学生为主体、以学生权利为本位"观念，制定"程序科学民主、具合法性与操作性、适时修订"的学生管理制度⑥。于永伟认为，高校应根据当代大学生多重利益诉求，实现硬性制度化管理向柔性机制化管理的转变，增加学生自主管理，实行学校与学生双向管理⑦。邵德福认为，当代高校学生的管理理念、管理模式、管理制度落后，应完善学生自主参与的日常管理和思想教育工作的管理制度，创新学生干部管理机制，落实奖励和惩罚制度⑧。

2. 关于应用型本科高校学生工作其他管理制度的研究

在大学生校外实践基地管理方面，于大钊认为，我国应用型本科高校大学生校外实践基地活动管理目前是"漏洞百出"，亟待完善与大学生校外实践活动相关的国家法律法规、学校领导指挥决策制度、教学实践过程管理制度、教学实践监督制度、学生实践日常管理制度、学生实践安全制度及校企合作管理制度⑨。在高校辅导员学生管理方面，黄粱认为，为提高高校辅导员学生管理积极性，应完善辅导员准入制度、辅导员考核制度、辅导员职

① 凌春辉. 高校服务地方非物质文化遗产保护传承工作实证研究[J]. 沿海企业与科技，2018（6）：70.
② 谭贞，刘海峰，等. 新建本科院校转型发展模式研究 [M]. 北京：科学出版社，2017：231.
③ 周辉. 地方高校如何提升服务区域发展能力[J]. 中国高校科技，2018（8）：80.
④ 罗文涵. 大学生管理的问题分析与机制创新研究[J]. 黑龙江高教研究，2015（2）：39.
⑤ 郑日辉. 大学生管理的问题分析与机制创新研究[J]. 科学大众，2018（4）：108.
⑥ 韩忠全. 大学生管理法制化研究[D]. 哈尔滨：哈尔滨师范大学，2017：116-121.
⑦ 于永伟. 大学生管理由制度化向机制化变革研究[J]. 黑龙江高教研究，2017（7）：81.
⑧ 邵德福. 当代高校大学生管理工作存在的问题及解决措施[J]. 经济师，2018（8）：160.
⑨ 于大钊. 大学生校外实践基地管理制度的反思与重构[J]. 法制博览，2017（10）：71-72.

业发展制度、辅导员激励制度[①]。在学生会管理方面，常婉婷认为，为提高学生会管理水平，应完善学生会干部例会制度、考评制度、不合格学生干部劝退制度[②]。在学生社团管理方面，王钧永认为，我国高校社团管理目前客观存在"缺乏统一管理、缺乏专业指导"等诸多问题，学生社团管理要"建章立制，学校统一管理与学生自主管理相结合、完善监督机制和指导机制"[③]，实现学生社团的规范化管理。在学生手机管理方面，卿再花等人认为，大学生依赖手机直接导致大学生"学业拖延"，建议加强大学生手机使用的管理与控制[④]。张红等人认为，大学生手机成瘾严重影响学生的睡眠质量和身体健康，应加强学生手机使用管理，引导学生正确合理使用手机[⑤]。

（九）关于应用型本科高校创新创业就业管理制度的研究

1. 关于应用型本科高校学生创新创业管理制度的研究

在大学生创新创业行政管理制度上，冯浩认为，我国高校创新创业管理普遍存在"管理制度不全、管理形式单一"等问题，应着力健全创新创业管理的人员聘任制度、业绩考核制度、小组管理制度、导师制制度、经费管理制度等[⑥]。孟宪阳认为，为适应大学生创新创业管理需要，应完善大学生创新创业"弹性学习制度"和"大学生创新创业休学制度"[⑦]。在大学生创新创业教育管理方面，谭贞、刘海峰等人认为，大学生创新创业教育，重在"创新"教育，重点培养大学生创新创业精神和基本技能，应结合课程改革，制定科学合理的"创新创业教育贯穿人才培养全过程"的管理制度[⑧]。李琴等人调查发现，在校学习过《创业学》《创业管理》课程的毕业生毕业后创业率高出其他学生 5.7%，因此应完善创新创业课程管理制度和创新创业师资队伍管理制度[⑨]。在高校大学生创新创业园管理方面，宋柏红等人认为，应完善高校与创新创业园合作机制、信息沟通机制、信息反馈机制和效果评价机制，根据创业项目成熟度，分别实行创业咨询指导、技能培训指导、创业方案指导、创业团队指导、项目孵化指导[⑩]。李盾认为，应建立和完善大学生创新创业"校外、校内协同合作的管理与服务"机制[⑪]，校企合作共同推动大学生创新创业活动。

---

① 黄梁. 青年辅导员在大学生管理工作中的优劣研究[J]. 高教学刊，2016（20）：171.
② 常婉婷. 浅析我国高校学生会管理模式创新[J]. 智库时代，2016（6）：121.
③ 王钧永. 大学生社团管理机制创新与实践探索[J]. 现代交际，2018（20）：41.
④ 卿再花，等. 大学生手机依赖对学业拖延的影响 [J]. 湖北第二师范学院学报，2018（8）：76.
⑤ 张红，等. 大学生手机依赖程度与睡眠质量的相关性分析[J]. 当代护士，2019（13）：11.
⑥ 冯浩. 沈阳高校大学生创新创业管理制度构建[J]. 沈阳建筑大学学报，2017（1）：74.
⑦ 孟宪阳. 营口市高校创业教育管理研究[D]. 大连：大连理工大学，2016：28.
⑧ 谭贞，刘海峰，等. 新建本科院校转型发展模式研究 [M]. 北京：科学出版社，2017：193.
⑨ 李琴，等. 创业教育对大学生在校创业行为及毕业后创业意愿的影响[J]. 复旦教育论坛，2018（4）：71.
⑩ 宋柏红，等. 大学生创业管理人才培养对接创业园区模式[J]. 当代青年研究，2015（6）：47.
⑪ 李盾. 湖北高校大学生创新创业管理体系构建及对策研究[J]. 湖北经济学院学报，2018（12）：116.

2. 关于应用型本科高校学生就业管理制度的研究

在校级大学生就业管理方面，郭婧认为，应落实就业管理绩效考核制度，对就业管理工作人员，按照业绩考核标准，落实激励和惩罚制度[1]。江玲玲认为，对就业困难学生实行"一生一策"管理机制[2]，做到精准帮扶。在二级院系大学生就业管理方面，崔艳妮认为，应确立"校系两级、以系为主"的就业指导工作机制，在二级院系成立学生就业指导机构，实行院系党委书记一把手负责制[3]。在大学生就业教育管理方面，孙倩认为，应建立"就业教育和就业指导纳入人才培养计划和课程体系"[4]机制，强化大学生职业生涯规划指导。在大学生就业信息化管理方面，陆晓雨、侯方认为，高校就业管理机构应建立详细的高校毕业生和用人单位信息库，及时更新招聘信息，"保证大学生和相关企事业单位能最大限度地获得充分的人力资源信息"[5]。

二 成果述评

上述学者的研究成果既有深度也有广度，为本项目研究奠定了较好的基础。例如，孙诚研究员强调"必须在人才培养、科学研究、社会服务管理制度上加强统一的科学评估标准建设"，这就为高教界提出研制"应用型人才培养评估标准、应用型科学研究评估标准、应用型社会服务评估标准"的制度设计和战略任务奠定了基础，极具战略前瞻性。但是，由于我国应用型本科高校建设总体上尚处于"探索发展"阶段，目前我国学术界主要还停留在应用型本科高校的办学理念、发展模式、职业教育、转型发展、产教融合、校企合作等宏观层面的学术研究与学术争论上，研究触角刚刚延伸至"中国特色应用型本科高校管理制度"的深层内容，只有一些学术著作和学术论文零星地涉及应用型本科高校的内部治理结构改革、董事会（理事会）管理制度改革、产教融合人才培养模式改革等与应用型本科高校管理制度相关的问题，既缺乏系统性，亦缺乏可操作性。国外学者目前更不可能专门探讨"中国特色应用型本科高校管理制度"问题。概言之，"中国特色应用型本科高校各种管理制度研究"是一个全新的高等教育和职业教育研究领域，诸多处女地有待开拓！

① 郭婧. 高校就业创业指导师资队伍建设诉求与实现路径[J]. 黑龙江教育学院学报，2019（4）：27.
② 江玲玲. 新时代下大学生就业服务保障体系研究[J]. 蚌埠学院学报，2019（2）：112.
③ 崔艳妮. 大学生就业管理研究[D]. 太原：山西大学，2014：29.
④ 孙倩. 大学生就业指导制度国际化比较和中国选择[J]. 人民论坛，2014（32）：240.
⑤ 陆晓雨，侯方. 大学生就业管理制度改革探析[J]. 教育管理，2017（7）：15.

第三节　核心概念及理论基础

中国特色应用型本科高校管理制度建设是一个系统工程，具有多维性、艰巨性和长期性。在探讨创新我国应用型本科高校管理制度之前，有必要对相关的核心概念和理论基础进行简要的阐释。

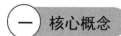

（一）应用型本科高校

最早对应用型本科高校概念进行权威界定的当属潘懋元先生。潘懋元先生认为，应用型本科高校应是一类以培养应用型人才为主、以培养本科生为主、以教学为主、以面向地方为主办学的高校[①]。江小明、张妙弟认为，应用型本科高校是一种新型大学，是一类"在教育、科研、社会服务三项功能中均是应用型"[②]的高校。2017年1月，教育部印发的《教育部关于"十三五"时期高等学校设置工作的意见》把我国高等教育分成研究型、应用型、职业技能型三类[③]，应用型本科高校由此得到官方的确认。

结合地方本科高校的实际，本项目组将"应用型本科高校"定义为：一类以应用型人才为培养对象、以本科生培养为主兼顾专业硕士研究生培养、以科学知识和技术成果的应用为导向、以服务地方产业经济和社会发展为使命而进行办学的高等学校。我国应用型本科高校的定位主要可概括为八个方面。第一，人才培养目标定位是"应用型人才"，既不是学术型、研究型人才，也不是技能型、操作型人才。第二，人才培养类型定位是"以本科生培养为主"，逐步减少专科生培养数量，逐步增加专业硕士（包括工程硕士）培养数量。第三，人才培养模式定位是"产教融合、校企合作"，突出"校企双主体"合作育人。第四，学科发展定位是"应用型学科"，重点发展与地方或区域主导产业紧密联系的重点优势学科。第五，专业发展定位是"应用型专业"，重点发展与地方或区域特色产业紧密联系的重点特色专业。第六，科学研究定位是"应用型科研"，逐步加强与地方或区域行业企业技术研发与推广项目合作，以应用型科研促进应用型教学。第七，社会服务定位是立足地方，辐射区域，为地方或区域产业经济和社会发展服务。第八，高校发展目标定位是建设具有鲜明特色的高水平应用型大学。

---

① 潘懋元. 什么是应用型本科？[J]. 高教探索，2010（1）：10.

② 江小明，张妙弟. 应用型大学有关概念和内涵问题的研究[J]. 北京教育，2007（3）：50.

③ 教育部. 教育部关于"十三五"时期高等学校设置工作的意见（教发〔2017〕3号）[R]. 2017-01-25.

（二）应用技术大学

目前，高教界对"应用技术型大学"尚没有统一的概念界定，或称之为"应用技术大学"，或称之为"应用科技大学"，或称之为"应用科学大学"。部分学者给出了一些描述性的定义，如1981年德国科学评议委员会就将它定位为：德国应用科技大学是"不同类型但是等值"的高等学校[①]。奥地利官方机构对应用技术大学的定义为"旨在提供大学层次且具备科学理论与实务技术的职业教育与训练，以符合奥地利境内各行各业人才需求，并提供可相互转换衔接的教育体系"[②]。张翠琴认为德国应用科技大学"是高等职业技术教育的主体，以培养大中型企业技术骨干或小型企业管理者及技术骨干为目标"[③]。中国教科院孙诚研究员将欧洲应用技术大学定义为"一种与普通大学并行、以专业教育为主导、教育类型更加面向工作生活的高校"[④]。顾金良认为"德国应用科技大学在内涵和本质上是一种面向实际、面向应用的高等工程技术教育，在性质上区别于我国的高职高专教育，与我国倡导的技术应用型本科教育相似"[⑤]。

在前人研究成果的基础上，结合我国教育实际，本项目组将"中国特色应用技术大学"定义为：一类为适应和满足我国地方或区域产业经济和社会发展需要而产生，与其他普通本科高校并行和等值，以科学知识和技术成果的应用为导向进行办学，为社会培养高层次技术技能人才的高等学校。

（三）新建本科高校

新建本科高校系指1999年至今通过"专升本"设置的、由教育部公布的地方本科高校。

从1999—2019年，我国新设置的456所本科高校（不包括尚未脱离"母体"的独立学院和本科职业大学）仅仅有20年的发展历史，建设时间较短，有学者把此特点概括为"新建期"，并认为"经过一轮教育部本科教学工作水平评估合格后，就不再被视为'新建'本科院校"[⑥]。该观点与实际情况不符，原因如下。其一，目前大多数新建本科院校虽然已经经历了教育部本科教学合格评估，但仍然习惯称自己为"新建本科院校"。其二，我国教育部一些官方文件对1999年以来升本的本科高校称之为"新建本科高校"，如2017年教育部发布的《教育部关于"十三五"时期高等学校设置工作的意见》第三条有"对新建本科

---

① 胡蕾蕾. 德国应用科技型大学的制度研究[D]. 南京：南京理工大学，2010：27.

② Federal Ministry for Education. The Arts and Culture in cooperation with Federal Ministry for Science and Research. Development of Education in Austria 2004-2007[EB/OL]. http://www. bmukk. gv. at/medienpool/ 17147/develop_edu_04_07. pdf，2013-08-29.

③ 张翠琴. 德国应用科技大学（FH）研究[D]. 重庆：西南大学，2008：5.

④ 孙诚. 欧洲应用技术大学七大经验[J]. 瞭望，2014（23）：37.

⑤ 顾金良. 德国应用科技大学研究摭谈——兼论其对我国高职院校发展方向的启示[J]. 职教通讯，2011（7）：50.

⑥ 王前新，刘欣. 新建本科院校运行机制研究[M]. 北京：科学出版社，2007：11.

学校的办学条件……情况开展监测评价"①的表述。其三，高校发展阶段新，即该类本科院校建校历史较短，办学历史时间长者不过 20 年，短者只有 2 年。其四，高校内涵建设新，即该类本科高校总体上基础差、底子薄，本科办学经验不足，其内涵建设突出"应用型"。其五，高校特色发展新，即该类本科高校具有地方性、应用性，其教学特色突出与地方行业企业"合作育人"，科研特色突出应用性，学科与专业建设特色突出与地方行业企业"合作共建"，各个地方的主导产业特色各异，新建本科院校的办学特色也应随之"特色各异"。

（四）产教融合

目前，学术界对产教融合的概念界定是仁者见仁、智者见智。曹丹认为，"产教融合是指生产与教育的一体化"②。重庆师范大学彭梦娇认为，"产教融合是通过校企互动实现生产和教育的一体化"③。淮海工学院王秋玉认为，"产教融合是由地方本科院校与地方特色优势企业在产学研等方面开展的类型丰富、层次多样的合作"④。这些认识主要从"高校与企业合作"角度来认识产教融合，见仁见智，各有侧重。但他们共同的不足之处在于：对政府、行业、中介主体重视不够，对产教融合的"主体与特色"表达不够清晰。

本项目组以为，产教融合的概念应有广义与狭义之分。广义上，产教融合就是教育与产业的融合发展过程；狭义上，产教融合就是高校和企业与政府、行业、中介组织围绕人才培养、技术研发与推广、职业技术培训、就业创业等开展的教育界与产业界一体化协同发展过程。广义上的产教融合实际上包括从小学、中学到大学乃至"大学后"整个职业教育过程，即终身教育过程。大学教育需要产教融合，中小学教育、职业技术教育和"大学后"职业技术教育同样需要产教融合。狭义上的产教融合主要针对我国当前高等教育、职业教育，客观上需要加强与产业界的密切联系，以提高人才培养质量、促进经济发展这一特定的社会状况而做出的概念界定。产教融合是政府、行业、企业、高校、中介之间的"五维联动"，而不仅仅是高校与企业的"二元互动"。"人才培养、技术研发与推广、职业技术培训、就业创业等"是产教融合发展的"主要任务"，这些任务既是政府、行业、企业、高校、中介各方均关注的对象，也是政府、行业、企业、高校、中介都应当承担的社会责任。"产业界与教育界一体化协同发展"是产教融合理论落脚点，即高校、企业与政府、行业、中介各个主体的高度融合、协同发展。深化产教融合教育教学改革的适切对象并非仅限于应用型本科高校和职业技术学院，而是包括研究型大学在内的所有高等教育和职业教育机构。

（五）高校管理制度

"高校管理制度"是本项目的重点研究对象。就"高校管理制度"而言，张光慧认为，

---

① 教育部. 教育部关于"十三五"时期高等学校设置工作的意见（教发〔2017〕3 号）[R]. 2017-01-25.
② 曹丹. 从"校企合作"到"产教融合"[J]. 天中学刊，2015（1）：133.
③ 彭梦娇. 应用型本科高校产教融合的研究 [D]. 重庆：重庆师范大学，2016：11
④ 王秋玉. 地方本科院校深化产教融合运行机制研究 [J]. 中国成人教育，2017（3）：37.

高校管理制度是"高等学校依照法律法规和上级有关规定，结合本地本校实际，在充分酝酿的基础上，依照一定的程序，起草、讨论、通过、发布制度并组织实施、确保贯彻执行的过程"[①]。袁光敏认为，高校管理制度是"指协调、规范大学组织的各种行为，使其成为一个有机整体，以有效地适应环境的一系列的制度安排及运行机制"[②]。由此可知，学术界对"高校管理制度"的概念定义存有分歧。

本项目组以为，"高校管理制度"是指高等学校依据国家法律法规而制定的旨在保障人才培养、科学研究和社会服务的各种管理制度。第一，高校管理制度实际上可分为宏观管理制度和微观管理制度。宏观管理制度主要是国家和地方政府制定的法律法规，这是高校制定管理制度的基础和依据，任何高校都必须在遵守国家法律法规基础上依法治校。第二，高校管理制度属于微观层面的内部管理制度，国家及地方政府颁布的法律法规属于外部管理制度。第三，高校内部管理制度是本项目研究的对象。第四，高校内部管理制度种类很多，如行政管理制度、教学管理制度、科研管理制度、人事管理制度、学生管理制度、后勤管理制度等，但所有的管理制度都服务于高校的三大基本职能——人才培养、科学研究和社会服务。第五，"各种管理制度"包括纵、横两大体系，纵向上包括某类管理制度体系和相应的考核评估标准体系，如科研管理制度体系及其相应的考核评估标准体系；横向上包括学校各种管理制度及其相应的考核评估标准体系。

（六）高等职业教育

本项目研究既属于高等教育范畴，也属于高等职业教育范畴，而高等职业教育则属于职业教育范畴，因此，学术界应明确高等职业教育的概念并理清高等教育与高等职业教育的关系。目前我国学术界对高等职业教育的概念存在学术分歧，如朱江认为，高等职业教育"它是高等教育；它是职业技术教育；它是职业技术教育的高等阶段"[③]。朱江的观点指出了高等职业教育的实质，但表达笼统而没有明确的概念。郭达认为，高等职业教育"是培养高级实践应用型人才的教育"[④]。其观点则过于笼统、过于泛化。

本项目组认为：高等职业教育是指培养从专科生到本科生再到专业研究生等层次高水平专业技术技能型人才的教育。研究高等职业教育的前提之一是明确"职业教育"的类型。就我国职业教育而言，大抵可分成基础职业教育(中小学职业教育)、中等职业教育(中职)、高等职业教育（专科层次职业教育、本科层次职业教育和专业硕士研究生职业教育）、职业培训教育（就职前后的职业技术培训）和终身职业教育五大类。其中"高职高专"专科性质的职业技术教育毫无疑问是高等职业教育；此外，本科高校应用型人才培养和专业硕士培养应属于高等职业教育。由此可知：第一，职业教育的范畴远远大于高等教育；第二，职业教育不同于高等教育，研究型大学高等教育不属于职业教育；第三，高等教育与高等

① 张光慧. 高校制度建设的概念、法律依据与基本原则[C]. 中国行政管理学会2005年年会暨"政府行政能力建设与构建和谐社会"研讨会论文集，2005：349.
② 袁光敏. 基于法规视角的高校内部管理制度建设研究[D]. 长沙：湖南农业大学，2010：11.
③ 朱江. 高等职业教育研究概述[J]. 人力资源开发，2016（7）：99.
④ 郭达. 产业演进趋势下高等职业教育与产业协调发展研究 [D]. 天津：天津大学，2017：25.

职业教育二者之间有较大的"重叠部分"，即专科生层次的高等职业教育、本科生层次的高等职业教育、研究生层次的高等职业教育，三个重叠部分既属于高等教育，也属于高等职业教育。从名称上也可以看出它们之间的耦合关系，即都含有"高等"两个字。

三大类高等职业教育关系如图 1-1 所示。

图 1-1　三大类高等职业教育关系

二　理论基础

与我国应用型本科高校管理制度相关的基础理论比较多，既有国外的相关理论，也有国内的相关理论。相较而言，国内的"转型发展"理论、"产教融合"理论对我国应用型本科高校管理制度创新更具有针对性。

（一）地方高校转型发展教育理论

2015 年 10 月，教育部等三部门联合印发的《关于引导部分地方普通本科高校向应用型转变的指导意见》标志着中国高等教育转型发展理论基本形成。该指导意见明确指出，地方高校转型发展的基本思想是"把办学思路真正转到服务地方经济社会发展上来，转到产教融合校企合作上来，转到培养应用型技术技能型人才上来，转到增强学生就业创业能力上来，全面提高学校服务区域经济社会发展和创新驱动发展的能力"[①]；地方高校转型发展的主要任务是明确应用型办学定位、加快融入区域经济社会发展、建立行业企业合作发展平台、建立紧密对接产业链和创新链的专业体系、创新应用型技术技能型人才培养模式、深化人才培养方案和课程体系改革、加强"双师双能型"教师队伍建设、强化应用型

---

① 教育部，国家发展改革委，财政部. 关于引导部分地方普通本科高校向应用型转变的指导意见（教发〔2015〕7 号）[R]. 2015-10-21.

科学研究、构建现代职业教育体系[①];地方高校转型发展的核心理念是"产教融合、校企合作";地方高校转型发展的教改目标是提高应用型人才培养质量、应用型科研水平和服务地方产业经济和社会发展能力[②]。地方高校转型发展高等教育理论对我国应用型本科高校管理制度建设具有重大指导意义。

(二)产教融合教育理论

2017 年 12 月,国务院办公厅印发的《关于深化产教融合的若干意见》标志着中国高等教育产教融合理论基本形成。文件明确指出:高等教育产教融合的基本思想是"深化职业教育、高等教育等改革,发挥企业重要主体作用,促进人才培养供给侧和产业需求侧结构要素全方位融合,培养大批高素质创新人才和技术技能人才"[③]。深化产教融合改革的主要任务是推进产教协同育人、加强产教融合师资队伍建设、加快学校治理结构改革、加大创新教育培训服务供给等。深化产教融合的创新组织结构是"政府主导、行业指导、校企双主体、中介参与"[④]。深化产教融合的改革目标是"教育和产业统筹融合、良性互动的发展格局总体形成,需求导向的人才培养模式健全完善,人才教育供给与产业需求重大结构性矛盾基本解决,职业教育、高等教育对经济发展和产业升级的贡献显著增强"[⑤]。深化产教融合理论是创新我国应用型本科高校管理制度的重要依据。

(三)应用型高等教育理论

应用型高等教育理论是潘懋元先生重要的高等教育理论之一。1956 年,潘先生就指出我国高等教育存在"重理论而轻实际,重学而轻术"[⑥]的问题,提倡理论联系实际的教学方法。1959 年,潘先生提出"现场教学是教学与生产劳动相结合的直接形式、课堂教学应实现理论与实践紧密结合"[⑦]的观点。1986 年,潘先生提出高校的三大基本职能:"第一,人才培养;第二,发展科学;第三,直接为社会服务"[⑧]。1992 年,潘先生提出地方高校应重点"培养应用型人才"观点[⑨]。1997 年,潘懋元先生提出"教育内外部矛盾基本规律"[⑩]。2005 年,潘先生把新建本科高校定位为应用技术型,人才培养定位为"应用型人才"[⑪]。

① 顾永安,刘海峰,等. 新建本科院校向应用技术大学转型的任务与举措[J]. 现代教育管理,2014:62.

② 谭贞,刘海峰,等. 新建本科院校转型发展模式研究[M]. 北京:科学出版社,2017:25.

③ 国务院办公厅. 关于深化产教融合的若干意见(国办发〔2017〕95 号)[R]. 2017-12-19.

④ 夏霖,刘海峰,谭贞. 芬兰应用技术大学 RDI 科研范式及其启示[J]. 高教探索,2019(4):87.

⑤ 国务院办公厅. 关于深化产教融合的若干意见(国办发〔2017〕95 号)[R]. 2017-12-19.

⑥ 潘懋元. 试论理论联系实际的教学方针[J]. 厦门大学学报,1956(1):17.

⑦ 潘懋元. 教学、生产劳动、科学研究的矛盾与统一[J]. 厦门大学学报,1959(1):47-49.

⑧ 潘懋元. 高等学校的社会职能[J]. 高等工程教育研究,1986(3):16.

⑨ 潘懋元. 中国高等教育的地方化与国际化[J]. 高教探索,1992(3):15.

⑩ 潘懋元. 潘懋元文集[M]. 广州:广东教育出版社,2010:38-47.

⑪ 潘懋元. 分类、定位、特点、质量——当前中国高等教育发展中的若干问题[J]. 福建工程学院学报,1986(3):100.

2007 年，潘先生进一步完善应用型高等教育理论，他认为，我国高校大体由研究型、应用型、技能型三类构成。应用型本科高校办学定位为应用型；人才培养定位为应用型人才；科研定位为应用型、开发型研究[①]。2007 年至今，潘先生还阐述了众多与"应用型"相关的高等教育新观点、新理论。潘先生的应用型高等教育理论对我国应用型本科高校建设具有重大的指导意义。

（四）科学管理理论

1911 年，美国学者弗雷德里克·温斯洛·泰勒（Frederick Winslow Taylor）所著的《科学管理原理》一书中提出了"科学管理、量化管理"[②]理论。该理论认为：科学管理是基于专业分工、标准化、最优化的管理；科学管理的基本内容主要是作业管理、组织管理；科学管理的实质是"让经验上升为科学"[③]；科学管理的基本方法是定额管理、差别计件工资制、挑选并合理使用一流人才管理、标准化管理；科学管理的基本目的是减少资源浪费、提高劳动生产率。该理论的价值在于：高效率的管理要科学化、精细化、标准化。该理论对我国应用型本科高校管理制度的"制度文本与量化标准"相辅相成具有一定的指导意义。

（五）组织协同创新理论

1976 年，德国物理学家赫尔曼·哈肯（Hermann Haken）著《协同学导论》一书，提出了"协同学理论"[④]，该书在我国有《大自然构成的奥秘》等译本。该理论认为，世界上存在千差万别的各种系统，各系统之间存在着既相互影响又相互合作的关系，系统与系统之间的合作从有序到无序、从无序到有序都遵循一定的演进规律。该理论的价值在于："协同学理论强调协同效应，协同效应是指在复杂大系统内，各子系统的协同行为产生出的超越各要素自身的单独作用，从而形成整个系统的统一作用和联合作用"[⑤]。该理论对我国应用型本科高校教学管理制度、科研管理制度、服务管理制度、师资管理制度、学科管理制度、专业管理制度、学生管理制度、后勤管理制度、就业管理制度等管理制度相互之间的"协同创新"改革具有一定的指导意义。

（六）三螺旋创新结构理论

1995 年，美国学者亨利·埃茨科威兹（Henry Etzkowitz）与勒特·雷得斯多夫（Loet

---

① 潘懋元. 我看应用型本科院校定位问题[J]. 教育发展研究，2007（7）：25-36.

② （美）弗雷德里克·温斯洛·泰勒. 科学管理原理[M]. 北京：北京大学出版社，2013.

③ 黄洪强. 科学管理的建立[J]. 南方论坛，2015（7）：27.

④ （德）赫尔曼·哈肯. 协同学导论[M]. 凌复华，译. 上海：上海译文出版社，2005.

⑤ 王玉丰. 常规突破与转型跃迁——新建本科院校转型发展的自组织分析[D]. 武汉：华中科技大学，2008：11.

Leydesdorff）联合撰写《三螺旋——大学·产业·政府三元一体的创新战略》[①]一书，提出了著名的政府、大学与产业"三重螺旋理论"。该理论认为：政府、大学和产业三者之间是一种互动关系，政府的角色是保证大学与产业之间合作与交换的政策制定者；大学是新理论、新知识、新技术的创造者和来源地；产业是新知识、新技术的生产者。政府、大学和产业三者在各自承担自身责任的同时，还需要承担对方的角色，三者之间的角色互相交错，形成一种"三螺旋"形式的组织结构，大学应该通过建立科技园、研发中心、研究联络处等机构组织为对方提供服务。三螺旋理论的理论价值在于："将具有不同价值体系的政府、企业和高校在发展区域社会经济上统一起来，形成知识领域、行政领域和生产领域的三力合一，从而为经济和社会发展提供坚实的基础"[②]。该理论强调政府—产业—教育"三者互动"，强调产教融合、校企合作，对我国应用型本科高校管理制度的内容创新具有一定的参考价值。

第四节 研究方法及理论创新

英国学者卡尔·波普尔（Karl Popper）曾说："任何方法只要导致能够合理论证的结果，就是正当的方法"[③]。本研究的研究方法、研究思路和主要创新点如下。

一 研究方法

（一）调查研究法

围绕"应用型本科高校管理制度建设"，制作周密详细的调查问卷，对我国近百所地方高校转型发展情况进行问卷调查，通过实地考察、问卷调查、深度访谈等方法，取得第一手原始资料和最新数据。

（二）比较研究法

本项目的研究主要选择德国、英国、芬兰、澳大利亚等国的 5～6 所国外应用技术型大学（或称之为"应用科技大学"）作为重点研究对象，仔细考察国外应用技术型大学各项

---

① （美）亨利·埃茨科威兹，勒特·雷得斯多夫. 三螺旋——大学·产业·政府三元一体的创新战略[M]. 周春彦，译. 北京：东方出版社，2005.

② 陈红喜. 基于三螺旋理论的政产学研合作模式与机制研究[J]. 科技进步与对策，2009（24）：6.

③ （英）卡尔·波普尔. 猜想与反驳：科学知识的增长[M]. 傅季重，等译. 上海：上海译文出版社，1986：100.

管理制度特色，并将国外应用技术型大学各项管理制度与我国地方普通本科高校各项管理制度进行横向对比分析，区分优劣，寻求可供借鉴的、科学合理的管理制度。

（三）文献研究法

研究我国应用型本科高校管理制度的问题及对策离不开我国近年来的国家高等教育政策和"转型发展""产教融合"的改革举措。本项目组收集了大量与应用型本科高校转型发展、产教融合相关的文献资料：第一，国家及地方相关政策与法规，其中包括《关于引导部分地方普通本科高校向应用型转变的指导意见》《国务院办公厅关于深化产教融合的若干意见》等相关高等教育政策性文件及教育部官方统计资料；第二，2014—2019 年共 6 届"产教融合发展战略国际论坛"有关的会议报告、会议论文集；第三，多所应用型本科高校教育部本科教学合格评估自评报告、学校年鉴、新闻报道、管理制度等；第四，公开出版或发表的与地方应用型本科高校管理制度相关的学术著作（50 余部）和学术论文（2000 余篇）。显然，这些文献资料对本研究的开展是非常必要的。立足文献资料进行研究，可增加本研究的现实性和客观性。

（四）行动研究法

项目组以河南省某"十三五"应用型本科产教融合发展工程高校 H 学院为研究与"中试"基地，将部分研究成果投入学校应用，在实践中反复检验成果的科学性。理论指导实践，实践丰富理论，在实践中不间断吸收国内其他"十三五"应用型本科产教融合发展工程高校转型发展和深化产教融合教育教学改革成功经验，进一步完善各种管理制度，通过社会评价、专家诊断性评价、总结性评价，最终形成具有科学性、可操作性的我国应用型本科高校主要管理制度。

二 研究思路

首先，对我国 100 所"十三五"应用型本科产教融合发展工程高校进行现状分析，找出目前管理制度存在的最突出问题。

其次，国外考察，借鉴国（境）外应用技术型大学科学合理的管理制度。

再次，认真梳理我国 100 所"十三五"应用型本科产教融合发展工程高校近几年转型发展过程中教学、科研、人事、服务社会等各方面"制度创新"案例及其关联域，找出科学的、具有普遍推广价值的先进管理制度。

最后，研制并部分构建"具有中国特色的应用型本科高校各种管理制度及其相关草案"。

三 主要创新点

与中国历史学相比，中国高等教育学理论创新、理论特色明显不足。综观中国高等教育学术论文，总喜欢使用西方教育学、经济学乃至社会学、管理学、人类学等领域过时或非过时的学术理论作为研究的基础，似乎西方的理论都是好的、先进的，而中国的理论都是土的、落后的。中国人应该说中国话，中国人应该讲中国故事。"转型发展高等教育理论""产教融合高等教育理论""双一流高等教育理论"等新理论、新观念及"中国应用型本科高校管理制度应拥有中国特色""服务地方发展战略、服务中华民族伟大复兴是地方应用型本科高校新时代的新使命"等新观点是本研究的重点思想，也是贯穿本书各章节内容的主线和红线。

（一）应用型高等教育理论创新

纵观近 10 年来中国应用型本科高校的理论与实践探索，最能体现中国特色、中国智慧、中国韵味、中国方案的教育理论是"中国应用型高等教育理论""中国应用型本科高校转型发展理论""中国应用型本科高校产教融合高等教育理论"，这三大理论是西方高等教育学字典、词典中不曾出现的，他们诞生于中国本土高等教育，扎根于中国文化土壤，立足于中国产业发展实际，萌生于创新驱动发展战略，服务于中华民族伟大复兴，是土生土长的中国高等教育理论。

1. "转型发展"高等教育理论概要

中国地方本科高校实现由学术型向应用型的转变，是新时代中国产业经济转型升级的需要，是新时代中国创新驱动发展战略的需要，是新时代实现地方本科高校自身价值和大学使命的需要。"校地两张皮、校企两张皮、专业同质化、人才培养质量低"是中国地方本科高校转型发展的自我否定，"校地互动、校企合作、亲近地方、亲近业界"是中国地方本科高校转型发展的教育认知。"提高地方本科高校人才培养质量、科学研究水平和服务地方产业经济和社会发展能力"是中国地方本科高校转型发展的逻辑起点，"解决大学生就业难、提高大学生就业质量"是中国地方本科高校转型发展的逻辑归宿。"产教融合、校企合作"是中国地方本科高校主流办学模式和主流人才培养模式，也是中国地方本科高校转型发展的核心理念。"应用型科学研究"是中国地方本科高校转型发展的突破口，"本科高校学生在高校教师和企业导师带领下参与企事业单位急需的技术研发与推广项目并被用人单位提前录用"是中国地方本科高校提高大学生就业率和就业质量的有效途径。"应用型教学、应用型科研、应用型服务"是中国地方本科高校转型发展的主要任务，"校地互动、校企合作共建应用型重点学科和特色专业"是中国地方本科高校内涵建设和特色发展的重点任务。"党的领导、政府引导"是中国地方本科高校转型发展的领导力量，"双师双能型"师资队伍是中国地方本科高校转型发展的依靠力量。"转型—发展—再转型—再发展"是中国地方本科高校的螺旋式上升转型发展的过程，"服务地方或区域产业经济和社会发展、服务中华民族伟大复兴"是地方本科高校转型发展的根本宗旨。

2. "产教融合"高等教育理论概要

产教融合渊源于"教育与生产劳动相结合"，兼顾中国高等教育和职业教育双重因子，肩负推动新时代中国高等教育和职业教育科学发展双重任务，适切于研究型高校、应用型高校和技能型高校及所有行业企业。"人才培养供给侧结构性改革和产业需求侧结构性改革"是产教融合的逻辑起点,"教育链、人才链与产业链、创新链有机衔接"是产教融合的逻辑归宿。"党的领导、政府引导"是产教融合发展的领导力量,"校企双导师"是产教融合发展的依靠力量,"政府主导、行业指导、校企双主体、中介参与"是产教融合的创新组织结构。"校企协同,合作育人"是产教融合的核心理念,"产教协同育人、产教融合型师资建设、产教合作技术创新、产教合作治理结构改革、产教共建创新平台、产教合作创新创业、产教合作职业技术培训"是产教融合的主要任务。"政府、行业、企业、高校、中介、大学"是产教融合的六大主体,其中,高校和企业是产教融合的两大核心主体;"人才、技术、观念、制度、资金、项目、信息、服务、愿景、平台"是产教融合的十大客体,其中,人才和技术是产教融合的两大核心客体,产教融合就是各个主体通过协同发展把各个客体要素有机结合起来,并通过"多螺旋"创新组织结构使各个客体要素产生"聚集裂变效应",进而产生更大的创新效能。"服务国家创新驱动发展战略、服务中华民族伟大复兴"是产教融合发展的根本宗旨。

(二)应用型高等教育观点创新

创新应用型高等教育观点是新时代应用型本科高校基层教育工作者的责任与使命,本书所述的应用型高等教育观点,均为本项目组近年来参与地方高校转型发展和深化产教融合教育教学改革的所思所想。这里愿起到抛砖引玉的作用,不妥之处,恳请谅解。部分观点如下:

中国应用型高等教育是旨在为地方产业经济和社会发展培养生产、管理、服务一线高素质应用型人才的高等教育。

研究型高等教育、应用型高等教育和职业技能型高等教育是中国高等教育的三个基本类型。

为地方产业经济和社会发展服务是应用型本科高校的初心,应用型本科高校升本但不能忘本。

以社会服务促进应用型科学研究,以应用型科学研究促进应用型人才培养是应用型高等教育发展的基本规律。

简单模仿外国应用技术型大学行不通,建设中国特色应用型本科高校应特别注意将外国应用技术型大学建设理念中国化。

中国应用型高等教育是中国特色的应用型高等教育,没有现成的发展规律可循。改革是中国应用型高等教育发展的动力,创新是中国应用型高等教育发展的活力,纠错是中国应用型高等教育发展的魄力,开放是中国应用型高等教育发展的张力,发展是中国应用型高等教育发展的实力。

习近平新时代中国特色社会主义思想是中国应用型高等教育发展的指导思想。

应用性、地方性、实践性、开放性、合作性是中国应用型高等教育的五大基本特征。

高水平应用人才的培养地、高水平应用师资的汇聚地、高水平应用科研的产出地、高水平应用服务的输出地是中国应用型高等教育的四大目标。

政府、行业、企业、高校共同组建的应用型高等教育共同体是中国应用型高等教育理论体系大厦的基石。

产教融合、校企合作是中国应用型高等教育理论的核心理念。

产教融合、校企合作是中国应用型本科高校的办学模式，也是中国应用型本科高校科学研究、社会服务等一切发展要素的总模式。

亲近地方政府、亲近地方行业、亲近地方企业、亲近地方社会是应用型本科高校发展的"四个亲近"。

跳出教育看教育，站在社会角度审视应用型本科高校，更能看清应用型高等教育的真面目，也更能看清应用型高等教育的不足之处和努力方向。

一所应用型本科高校办学质量的高低，不在于自我吹嘘和同行之间的相互吹捧，而在于地方的社会评价和高教界的核心竞争力。

尽管中国应用型高等教育目前还存在这样或那样的问题，但中国应用型高等教育是培养中国本土工程师的主力。当今中国的全面崛起，离不开中国应用型高等教育。

中国应用型本科高校还是一个蹒跚学步的孩子，发展不成熟但极富朝气和活力。

为地方产业经济和社会发展服务、为中华民族伟大复兴服务是中国应用型本科高校新时代的初心与使命。

产教融合是高校和企业与政府、行业、社会中介围绕应用技术人才培养、技术研发与转移、职业技术培训、就业创业、终身教育等开展的教育界与产业界一体化协同发展的过程。

政府主导、行业指导、高校与企业双主体、中介参与、大学帮扶是中国特色应用型高等教育深化产教融合教育教学改革六位一体的基本创新组织结构，也是深化产教融合的最佳运行机制。

高校是产教融合的供给端，企业是产教融合的需求端，二者之间是分则共损、合则共赢、共建共享、共生共荣的紧密关系。

深化产教融合发展是新时代我国应用型高等教育转型发展改革活动的延伸与递进，是我国应用型高等教育新时代的新使命，是推动我国人才供给结构性改革和技术供给结构性改革的必然与应然。

综合考察，地方产业创新发展研究院是应用型本科高校深化产教融合改革落地生根的最佳方式。

高校教师带领学生参与地方或区域行业企业单位急需的应用技术研发与推广项目是提高应用型人才培养质量的关键之举。

加强实践教学固然重要，但加强专业基础知识教学更为重要，绝不能主次颠倒。

讲解传授专业基础知识与产业技术相结合的最新知识点是应用型课堂教学的真谛。

应用型科研是应用型教学的基石，以应用型科研提高应用型教学品质是打造应用型"金课"及建设应用型新工科、新理科、新文科的基本理念。

学生到企业参与职业技术技能培训是应用型本科高等教育最低层次的实践教学，学生参与行业企业急需的应用技术研发与推广项目的相关工作是应用型本科高等教育最高层次的实践教学。

项目式与案例式教学方式是应用型高等教育的主要教学方式。

本科毕业设计（毕业论文）非但不能削弱而且应该加强，关键在于选题要来自行业企业产业技术发展的实际需求，且真题真做。

创新创业教育应贯穿于应用型人才培养全过程，但应以培养大学生创新精神和创业意识为原始宗旨。

机构臃肿、冗员是造成应用型本科高校师生比例严重失调的重要因素，也是造成应用型本科高校人才培养质量不高的重要原因。

专业硕士教育是应用型本科高校的发展趋势，也是应用型本科高校研究生教育的主流方式。

忽视专业硕士培育点建设对当下任何一所应用型本科高校而言都是致命的错误。

应用型本科高校应成为中国未来培养专业硕士人才的摇篮。

产教融合、校企合作共建专业硕士培育点是应用型本科高校专业硕士培养的最佳途径。

应用型本科高校转型发展和深化产教融合改革，非但不能弱化学科建设，而且应该加强应用型学科建设，忽视应用型学科建设是一种短视行为和自卑表现。

任何忽视学科建设的观点对应用型本科高校来说都是错误的，也是有害的。与研究型大学不同，应用型本科高等教育应重点建设应用型重点学科。

学科与专业实质上都是教学组织，但凡大学，均应以"学科建设"而不是以"专业建设"为龙头，应用型本科教育应以"应用型学科建设"为龙头。

校地互动、校企合作共建应用技术创新共同体是提高应用型学科建设水平的发力点。

新时代，应用型学科建设和应用型专业建设是所有应用型本科高校管理工作的重中之重，不应把学校有限的财力再用于基础设施建设。

产教融合、校企合作共建共享应用型重点学科和应用型特色专业是应用型本科高校内涵建设的重点任务，也是应用型本科高校特色发展的重点任务。

应用型学科建设肩负提高应用型人才培养质量、提高应用型师资队伍水平、提高应用型科研水平和提高社会服务水平四重任务，其核心任务或根本目的是提高应用型人才培养质量。

应用型学科建设的最佳手段是应用型科学研究，应用型学科建设的主要途径是校企合作，应用型学科建设的根本目的是提高应用型人才培养的质量。

应用型人才培养方案的修订应以应用型学科为基础，而非以应用型专业为基础，应用型人才培养方案的修订尤其要注意学科链、创新链、产业链的有效衔接。

没有高水平应用型学科作支撑，应用型本科高校的核心竞争力、专业硕士教育与特色发展都将成为空中楼阁。

应用型本科高校应通过产教融合构建发展战略，与地方主导产业和特色产业密切合作，弯道超车、校企合作，重点打造"少而精"的应用型特色重点学科。

应用型重点学科建设水平的高低直接决定着一所应用型本科高校的应用型专业、应用型教学、应用型师资、应用型科研、社会服务和高校核心竞争力水平的高低。

应用型学科是应用型专业之源，应用型专业是应用型学科之流。

没有一流的应用型学科，就没有一流的应用型专业，就没有一流的应用型教学，更没有一流的应用型服务。

根据地方（或区域）产业变化和劳动力市场需求变化及时调整应用型学科、应用型专业布局是我国应用型本科高校学科专业建设必须遵守的一项基本原则。

应用型本科高校应优先发展与地方（或区域）产业经济和社会发展密切相关、对地方（或区域）产业经济和社会发展贡献度较大的应用型品牌专业。

应用型专业建设应实行弯道超车战略，依托地方主导产业和特色产业，产教融合、校企合作重点建设立地专业、产业专业等应用型特色专业。

专业跟着产业走是应用型特色专业建设的天然法则。

一流应用型学科和一流应用型专业是应用型本科高校当下及未来"双一流建设"的主要任务。

应用型专业集群建设是应用型本科高校深化产教融合教育教学改革的突破口。

通识类课程、专业类课程、实践类课程、创新类课程是应用型专业课程建设的四大板块。

应用型课程建设和应用型教材建设是应用型专业建设的两个基本支撑点。

任何脱离产业技术前沿知识的教材都不是真正意义上的应用型教材，与时俱进是应用型教材建设的否定之否定发展规律。

轻视校内高层次人才是应用型本科高校的通病，重引进、轻培养与重行政、轻教研是应用型本科高校的怪现象。

高水平应用型师资是应用型本科高校最为宝贵的财富，营造尊重人才、尊重技术的高校氛围和高水平应用型师资脱颖而出的生态成长环境是应用型本科高校当下及未来师资队伍建设的重点任务。

不做科研的教师和不做应用型科研的教师双重叠加是应用型人才培养率不高的重要原因。

应用型本科高校"转型发展"和"深化产教融合"教育教学改革应少一点口号、多一点行动，只有广大教师实质性广泛参与转型发展和深化产教融合教育教学改革才是真改革。

应用型本科高校双师型师资队伍建设，准确地讲是"双师双能型"师资队伍建设，"双师双能"之中，重点在于校内教师的"双能"而非校企的"双师"。

建立跨学科、跨专业、跨产业、跨大学"四跨"协同创新团队是应用型本科高校师资队伍建设的急务。

不参与社会服务活动的大学教师不是称职的应用型本科高校教师。

应用型本科高校教师应具有理论教学、实践教学、应用科研、成果转化和服务社会五种基本能力。

应用型本科高校一切行之有效的师资技术技能培训必须以应用型教师职业发展的实际需求为出发点和归宿点。

应用型本科高校教师到行业企业锻炼，主要任务是了解市场与产业发展最新动态并参与应用技术研发与推广项目，而不是去做官或挣钱。

应用型本科高校转型发展和深化产教融合教育教学改革，非但不能淡化科研反而应当加强科研，关键是要加强应用型科研。

只有一流的应用型科研才有一流的应用型教学和一流的社会服务，应用型科研犹如一条扁担，一头担着应用教学，一头担着社会服务。

应用型本科高校科学研究的价值追求在于对地方产业经济和社会发展的贡献度，而不是其他。

构建基于产教融合、校企合作的应用型学生管理制度体系是应用型高等教育学生管理制度改革的追求目标。

社会实践性是应用型高等教育学生管理的最大特色。

大学生社会实践管理制度愈系统、愈先进，应用型本科高校的学生管理成效就愈突出、愈显著。

大学闭卷考试方式亟待改革，大学生平时参与行业企业应用技术研发与推广项目的社会调研报告、发明专利、创新作品等创新成果均应纳入学生专业课程学分制管理范畴。

创新创意的项目式管理是大学生实践活动的最佳管理方式。

培养学生创新创业能力是应用型高等教育学生管理的内在要求。

大学课堂一日不去手机化，则维持大学课堂良好的教学秩序是一句空话。

应用型本科高校社会服务做得愈好，高校的发展速度就愈快，这是应用型高等教育一再被证明的真理。

地方高校应该服务地方，应用型本科高校应逐步实现由地方产业经济和社会发展辅助作用向地方产业经济和社会发展支撑和引领作用的转变。

在我国应用型本科高校的三大基本职能中，人才培养最受重视，科学研究次之，服务社会再次之，而通过服务社会逆向促进应用型科学研究、提高应用型人才培养质量则是地方应用型本科高校实现跨越式发展的一个普遍规律。

服务社会是衡量应用型本科高校办学水平和存在价值的基本要素和核心指标。

应用型本科高校应从人才服务、科技服务、智库服务、文化传承与创新服务、高校资源服务多维度拓展服务社会，充分利用地缘、人缘优势开展服务地方活动，以此提高自身的高校竞争力。

设立社会服务专项资金、制定社会服务管理制度是应用型本科高校提高社会服务水平的关键。

应用型本科高校教师开展服务社会活动一定要重心下移，深入行业、深入企业、深入乡镇、深入社区、深入农村，高校教师愈深入底层，收获就愈大。

教学是应用型本科高校的属性职能，科研是应用型本科高校的提升职能，服务是应用型本科高校的发展职能。

地方政府、地方行业、地方企业是应用型本科高校天然的同盟军，亲近地方政府、亲近地方行业、亲近地方企业是应用型本科高校天然的办学理念。

地方应用型本科高校服务地方或区域小微型企业大有可为，地方小微型企业是地方本科高校最易轻视而又最易见效的产教融合服务与合作对象。

与理工科专业相比，文科专业在服务地方产业经济和社会发展方面更具灵活性、应用性、覆盖性和延展性，关键在于文科教师社会服务观念的转变、深入社会基层的调研和跨学科团队的组建。

科学合理的利益分配制度是校地、校企协同创新团队及其科技成果转化有效运行和持久运行的根本保障。

认为地方企业合作积极性不高是应用型本科高校的一种典型的"甩锅论"，其实质是给自己社会服务无能论寻找借口，掩盖的是应用型本科高校教师应用科研能力较差的事实。

构建高校社会服务管理制度体系是应用型本科高校制度建设的重点任务。

一流的应用型本科高校必须有一流的应用型管理制度保障。

应用型本科高校的管理制度创新度愈高、管理制度愈先进，应用型本科高校的管理效率就愈高、高校的发展就愈迅速。

教学管理制度落后、师资管理制度落后、科研管理制度落后、学生管理制度落后、学科建设管理制度落后、专业建设管理制度落后、服务管理制度落后、财务管理制度落后、后勤管理制度落后等是制约应用型本科高等教育改革与发展的最大瓶颈。

做与不做一个样、做多做少一个样、做好做坏一个样是应用型本科高等教育管理制度的问题映像，也是应用型本科高等教育管理制度改革与创新的重点任务。

管理制度超前与管理制度滞后对应用型本科高校科学发展同样是有害的。

应用型本科高校应慎防拍脑袋式的乱改革与假改革，一切改革举措都要有相应法律法规作依据。

文本制度与量化标准相结合是应用型本科高等教育科学管理的客观需要。

应用型本科高校产教融合、校企合作管理制度改革客观存在阻力严重强大、动力严重不足的现实问题，客观需要从法律法规层面加以推动。

实行高校行政、教学、科研、服务分类管理是新时代应用型本科高等教育高效管理的现实需要，实行科研与行政分类管理尤为重要。

应用型本科高校管理制度客观需要实行变革，着力构建基于产教融合、校企合作的现代大学管理制度体系。

应用型本科高校的特色发展根植于地方或区域主导产业和特色产业，产教融合、校企合作是应用型本科高校特色发展的根本路径，舍此别无二途。

应用型本科高校应从实际出发，先行先试，积极探索科研经费报销与行政经费报销二元管理体制，让科研人员专心科研，切莫让科研人员因经费报销困难而采用不当手段。

应用型本科高校当下改革动力不足与改革阻力十足是阻碍中国应用型高等教育改革发展的两大绊脚石。

应用型本科高校当下的重点任务是内涵建设和特色发展，在有限的财力的条件下应少建大厦、多培育名师。

"地方高校转型发展和产教融合发展学派"是新时代中国重要的高等教育学派。

创新驱动地方或区域产业经济和社会发展是地方应用型本科高校应有的责任担当。

积极而主动融入中华民族伟大复兴进程是中国应用型本科高校的崇高目标和历史使命。

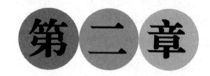

应用型本科高校教学管理制度的创新

>>

《国家教育事业发展"十三五"规划》明确指出:"深化本科教育教学改革,建立高校与企业、行业、科研机构、社区等合作育人机制,全面提升高等学校教学水平"①。近年来,我国应用型本科高校大力实施转型发展和深化产教融合教育教学改革,其最终目的在于提高应用型人才培养质量,然而我国应用型本科高校目前的教学管理制度相对落后,亟待通过应用型课堂教学管理制度、实践教学管理制度创新推动应用型本科教育教学改革。

第一节　创新应用型教学管理制度的必要性 ✍

教学管理制度是"教学组织系统为激发和约束系统内部的个体与群体的行为而进行的制度安排"②。应用型教学主要由应用型课堂教学和应用型实践教学两部分构成,如果说提高应用型课堂教学和实践教学质量是提高应用型人才培养质量的关键,那么创新应用型教学管理制度就是提高应用型课堂教学和实践教学质量的关键。

---

① 国务院. 关于印发国家教育事业发展"十三五"规划的通知(国发〔2017〕4 号)[R]. 2017-01-19.
② 朱爱青. 素质教育背景下高校教学管理制度改革研究[M]. 北京:中国纺织出版社,2019:71.

一 创新应用型教学管理制度的现实意义

　　近年来，我国应用型本科高校在转型发展和深化产教融合教育教学改革过程中遭遇到的最大阻力之一就是应用型教学管理制度落后，很多改革举措因受制于现有教学管理制度而中途搁浅，"新人穿旧衣""老瓶装新酒"①是当前学校教学改革与现有教学管理制度之间矛盾关系的真实写照，现有的教学管理制度实际上已成为学校转型发展和深化产教融合教育教学改革的瓶颈之一。

（一）改革现有教学管理制度是适应应用型课堂教学的需要

　　2017 年，马云在一次公开演讲中表达了对那些从来不换教材且从来都不学习的迂腐教师的不认同②。目前，我国应用型本科高校"课堂讲教材、重理论知识而轻应用知识"的课堂教学大格局并没有较大改变。虽然我国绝大部分新建本科高校都定位为"应用型"，但是受旧有教学管理制度制约，绝大部分应用型本科高校课堂教学仍然是学术性的、理论性的。不少教师仍然按照按规划教材的理论知识备课、讲课的思路进行教学。学生学习的内容依然是书本理论知识，至于学生课堂学习效果及知识的应用、实用、中用、适用情况教师较少考虑。应用型课堂教学有应用型课堂教学的基本要求：一是"精讲"专业基本理论知识；二是"多讲"最新专业技术发展的前沿知识和发展趋势。诚如学者所言，"课堂教学的研究性是高水平应用型本科人才培养的基本要求"③。"专业基本知识与产业应用技术相结合的最新知识点"才是应用型课堂教学的重点，这就需要广大专业教师平时必须加强产业和专业应用技术研究，密切关注相关产业技术的发展态势，把最新产业和专业应用技术研究成果在课堂上传授给学生。讲解传授"专业基本知识与产业应用技术相结合的最新知识点"是应用型课堂教学的关键。而目前我国应用型本科高校课堂教学的实际情况是：一方面，专业课程教师必须按照现有的教学大纲机械死板地完成教学任务和教学目标，否则难以应付"教学督导检查"；另一方面，不敢过多讲授"专业基本知识与产业应用技术相结合的最新知识点"，怕占用课堂教学时间，或怕被人指责"标新立异、离经叛道"。新的应用型课堂教学理念与现有课堂教学管理制度之间产生了矛盾，要培养真正的高素质、高水平、行业企业适用的应用型人才，必须改革现有的教学管理制度。

（二）改革现有教学管理制度是适应现代实践教学的需要

　　目前，我国应用型本科高校"大四放羊式实践教学"现状并没有根本改观。重视实践

---

① 谭贞，刘海峰，等. 新建本科院校转型发展模式研究[M]. 北京：科学出版社，2017：91.
② 马云. 当老师时看不起商人，当商人时看不起老师[EB/OL]. https://www.sohu.com/a/319031174_420230.
③ 侯长林. 论应用型本科高校课堂教学的研究性[J]. 铜仁学院学报，2019（1）：32.

教学是应用型教学的内在要求，也是应用型教学的最大特色①。尽管我国应用型本科高校近年来都重视了实践教学，但与真正意义上的"实践教学"相差甚远。真正意义上的实践教学要做到以下三点。第一，"学生参与行业企业急需应用技术研发与推广项目"是本科高校实践教学的第一要义。学生顶岗实习到工厂熟悉应用技术技能实践操作流程是最低层次的实践教学，是职业技术学院专科生的实践教学，而不是应用型本科高校本科生的实践教学。应用型本科高校实践教学实际上分为三个层次，最低层次是"顶岗实习+技术技能培训"，中间层次是"应用技术推广+技术技能培训"，最高层次是"应用技术研发+技术技能培训"（见图 2-1）。第二，项目式、案例式是应用型实践教学的主要教学方法。王家忠先生认为，"未来的大学教师更像一个导师"②，教师教学应该逐渐实现由"教"向"导"的转变。目前，我国应用型本科高校实践教学的"案例式"教学逐渐增多，但围绕应用技术研发与推广项目的"项目式"实践教学相对较少。第三，按照专业教学的实际需求，应实行"实践周""实践月"实践教学管理制度，大一、大二、大三、大四均应有专业实践教学，实践教学总时数不少于总教学时数的30%，但不能集中在大四阶段，而应以"实践周"的形式合理分布在大一、大二、大三、大四各个阶段③。目前，我国应用型本科高校不少教师尝试在大一、大二开展"实践周"实践教学活动，但与现有"教学大纲"管理制度不符，甚至出现"有些教师带领学生到企业参与专业实践教学而其他课程教师上课找不到学生"的教学混乱现象。真正意义上的实践教学是以"行业企业急需应用技术研发与推广项目"为基础的校地互动、校企合作式实践教学。目前，先进的实践教学理念已经形成，但现有的实践教学管理制度明显滞后。

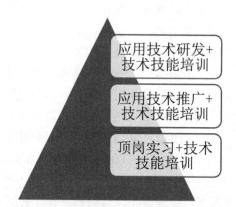

图 2-1   应用型本科高校实践教学的三个层次

（三）改革现有教学管理制度是提高应用型人才培养质量的需要

目前，我国应用型本科高校"大学生就业难、就业质量不高"现状并没有大的改观，

---

① 顾永安,刘海峰. 新建本科院校向应用技术大学转型的任务与举措[J]. 现代教育管理,2014（11）：63.

② 王家忠. 改造我们的大学：地方本科高校综合改革探论[M]. 北京：光明日报出版社，2019：55.

③ 刘海峰，顾永安. 我国应用技术大学战略改革与人才培养要素转型[J]. 职业技术教育,2014（10）：13.

"毕业生因拥有行业企业急需应用技术而实现就业"的局面尚未形成。欧洲的应用技术型大学的经验就是让学生参与行业企业急需应用技术研发与推广项目以使学生被行业企业提前录用。对我国应用型本科高校而言，把"创新创业教育贯穿于整个人才培养全过程"[①]，实际上就是把参与"行业企业急需应用技术研发与推广项目"贯穿于人才培养全过程；所谓把"职业教育和就业教育贯穿于人才培养全过程"实际上也是把参与"行业企业急需应用技术研发与推广项目"贯穿于人才培养全过程。然而，目前校地、校企合作问题并没得到有效解决，"亲近地方、亲近业界"目前仍然是应用型本科高校的一个口号，高校的实践教学仍然以"校内活动"为主，不论是"第二课堂"还是"第三课堂"实践活动都是"高校主导型"而不是"校地互动型"或"校企互动型"，校地互动、校企合作开展"行业企业急需应用技术研发与推广项目"仍然不是高校实践教学的主流，"产学研合作教育整体处于初级发展阶段，广度、深度不够"[②]。目前我国应用型本科高校实践教学遭遇"三不"困境：让高校斥资应用技术研发与推广项目不现实，让高校教师大范围参与地方行业企业应用技术研发与推广项目不现实，让地方行业企业积极主动斥资地方高校产学研合作项目也不现实。实践证明，就我国应用型本科高校而言，受应用型科研水平较低等因素制约，"产教融合、校企合作提高应用型人才培养质量"只是当前的一个愿景，客观上需要一个长期的改革与发展过程。

二 应用型教学管理制度存在的主要问题

（一）现有的教学管理制度内容不完善

现有的教学管理制度内容不完善，难以满足学校转型发展和深化产教融合教育教学改革的需要。

由于大多数应用型本科高校向应用型转变只是近几年才有实质性的行动和进展，我国应用型本科高校现有很多教学管理制度有待完善，突出表现在两个方面。一方面是应用型教学管理制度缺失。诸如《应用型课堂教学管理及考核办法》《应用型实践教学管理及考核办法》《行业企业实践教学管理及考评办法》《项目式教学管理及考核办法》等教学管理制度都没有制定出来。另一方面是大部分现有教学管理制度需要完善。我国应用型本科高校现有教学管理"制度文本过程性调整比较滞后"[③]且绝大多数是在原有教学管理制度的基础上"修修补补"而来的，而原有的教学管理制度大多是"照搬"研究型大学的。研究型大学重视学生学术能力的培养，注重学生所掌握知识的理论性。而应用型本科高校应重视学生应用能力的培养，更加注重学生所掌握知识的应用性。以"研究型"为基础的教学管理制度是难以适应产教融合教育教学改革需要的，是难以适应应用型人才培养需要的。因此，很多现有教学管理制度应根据"应用型""产教融合""校企合作"等核心要素加以完

① 国务院办公厅. 关于深化高等学校创新创业教育改革的实施意见（国办发〔2015〕36 号）[R]. 2015-05-13.

② 马周琴. 新建本科院校教学管理创新研究[M]. 北京：团结出版社，2017：26.

③ 房敏. 地方新建本科高校教学管理制度研究[M]. 北京：中国社会科学出版社，2018：112.

善。譬如由于"行业企业实践教学管理制度"的缺失，我国应用型本科高校与企事业单位合作开展的实践教学活动变得很随意，甚至有些管理教师为了"安全"就干脆不开展或尽量少开展行业企业实践教学活动，这种因噎废食的做法，实际上体现了一种不作为态度。而一些欧洲的应用型技术大学鼓励学生到国外跨国公司进行"应用技术研发"实践实习[①]，有利于学生拓宽视野，获得更多就业机会。虽然学校一再提倡"项目式、案例式"教学方法改革，但应用型本科高校课堂教学仍然是以理论教学为主的。再如教师带领学生下企业、下基层开展科技合作、实践教学等活动，因缺失《校企合作开展应用技术研发与推广项目管理及考核办法》《应用型实践教学管理及考核办法》等与"地方行业企业开展科技合作"相关的管理制度，师生来往于校企之间的基本车旅费、生活费、合作项目初期建设启动费等基本费用就无法报销。相关管理制度的缺失，极大地影响了教师参与校企合作的积极性，甚至导致不少教师认为校企合作育人"干与不干一个样、干多干少一个样""与其多一事，不如少一事"[②]。

（二）应用型教学管理制度执行不到位

应用型教学管理制度执行不到位，不少应用型教学管理制度流于形式。

教学管理制度一旦制定出来就要严格执行，不能作为摆设、流于形式。应用型教学管理制度的落实与执行直接关系到应用型人才培养工作能否顺利开展。近年来，随着我国应用型本科高校的转型发展和深化产教融合教育教学改革的深入发展，学校层面也相继制定一部分相应的"应用型"教学管理制度，但由于部分教学管理人员和部分教师对制度理解不深，可能会对新的应用型教学管理制度采取消极应付态度。应用型课程的开设，"因人设课""课程拼盘化"[③]现象普遍存在：若某些课程教师充足，则课程课时较多；若某些课程相关教师较少，则课程课时较少。学校提倡外聘行业企业高级管理人员或高级技术人员作为兼职教师以充实应用型师资教学力量，但有些外聘教师存在"教学方法不恰当、教学手段单一、课堂组织松散、教学语言不规范"[④]等问题，甚至有些院系在聘用"专家"时不做考察。学校提倡"应用技术研究性"实践实习教学改革，但很多教师不愿下基层、下企业。学校制定《教师教学工作年度考评办法》，但每年年终评选"优秀教师"时大多还是采用"投票"评选而不是按照量化评选标准自动生成评选结果。在对学生进行考核评价时，学校重视实践课的教学，但很少注重实践课的考核，没有明确的量化考核标准，考核制度不健全，导致实践课考核流于形式，实践成绩不能真实反映学生对知识的掌握程度和实践能力。

---

① 雷瑞瑞. 芬兰拉瑞尔应用科技大学 LbD 人才培养模式研究[D]. 兰州：西北师范大学，2014：47.
② 谭贞，刘海峰，等. 新建本科院校转型发展模式研究[M]. 北京：科学出版社，2017：92.
③ 黄东升. 应用型高校通识课程建设问题与优化路径[J]. 高教论坛，2016（8）：69.
④ 何燕，吴邵兰. 应用型本科高校外聘教师队伍建设及管理研究[J]. 教育现代化，2017（10）：156.

（三）原因分析

造成我国应用型本科高校教学管理制度不完善的原因是综合性的，可从客观原因和主观原因两个方面进行概括。

在客观原因方面，一是学校发展历史较短。我国应用型本科高校绝大多数脱胎于新建本科高校，发展历史较短，办学规模处在快速发展之中，教学管理制度跟不上应用型教学的发展需要。二是外部环境制约。应用型教学管理制度基于"校地互动、校企合作"的管理制度，由于目前我国尚未有效破解"校地两张皮、校企两张皮"问题，致使很多应用型教学管理制度无法制定或即使制定也无法落地生根。三是国家宏观教育政策缺失。欧洲的应用技术型大学之所以发展顺利，在一定程度上受益于其所在国家的宏观政策，如大多数欧洲国家制定了完善的《职业教育法》，部分欧洲国家还制定了《多科性技术学院法案》或《应用技术大学法案》，这些宏观政策对应用型本科高校教学管理具有巨大的指导作用。

在主观原因方面，一是部分高校的教学管理制度改革动力不足。我国应用型本科高校目前既处于"质量提升期"，又处于"规模发展期"，几乎所有的应用型本科高校目前都不缺生源，没有生存压力，缺乏忧患意识，教学改革动力不足，这一现象在我国公办应用型本科高校中尤为明显。因教学管理制度改革动力不足，导致应用型教学改革存有分歧，甚至导致不少教学改革出现"翻煎饼"现象和"回潮"现象[①]。二是部分教师的应用型教学管理制度改革及执行动力不足。部分教师习惯按部就班备课、上课，不习惯进行应用型科研，不愿意下基层、下企业了解和研究产业界最新发展的应用技术，对行业企业应用技术研发存有畏难情绪，对应用型教学管理制度改革存有抵触情绪。

第二节　国外高校应用型教学管理经验

德国、英国、奥地利、荷兰、芬兰等欧洲的应用技术型大学（或多科性技术学院）的教学管理方式大同小异。其中，芬兰是一个典型的创新型国家，《2017—2018 年全球竞争力报告》中显示，芬兰竞争力排名位居世界第 10 位；《2018 年全球创新指数报告（G11）》中显示，芬兰创新指数排名位居世界第 7 位。芬兰应用技术型大学独特的 LbD 应用型教学管理方式为芬兰创新力和综合竞争力做出了突出贡献。芬兰是距离俄罗斯较近的国家，其高等教育办学模式在 20 世纪初主要模仿（原）苏联，20 世纪末开始模仿欧洲其他国家。

---

① 李兴华. 高校内部管理体制改革新论：自主创新的研究视角[M]. 北京：教育科学出版社，2018：49-50.

芬兰在 20 世纪 90 年代欧洲的"博洛尼亚进程"①中建立了 29 所应用技术型大学,该类高校的建立时间与我国新建本科高校的时间几乎一样,发展历程与我国新建本科高校也大抵相似。因此,芬兰应用技术型大学教学管理模式对我国应用型本科高校教学管理创新具有较高的参考价值②。

一 芬兰应用技术型大学教学管理经验

芬兰的应用技术型大学实行"政府外部宏观管理、高校内部微观治理"的管理格局,所有的应用技术型大学必须在《多科性技术学院法案》(Poly-technics Act,1995 年颁布)和《应用技术型大学法案》(Universities of Applied Science Act,2003 年颁布,实际上是《多科性技术学院法案》的修订版)规定框架内开展教育教学活动,《应用技术型大学法案》规定了各个应用技术型大学基本的办学定位、办学模式、财政保障、教师法律地位、教学管理模式、科研管理导向和服务地方导向等相关政策,同时规定各个应用技术型大学在内部治理上享有较高的自治权。

对芬兰应用技术型大学起重大影响的另一项政府管理举措是各个应用技术型大学每隔 3 年必须同教育与文化部签署"绩效协议"合同。合同内容包括 8 个方面:上期合同履行情况;教学目标实现情况;教育使命落实情况;学校硬件建设情况;教育供给任务完成情况;技术研发目标完成情况;资金来源与管理情况;教学监督与报告情况。"绩效协议"合同管理制度对应用技术型大学特别重要,芬兰应用技术型大学实行政府财政供给制度,中央财政供给占比超过 70%,地方市政财政供给占比超过 20%。"绩效协议"评估的优劣直接影响学校的重大经济利益。

二 经验启示

(一)典型的 LbD 应用型教学管理方式

芬兰应用技术型大学的教学目标非常鲜明,就是为地方(区域)行业企业培养工程师、律师、经济师、会计师等高素质应用技术型人才。出于这一教学目的,整个教学过程实行校企合作,进而催生了芬兰应用技术型大学的 LbD(Learning by Developing)应用型教学管理方式,"Learning by Developing"意为"通过发展、探索、创新而开展学习"③。这种学习范式特别强调应用性学习、研究性学习和自主性学习。

芬兰应用技术型大学的本科人才培养方案实行"动态调整"制,即根据产业技术发展实际每隔 3 年左右修订一次人才培养方案。人才培养方案修订必须有行业企业专业技术人

---

① 博洛尼亚进程(Bologna Process)是 29 个欧洲国家于 1999 年在意大利博洛尼亚提出的欧洲高等教育改革计划,该计划的目标是整合欧盟的高教资源,打通欧盟高等教育体制,促进欧盟高等教育共同发展。

② 本文所述芬兰应用技术型大学材料为洛雷亚应用技术大学 Mika J. Kortelainen 教授提供。

③ Mika J Kortelainen. The RDI Activities and Services of Laurea University of Applied Sciences[R]. 2018.

员参与，重点强调知识获取（Knowledge Acquisition）、参与学习（Participation）、知识创新（Knowledge Creation）教育教学过程，注重学校、工厂、实验室学习环境的一体化教学，要求所有学生必须修得 20～40 个实习实践学分，以保障学生专业知识学习与职业技术技能需求紧密衔接。这属于典型的"做中学、学中做"教学模式。

芬兰应用技术型大学的本科人才培养过程通常实行"五步骤"制。①基础课程教育，即专业基础课程教育，包括芬兰语等基础课程教育；②专业课程教育，即专业核心课程与专业前沿应用技术教育；③选修课程教育，即学生兴趣性学习教育；④工作实习教育，即阶段性实习教学；⑤毕业设计（论文）教育，也称"项目论文"教育。本科学士学位必须修完 140～160 学分，即 210～240 个欧洲学分（ECTS Credits，芬兰应用技术型大学学分与欧洲大学学分可以互认、互换），教学时间中，基础学习占 50%、专业学习占 25%、选修课占 6.25%、实训占 12.5%、学位论文占 6.25%[①]。大学一年级，学生在学习专业基础知识的同时，有计划地开展内部实习研究项目，主要通过"实践周"或"小组研讨"的方式来完成；大学二年级，学生在学习专业核心课程的同时，开始参与学校应用技术项目的研讨和技能训练，主要通过"实践周""交叉学习""小组研讨"的方式来完成；大学三年级，学生大规模参与行业企业应用技术研发与推广项目，课堂教学以学生的项目化学习为主，校企双导师指导；大学四年级，学生主要参与应用技术研发与创新活动，同时完成毕业设计（论文），通过应用技术研发项目落实就业单位。

重视职业岗位实践教学管理制度。芬兰应用技术型大学所有学位课程中都包含在职的实践学习（Practical on-the-job Learning）。各个专业实行最低实习实训学分制，如护士专业最低实习实训学分不得少于 90 分，社会服务专业最低实习实训学分不得少于 45 分，文化艺术专业最低实习实训学分不得少于 30 分。

课堂教学与实践教学实行"校企双导师"制。芬兰应用技术型大学的课堂教学与实践教学是交叉进行的，课堂教学中适时嵌入"实践周""实践月"，实践教学中适时嵌入"小组讨论"等课堂教学，均按照"项目化"专业教学实际需求灵活掌握，不管是课堂教学还是实践教学均强调"校企双导师"制。

教学方法采用以项目化教学为主的多元化教学方式。学校每年为学生提供很多应用技术研发与推广项目，并在学校网站上公布供学生自由选择。不论是基础课程教学、专业课程教学，还是项目研究教学，教师都注重发挥学生自主学习的积极性，"应用技术项目化教学"是主要教学方法。此外，"师生互动专题研讨""小组合作学习""共享学习""课堂会议"等教学方法被普遍使用，教师更多地充当引导者、指导者，主要解决学生遇到的各种问题、难题。

学校还大量开设选修课。学校除开设英文学术写作、发展你的商业点子、创意团队、基本研究法规、先进的图像编辑、工作生活能力、能力发展和指导、基础芬兰语、发展跨文化能力等上百门"共同选修课"外，各专业还有特定的选修课。以企业管理专业为例，可供学生选择的选修课还有国际经营环境、商法、有效的销售管理、财务规划和控制、企业业务操作、公司的利润计算和税务、财务报表分析、金融和证券市场的基础知识、投资

---

① 李建忠. 芬兰应用技术大学办学特色与经验[J]. 大学（学术版），2014（2）：68.

建议和金融产品、集团会计和报告、资本预算、企业问题业务、采购过程的管理、法律义务和信用关系、企业融资、企业分析、B2B 市场交流、B2B 营销传播和活动规划、数字营销、网络营销、商业模式通过服务设计、营销传播与设计、客户关系管理等选修课程。众多选修课程的开设，扩大了学生专业学习的视野，丰富了学生专业学习的内容。

学习效果采用多元化的学生学习评价制度。芬兰应用技术型大学没有那么多的学生课程考试，不论是课程考核还是应用技术研发项目考核主要采用"综合考评"方式对学生学习成效进行评价。一是教师评价；二是自我评价；三是同行评价或小组评价；四是企业反馈评价；五是创新成果社会效益评价。

（二）应用型教学与应用型科研一体化

芬兰应用型技术大学"成功的秘诀有两点特别值得关注：一是全面推行 LbD 教学范式，二是全面推行 RDI 科研范式，而且把二者紧密联系在一起。RDI 科研范式是应用技术的研发与创新范式，即 Research, Development and Innovation 范式，绝大多数科研项目来自所在市域行业企业的实际技术研发需求，所有的技术研发项目都必须有学生参与，所有的技术研发项目都分解、融入 LbD 项目教学，一些技术研发项目甚至直接交给学生主持（称之为"学生项目经理"），由于学生提前参与行业企业急需的应用技术研发项目，用人单位为避免核心技术人才流失,故不等学生毕业而提前录用,这是芬兰应用技术型大学毕业生就业率、就业质量、区域就业率较高的主因。"①芬兰应用技术型大学 RDI 科研项目的"项目落实"主要是"RDI 科研项目分解落实到 LbD 教研项目。项目落实场所，一是校内相关实验室、实训室、研发中心等研发基地，一般采用 LbD 项目模式，专职教师为主、企业专家为辅共同带领学生在校内开展技术研发活动，研发项目直接演化为一个或若干个专业教学项目。二是校外技术研发需求单位的实验室、操作车间、技术研发中心等研发基地，企业专家为主、专职教师为辅指导学生在校外开展技术研发与创新活动。在芬兰应用技术型大学，科研与教学不是相互分离而是浑然一体的"②。芬兰应用技术型大学的研发与创新活动"与人才培养活动紧密联系，每个 RDI 项目都必须有一定数量的学生参与，都包括一项或数项 LbD 教学项目。与 RDI 研发过程"十步法"相对应，LbD 项目化教学过程也分为十步，如洛雷亚应用技术大学 LbD 项目教学程序是：分配任务（Project Assignment）—签订协议（Project Agreement）—项目计划（Project Plan）—心灵地图（Mind Map）—理论研究（Theoretical Studying）—小组讨论（Sharing）—项目研发（Project Implementation）—最后报告（Final Report）—项目研讨（Project Seminar）—项目评估（Project Evaluation），真正实现了科研促进教学、科研与教学一体化。"③芬兰应用技术型大学项目式教学"十步法"如图 2-2 所示。

① 夏霖，刘海峰，谭贞. 芬兰应用技术大学 RDI 科研范式及其启示[J]. 高教探索，2019（4）：86-87.
② 夏霖，刘海峰，谭贞. 芬兰应用技术大学 RDI 科研范式及其启示[J]. 高教探索，2019（4）：88.
③ Mika J Kortelainen. The RDI Activities and Services of Laurea University of Applied Sciences[R].2018.

图 2-2　芬兰应用技术型大学项目式教学"十步法"

三　应用型本科高校教学管理制度体系

为适应转型发展和深化产教融合教育教学改革需要，应用型本科高校需要创新或完善的教学管理制度很多，主要应用型教学管理制度见表 2-1。

表 2-1　主要应用型教学管理制度

制度类型	制度名称
常规教学管理制度	《加强应用型人才培养的指导意见》
	《学分制管理办法》
	《人才培养方案修订与管理办法》
	《教师教学工作规范》
	《外聘行业企业教师教学管理及考核办法》
	《应用型课堂教学管理及考核办法》
	《项目式及案例式教学管理及考核办法》
	《"金课"建设实施方案》
	《应用型实践教学管理及考核办法》
	《校企合作开展应用技术研发与推广项目管理及考核办法》
	《"项目周"教学管理及考核办法》
	《教师教学工作量考核办法》
	《教师教学质量评价办法》
	《学生课程考试考核管理办法》
	《教学事故认定与处理办法》
	《毕业实习管理规定》
	《学生"双导师制"教学管理及考核办法》
	《毕业设计（论文）管理规定》

（续表）

制度类型	制度名称
教学质量管理制度	《关于领导干部听课管理规定》
	《教学督导工作实施办法》
	《关于本科教学质量与教学改革工程的实施意见》
	《关于实施本科教学质量监控与评价体系的工作意见》
	《院系教学工作考核办法》
	《学生评教实施办法》
	《社会评教实施办法》
	《教学名师评选办法》
	《优秀教师评选办法》
	《优秀教学团队建设与管理办法》
	《教师教学大奖赛实施办法》
	《教师教学工作年度考评办法》

第三节　应用型教学管理制度创新的对策与建议 ✍

应用型教学管理制度创新是应用型本科高校所有管理制度改革的首要任务，改革与创新应用型本科高校教学管理制度应着力构建基于产教融合型的教学管理制度体系。

一　创新课堂教学管理制度

我国应用型本科高校在人才培养方面应该优先推行的就是应用型课堂教学改革，有学者称之为"课堂革命"[①]，减少"水课"，打造"金课"，重点是改革"以教材为中心"的课堂教学模式，提高学生自主学习能力和创新学习能力。目前，在应用型教学改革方面还存在另外一种错误倾向，即不少学者一提起"应用型教学改革"，马上就强调"实践教学"，似乎只要加强"实践教学"，应用型教学质量自然就会提高。实际上，实践教学只是提高应用型教学质量的辅助手段，而真正提高应用型教学质量的关键还是提高课堂教学的"应用品质"。欧洲的应用技术型大学在教学内容上，"所强调与看重的并不是系统性的学科知识的传授，而是科学知识和方法如何被用来解决实际问题，偏重传授那些与职业和行业实践密切相关的专业知识"[②]。我国应用型本科高校转型发展和深化产教融合教育教学改革，在教学内容上，就是要逐渐实现从"讲授教材知识为主"向"传授专业基本理论＋产业前

---

① 别敦荣. 大学课堂革命的主要任务、重点、难点和突破口[J]. 中国高教研究，2019（6）：1.
② 孙进. 培养高层次应用型人才[J]. 世界教育信息，2012（12）：24.

沿技术为主"的转变，最终实现从"理论型课堂教学"向"应用型课堂教学"的转变。

众所周知，在课堂教学中，对同样的知识内容，有些教师讲授一节课就能让学生明明白白，而有些教师讲解二三节课学生还是糊里糊涂，其中的关键因素就是教师有没有熟练驾驭课程知识体系的总体能力。能力从何而来？从基础理论知识与最新实用技术结合而来。因此，要实现教学内容的转变，势必对教师在"产业应用技术研究"方面提出更高的水平要求，即在授课内容上，不能照本宣科，不能面面俱到，该精讲的基础理论知识一定要精讲，"过时的"专业知识内容该抛弃的一定要抛弃，该增加的新知识、新技术一定要增加。基于此，应用型课堂教学管理制度应注重如下改革。

（一）完善"教师教学工作规范"

一是应精讲专业课程的基本理论知识。对于基本理论知识，只需向学生解释明白基本理论、基本定律的内容即可，不必花费大量时间对学生讲解基本理论、基本定律的来龙去脉、推导过程，尽量缩短基本理论知识的讲解时间。

二是应注重产业最新前沿技术发展趋势及其应用的讲解。应用型课堂教学的重要目标之一是学以致用，客观要求教师平时要加强与专业知识相关的产业发展最新前沿技术的应用研究，并把最新应用技术研究成果及时融会贯通到课堂教学之中。只会讲解教材"死知识"的教师不是称职的大学教师，不注重应用技术研究的教师也不是称职的大学教师。为适应应用型课堂教学需要，教师在重视专业基础理论知识讲解之外，还应该注重产业技术发展趋势、专业技术发展趋势、专业学术前沿知识、专业技术应用与推广知识的传授。

（二）完善"课堂教学管理办法"

一是实行课堂教学内容动态更新机制。教材知识体系永远落后于产业发展实际，这是教材与产业之间一直存在的矛盾。目前，我国应用型课堂教学改革的重要问题之一就是教材陈旧，"教师增加应用技术知识讲解而完不成原定课程教学计划"，甚至教课教师与督导教师之间产生工作矛盾。解决这一问题的有效方法就是在"课堂教学管理及考核办法"中增加"任课教师可根据产业技术发展实际，实行专业课堂教学内容动态更新机制"的制度内容，使教师落实"课堂教学内容改革与创新"有法可依。事实上，"应用性和创新性是应用型优质课堂教学的价值取向"[①]，应用型课堂教学就应该体现"应用性"，课堂教学内容应随产业技术发展和职业技术发展的实际需要实行动态调整，科技发展日新月异，课堂教学内容应常变常新。

二是课堂教学内容应贴近当下行业企业"岗位工作流程"。教材是"死知识"，而"岗位工作流程"则是"活知识"。教师应灵活地把二者有机结合起来，不但让学生掌握专业基本理论知识，而且应在专业基本理论知识讲授过程中通过"知识链接"和"知识拓展"让学生熟悉职业岗位工作流程，达到理论与实践相结合的课堂教学效果。

---

① 王妍妍. 应用型本科高校优质课堂教学的基本特征[J]. 吉林工程技术师范学院学报，2018（10）：32.

三是提高"真实任务"课堂教学内容的比率，适应应用型人才培养的需要。大一、大二"教师引导式"教学方法应以案例教学、项目教学和虚拟现实技术模拟教学为主，并根据专业特点实施多样化的教学；大三、大四教学阶段，专业课程运用真实任务、真实案例教学的覆盖率应力求达到 100%。

四是适度外聘行业企业教师充实应用型课堂教学。应改变单一校内专业教师课堂教学局面，根据专业课程教学的实际需要，适当外聘行业企业管理人员或专业技术人员作为兼职教师，以"实践周"形式有效嵌入课堂教学，重点讲解与专业知识相关的产业技术发展现状和发展趋势。高校专职教师"理论教学"与校外行业教师"应用教学"互为表里，共同提高应用型课堂教学的质量。

二 创新教学方法管理制度

教育部等三部门印发的《关于引导部分地方普通本科高校向应用型转变的指导意见》第八条明确指出，"扩大学生的学习自主权，实施以学生为中心的启发式、合作式、参与式教学"；第九条也指出，"全面推行案例教学、项目教学"[①]。欧洲应用技术型大学在教学方法上"广泛采用项目教学、任务教学、案例教学、现场教学、研讨教学、角色扮演和团队学习等多种教学形式"[②]。目前，我国应用型本科高校在教学方法上普遍存在"满堂灌"现象，迫切需要实现从"以教师讲解为主"向"以项目式和案例式教学为主、多元化教学方式为辅"的转变。

（一）不同教学阶段应采用不同的教学方法

一是应实行多元化的应用型教学方法，适应应用型人才培养的实际需要。大一、大二学习阶段，仍然应以教师引导式教学为主；大三、大四学习阶段，随着学生专业知识水平的提高，应及时变更教学方法。当然，不同的专业、不同的课程内容，需要教师机动灵活地采用项目化教学、案例式教学、现场教学、任务教学、研讨教学、讨论式教学、角色扮演教学、团队学习式教学、讲座式教学、模块化教学、学术旅游式教学等教学方式，而以学生为主导的项目化、探究式教学应是大三、大四的主要教学方式。

二是应多采用"学生主动式"教学方法。提高学生课堂自主学习能力和创新学习能力及"培养学生运用专业理论知识去发现问题、分析问题、解决问题的能力和技术"[③]是应用型课堂教学最重要的价值追求。有学者统计，目前我国应用型本科高校教学中，"选择讲授法的教师占了 94.33%"[④]。"满堂灌""填鸭式"教学方法使学生被动接受教育，要实现"要我学"到"我要学"的学生学习态度的转变，应通过互动式、提问式、启发式、讨论式、

---

① 教育部，国家发改委，财政部. 关于引导部分地方普通本科高校向应用型转变的指导意见[R]. 2015-10-21.

② 姚寿广. 德国两类技术型大学的比较与启示[J]. 中国大学教学，2011（3）：95.

③ 王妍妍. 应用型本科高校优质课堂教学的基本特征[J]. 吉林工程技术师范学院学报，2018（10）：31.

④ 李旭红. 应用型本科院校教师课堂教学方法使用现状调查[J]. 西部素质教育，2019（13）：181.

项目式等教学方法激发学生课堂学习的主动性、积极性及求知欲望、探究欲望和创新欲望。大一、大二学习阶段，课堂教学重在"传道与授业"；大三、大四学习阶段，课堂教学重在"解惑"，就学生所遇到的各种问题，通过小组讨论、教师指导等课堂教学方式加以解决。

（二）采用"互联网+"等现代信息技术，完善应用型教学方法

运用"互联网+"等现代信息技术是应用型教学的发展所趋，也是有效化解大学生课堂"手机低头族"问题的途径之一。

一是应严禁学生课堂携带手机。虽然国外高校没有"学生进课堂禁带手机"的规定，但是国外高校是国外高校，我国应用型本科高校如果不禁止学生课堂携带手机，那么正常的教学秩序就无法保证。

二是学生可以在课堂之外使用手机。应通过手机等现代信息技术做好学生课前预习、自学工作，提前通知学生下节课需要重点学习、讨论的教学要点，引导学生课前自主学习。

三是应通过手机等现代信息技术做好学生课后作业、自学工作，保持学生与教师的通信畅通，及时解决学生课后遇到的各种问题和难题。

（三）应高度重视"项目式"教学方法

诸多应用型教学方法中，"项目式教学"最为关键，其最有助于提高学生对专业技术的掌握与应用能力。项目式教学分为"平时项目式教学"和"大四项目式教学"两类。大四项目式教学与学生毕业设计（论文）密切相关，由学校导师和行业企业导师联合指导；而平时项目式教学则应根据专业教学的实际需要均匀分布在大一、大二、大三各个学期，重点解决临时性的应用技术项目问题。使用项目式教学应注意以下几个方面。

一是应由学生创新团队完成。学期初，教师应在网上公布各种创新项目内容，学生根据自己的兴趣爱好通过网上报名选择不同的创新项目；学期中，学生选择自己感兴趣的创新项目或参与其他创新项目，组建学生创新团队。不论是教师引导性创新项目还是学生自发性创新项目，教师都应该大力支持，及时指导、引导学生建立"兴趣研究小组"，联合攻关、集思广益，逐渐把"学生兴趣研究小组"发展成"学生创新项目团队"。

二是应由教师指导团队完成。不论是"平时项目式教学"还是"大四项目式教学"，学校专业教师不能唱"独角戏"。其一，应根据学生创新项目的实际需要，在校内寻找 2~3 名专业教师进行指导（最好是跨专业教师）；其二，应根据学生创新项目的实际需要，在校外寻找 1 名及以上的行业企业专业技术人员进行指导，特别是学生"大四项目式教学"必须采用"校企双导师"指导方式，有熟悉项目的工程师参与指导最好。

三是学校对"学生创新项目"应提供必要的经费支持。学生创新项目一旦确定，指导教师应及时指导学生申报学校或企事业单位的创新项目，如"大学生创新创业孵化项目""大学生创新大奖赛项目"及企事业单位的"技术研发与推广项目"。支持经费多少以项目的实际需求为准。没有资金支持，学生创新项目是很难完成的，指导学生获得创新项目经

费是指导教师的任务之一。

四是为学生准备必要的实验、实训设备。应充分利用校内实验室或实训室仪器设备和校外实践基地仪器设备，为学生开展创新项目的实验、实训、研讨、研发活动提供必要的物质条件。

五是应设计好项目教学的流程。项目教学流程一般由 6 个环节组成：（1）学生项目申报与团队组建；（2）下发项目任务书与团队成员分工；（3）学生信息收集与制定项目设计方案；（4）教师阶段性检查与信息反馈；（5）学生项目功能测试与技术改进；（6）教师评估验收与成绩评定。在每个环节中，教师指导团队与学生创新团队应及时沟通，通过小组讨论等方式及时接受学生的问题咨询并进行技术指导，特别是评估验收与成绩评定环节，不但要依据学生完成创新作品（或产品）的质量进行评定成绩，还要注重过程考核、作品说明书、答辩情况、成本控制、市场应用潜力等考核要素，"过程考核会出现多次，加入过程考核对学生个人表现的评价更加合理"[①]。

（三） 创新实践教学管理制度

实践教学是应用型教学的最大特色，目前我国应用型本科高校实践教学整体处于探索与完善阶段，与实践教学相关的管理制度也处于探索与完善阶段。其中，《本科生实习教学管理办法》最为重要。

（四） 创新本科生导师制

本科生导师制是国外高校人才培养的通用管理制度，研究型大学如牛津大学如此，应用型技术大学如德国法兰克福应用技术大学也是如此，本科生导师制（德国称"学徒制"）也是欧洲应用型技术大学提高人才质量的秘密武器之一。

我国本科生导师制先在 20 世纪 40 年代的浙江大学等高校中出现，中华人民共和国成立后导师制由于全面模仿（原）苏联高校的人才培养模式而中断。2004 年，教育部在《关于进一步加强高等学校本科教学工作的若干意见》中指出，"有条件的高校应积极推行本科生导师制，努力为学生发展提供优质和个性化的服务"[②]。这掀起了新一轮本科生导师制热潮，但又由于随后的重点大学"导师既指导博士、硕士又指导本科生而造成工作量过大、效果不佳"而没有在应用型本科高校中大面积推广。实际上，应用型本科高校实施本科生导师制是大势所趋，只是时间问题。我国应用型本科高校转型发展和深化产教融合教育教学改革，应更注重案例式和项目式教学，更注重技术研发、应用与推广项目，更注重实践教学和创新创业教育，应用型本科高校人才培养的特征和规律客观要求必须实行本科生导师制。鉴于此，应用型本科高校应围绕以下方面开展本科生导师制教学活动。

---

① 石金艳. 德国应用技术大学"项目研究"课程的教学实施及启示[J]. 职业技术教育，2016（5）：78.

② 教育部. 关于进一步加强高等学校本科教学工作的若干意见（教高〔2005〕1 号）[R]. 2005-01-07.

一是加强调查研究和理论研究，科学制定不同专业的本科生导师制实施方案。二级学院应鼓励专业教师加强应用型教育教学改革理论研究，把"转型发展、产教融合"等高等教育新理念与不同专业应用型人才培养方案结合起来，校地互动，校企合作，顶层设计，统筹规划，结合实际，科学设计不同专业的本科生导师制实施方案。

二是明确本科生导师制的权利和义务。要明确规定校内导师、校外导师不同的权利和义务，本科生导师职能主要是"育人"而不是"教书"。主要权利是参与学生人才培养方案修订，参与应用技术研发与推广项目，指导薪金收入、应用技术研发经费使用、应用技术研发收益比例等。主要义务是学业指导、科研指导、生活指导、创新指导、创业指导、职业指导、就业指导等。

三是规定导师指导学生的数量。不论是校内本科生导师还是校外本科生导师，指导学生时原则上每名导师不得超过 10 名学生，校内导师以指导 5～6 名本科生为宜，行业企业导师以指导 3 名左右学生为宜。

四是完善本科生导师制的激励机制和约束机制。应分别编制"校内本科生导师制管理办法"和"校外本科生导师制管理办法"，明确本科生导师制的激励机制和约束机制，10 名学生年度指导经费不应少于 2000 元，应用技术研发与推广项目收益另算，强化过程监督管理，优者有奖，劣者有罚，杜绝干好干坏一个样现象的发生。

（五）创新应用研究型教学管理制度

本科生直接参与行业企业应用技术研发与推广项目，有助于培养学生的创新精神、探索精神、团队协作精神，有助于提高学生的专业技术应用能力、创新能力、职业适应能力，"有助于完善大学生的知识结构，激发大学生的求知兴趣和学习主动性，发展大学生的创造性思维，培养学生的好奇心、分析问题和解决问题的能力……对于培养创新型人才具有重要的作用和意义"[①]。

与研究型大学学生参与科研项目不同，应用型本科高校学生参与的科研项目主要应集中在服务地方（区域）企事业单位的先进技术研发、应用与推广项目上，即"产学研用"合作项目。我国当前应用型本科高校的转型发展和深化产教融合教育教学改革，主要借鉴欧洲应用型技术大学的办学经验，而欧洲应用型技术大学的办学经验主要借鉴美国 20 世纪 50 年代兴起的哈佛大学"校企合作"、斯坦福大学"产学研合作"、麻省理工学院"本科生研究机会计划"、辛辛那提大学"工学交替"人才培养模式。本科生与教师一起直接参与行业企业产学研合作项目是应用型本科高校最重要的人才培养特色。

目前，我国应用型本科高校一般都有"大学生创新创业孵化项目"，而"大学生创新创业孵化项目"正是大学生参与产学研合作项目的雏形，数量有待扩大，质量有待提高。未来数年，学校应在深化产教融合教育教学改革的基础上组织实施"学生参与地方市县或所在区域企事业单位应用技术合作项目工程"。

一是加大应用技术创新项目经费的投入。学校每年应设立"应用技术研发与推广项目"

---

① 陈传锋，阙云颜. 大学生参与科研活动与创新人才培养[J]. 大庆师范学院学报，2009（5）：146.

专项资金且不应少于 2000 万元,从资金上保障大学生参与的应用技术研发与推广项目的顺利实施。例如,黄淮学院学校每年设立 1000 万元专项资金,每年争取驻马店市人民政府专项资金 1000 万元,这个经验值得借鉴。

二是完善大学生参与应用技术研发与推广项目的管理体制和运行机制。学校应制定与完善《本科生参与应用技术研发与推广项目管理办法》并且完善"所有应用技术研发与推广项目必须有一定数量的本科生参与"等必要的硬性规定。重大应用技术研发与推广项目由学校教师作为项目负责人,学校专业教师、行业企业专业技术人员与一定数量的学生共同组成协同创新团队,校企双导师指导学生共同开展应用技术研发与推广项目;由学生自主联系的应用技术研发与推广项目,原则上由学生担任项目负责人,由学生自主组建协同创新团队,校企双导师主要起"技术指导"作用。

三是实行校企双导师制指导学生参与应用技术研发与推广项目。校内导师的主要作用是专业知识指导、项目申报、项目研发过程组织、研发技术难题破解等;行业企业导师主要指导学生的应用技术操作、技术研发和应用。

四是实施本科生应用技术研发与推广项目与毕业设计(论文)衔接制度。学生在大一、大二学习阶段参与的应用技术研发与推广项目,主要用于充实应用型课堂教学内容、提高应用型教学质量。而学生在大三、大四学习阶段参与的应用技术研发与推广项目应与学生毕业设计(论文)紧密衔接起来,校内指导教师应按照本科生毕业设计(论文)管理规范,在项目开始之前指导学生做好应用项目与毕业设计(论文)二者之间的衔接工作及研发过程日志记录工作,研发过程与研发数据、研发结论就是学生的毕业设计(论文)的内容。

五是完善学生参与应用技术研发与推广项目的管理与服务制度体系。学校应制定本科生参与应用技术研发与推广项目的具体考核标准,注重过程管理、中期检查和绩效考核。

(六) 创新课程考试管理制度

教育部《关于全面提高高等教育质量的若干意见》第 5 条明确要求:"改革考试方法,注重学习过程考查和学生能力评价"[①]。近年来,尽管高教界一再呼吁实施多元化课程考试形式,但不可否认的是,我国应用型本科高校的课程考试方式,除选修课考试方式相对较为灵活外,必修课仍以"闭卷考试"为主。

"科学而又合理的考试制度能够最大限度地激发学生的潜能,培养创新思维和社会实践能力,形成教师和学生双向良性的互动;相反,不科学不合理的考试制度则会扼杀学生的创造力和想象力,降低学生学习的主动性和积极性,遏制学生个性和各方面才能的发展。"[②]专业课程考试的真正目的不外乎两个:一是考查学生对专业基础知识的掌握能力,二是考查学生运用专业知识发现问题和解决实际问题的能力。基于此,我国应用型本科高校课程考试改革应实现由"闭卷考试为主"向多元化考试方式的转变。适应转型发展和深化产教

---

① 教育部. 关于全面提高高等教育质量的若干意见(教高〔2012〕4 号)[R]. 2012-03-16.
② 熊涛. 地方应用型高校课程考试改革初探[J]. 现代企业教育,2014(14):165.

融合教育教学改革的要求，应用型本科高校应积极推进课程考试管理制度改革。

一是由"考试"向"考核"转变，回归专业课程考核的真实目的。专业课程考核的真实目的在于对学生的"理论知识、技术技能和综合素质"三个方面的全面考核，而不是"基础理论知识"的单一化考试，期末"一张试卷"考试形式不可能反映学生"理论知识、技术技能、综合素质"三个方面的真实水平。

二是加强过程考核。每门专业课程应根据专业课程学习的实际需要，从期中至期末至少保证 3 次及以上不同形式的考核。其中，专业技术技能水平、专业素质水平的考核应包含在内。

三是丰富考试形式。改变期末一次性"闭卷考试"制度，在每门课程考试前，应根据学生意愿和课程教学实际，灵活采用闭卷式、论文式、口试、课堂小组辩论式、课程（实验）报告、调研报告式、技术设计式等多元化的考核方式。特别是学生参与的与本专业课程紧密相关的应用技术研发与推广项目，其研究或创新成果（研发报告或调研报告等）可以作为本课程考试的期末成果。

四是扩大平时考核成绩比重。在管理制度上应赋予专业教师课程考核更大的自主权，改变现有"平时成绩占 30%、期末成绩占 70%"的比值格局。与"过程性考核"相一致，期中（或平时）3 次或 4 次考核成绩可以占本课程总成绩的 60%～70%、期末考试成绩占本课程总成绩的 30%～40%。

五是注重考试的反馈功能。"期末一次性考试"后，任课教师与学生实质性分离，不利于教师开展考试反馈及改进工作，而多次与多元化考核方式可以克服这一弊端。教师可以有充足的时间进行"考试信息反馈并促进学生学习"，把每次考试作为学生学习知识、技术、素质的一个"质量提高"过程，进而达到"以考促学"的目的。

（七）创新毕业设计（论文）管理制度

2004 年，教育部办公厅《关于加强普通高等学校毕业设计（论文）工作的通知》明确要求"各类普通高等学校都要充分认识这项工作的必要性和重要性，制定切实有效措施，认真处理好与就业工作等的关系，从时间安排、组织实施等方面切实加强和改进毕业设计（论文）环节的管理，决不能降低要求，更不能放任自流"。[①] 2015 年，教育部等三部门印发的《关于引导部分地方普通本科高校向应用型转变的指导意见》第九条也明确指出，要"把企业技术革新项目作为人才培养的重要载体，把行业企业的一线需要作为毕业设计选题来源"。欧洲应用技术型大学就业率和就业质量普遍高于研究型大学，秘密武器就在于"学生的毕业设计（论文）绝大多数来源于行业企业当下的技术革新需求"。学生的毕业设计（论文）研究的是行业企业的急需技术，行业企业当然渴望这样的人才留在本单位就业，这是再简单不过的道理。

我国应用型本科高校毕业设计（论文）存在的问题较多，如抄袭问题严重及质量低、

① 教育部办公厅. 关于加强普通高等学校毕业设计（论文）工作的通知（教高厅（2004）14 号）[R]. 2004-04-08.

水平差，有些学者甚至主张废除本科生毕业设计（论文）制度[①]，这是一种极为错误的观点。如果取消本科生毕业设计（论文）制度，则必将极大降低本科生人才培养质量。毕业设计（论文）是提高本科生人才培养质量的重要环节，是衡量本科生水平的重要标尺，是国内外所有大学本科人才培养的通用惯例。出现问题，不能消极对待，而应通过管理制度创新逐步提高本科生毕业设计（论文）水平。适应我国应用型本科高校转型发展和深化产教融合教育教学改革需要，在毕业设计（论文）管理方面应加强制度创新。

一是统一"毕业设计（论文）是应用型人才培养不可或缺的重要环节"的教育教学思想。取消本科生毕业论文"观念不符合本科生教育教学规律，故而应坚决摒弃这种错误的观点。我国应用型本科高校转型发展和深化产教融合教育教学改革，非但不能取消毕业设计（论文）制度，反而应该加强"应用技术型"毕业设计（论文）的指导和管理。提高应用技术型毕业设计（论文）质量和水平是国外应用技术型大学提高应用型人才培养质量的关键，也是我国应用型本科高校提高应用型人才培养质量的关键之举。

二是毕业设计（论文）选题应实现由"理论研究型为主"向"行业企业技术型为主"的转变。芬兰的应用技术型大学75%及以上的毕业论文是针对某公司或组织的需要而量身定做的，德国应用技术型大学"非常重视学生的毕业论文，60%～70%的学生毕业论文都是在企业实践过程中完成的，有些学校的这一比例甚至高达90%"。[②] 我国应用型本科高校实施转型发展和深化产教融合教育教学改革，在毕业（设计）论文选题上，力争60%以上直接来自行业、企业生产或管理一线的应用技术需求，且具有较强的应用价值，也"可以将选题范围限制在指导老师参与的实践项目方向内，如参与的校级或者校级以上的教学改革和科研项目经验、校企合作的项目合作经验、政企合作的项目合作经验、企业挂职经验、访学经验等，此类选题优点在于实践性较强"。[③]

三是实施"大三毕业设计（论文）工作启动制"。欧洲应用技术型大学毕业设计（论文）是以"职业应用技术"为导向的，与平时的职业技术教育（即我国当下所谓的"实践教育"）紧密相连，本科生毕业设计（论文）启动时间应在"大三上学期"，最迟在"大三下学期"。在此时期，学生本科专业基础理论知识积累已经达到一定的程度，且逐步开展行业企业"实践周""实践月"应用技术创新活动及参与行业企业应用技术研发与推广项目活动，学生在校企双导师指导下，结合创新项目活动，尽快确定毕业设计（论文）的选题和初步研究工作，大四上学期，主要是技术研究、数据汇总、结论凝练、数据校对、内容修改，基本完成毕业设计（论文）的撰写工作。我国应用型本科高校应尽早落实"大三毕业论文工作启动制"，尽量把大四下半学期的时间留给学生从容参加毕业答辩和寻找工作。

四是在毕业设计（论文）指导上，应逐步实现从"理论研究为主、学校单一导师制"向"应用设计为主、校企双导师制"的转变。这要求由行业企业出题的技术研发、应用与推广毕业论文（设计）尽可能达到60%～70%；研究过程中必须有较长时间在实践基地进行，要求校内、校外两个实践基地相结合；论文（设计）指导实行校企双导师制，前期以

① 刘英团. 本科毕业论文并非必不可少[J]. 甘肃教育，2012（11）：14.
② 姜朝晖. 德国应用技术大学人才培养模式探析[J]. 世界教育信息，2014（20）：22.
③ 黄智铭. 项目导向的应用型本科毕业论文改革探析[J]. 改革与开放，2016（12）：33.

行业企业导师为主，后期以学校导师为主；毕业论文答辩应有行业企业专家参与，要求校外专家必须对毕业设计（论文）的应用价值给出科学评价。

五是逐步实现毕业设计（论文）形式由"单一化"向"多样化"的转变。论文形式，不能再局限于"学术论文"，发明专利、创新创意作品、调研报告等形式，只要是真题真做，都可以视为毕业设计（论文）。毕业设计（论文）可以是创业计划、企业调研报告、行业分析报告、工作分析报告、岗位分析报告、技术分析报告、市场分析报告、产品分析报告、管理分析报告、业务分析报告、企业调查报告、产品营销策划书、营销策划报告、融资方案、案例分析报告等；可以是学生在企业调研过程中遇到的问题或直接来自企业提出的问题；可以是从教师课题中分离出来的小课题；可以是兴趣小组、社团提出的研究课题等。

六是完善毕业设计（论文）指导与管理制度。现有的毕业设计（论文）指导与管理制度远不适应转型发展和深化产教融合教育教学改革的需要，应借鉴国内外应用技术型大学毕业设计（论文）管理制度经验，结合转型发展实际，从毕业设计（论文）应用型指导思想、行业企业选题规范、大三毕业设计（论文）工作启动制、校企双导师指导、过程监督、应用技术型毕业设计（论文）评估与考核标准等方面进行系列的制度创新。"实行毕业论文奖惩机制是提升论文质量的有效措施"[1]。利用"查重"技术，一旦发现论文抄袭、论文代写等问题，应给予学生"延期半年答辩"或"延期一年答辩"等处分；对于指导学生毕业设计（论文）不到位、不负责的教师，应按照《教学事故认定及处理办法》给予相应的处理。

八 创新教学质量管理制度

一是完善内部教学质量保障体系。教育部《关于普通高等学校本科教学评估工作的意见》明确要求"建立健全校内质量保障体系"。应用型本科高校内部教学质量保障体系应为"四五六型"："四"是学校质量保障、院系质量保障、教师教学质量保障和学生学习质量保障四大质量保障；"五"是决策与指挥系统、管理与督导系统、信息采集与统计系统、评价与诊断系统、反馈与改进系统五大运行系统；"六"是培养目标、质量标准、信息收集、自我评估、信息反馈和质量调控六大基本环节。四大质量保障中，应增加"校企合作育人质量保障"内容；五大运行系统中，应"建立符合应用型人才培养要求的新的教学系统"[2]等内容；六大基本环节中，应增加"行业企业管理人员或技术人员参与人才培养""用人单位评价及社会第三方评价"等内容，如自我评估环节，除自我评估、专家评估、学生评估外，还应增加地方（区域）行业企业评估[3]。

二是完善教学督导管理制度。目前，我国应用型本科高校教学督导制度实际上"自督自导"，督导不严、督导不实等现象客观存在。为适应应用型人才培养需要，在督导队伍上，应适当"聘请行业企业中具有实践经验的高级工程师作为兼职督导"[4]，这更有利于发现

① 余雪，黄浩. 新建本科院校毕业论文质量管理体系研究[J]. 合肥学院学报，2019（1）：109.
② 刘克宽. 应用型本科教育质量规范化管理机制研究[M]. 北京：教育科学出版社，2016：103.
③ 李娟. 我国应用技术型本科高校内部教学质量保障体系建设刍议[J]. 决策探索，2015（5）：57.
④ 李晓玲. 应用型高校教学督导工作转型发展的路径[J]. 天津中德应用技术大学学报，2019（3）：31.

教学内容与市场技术之间的差距等问题。在督导方式上，应增加随机督查和专项督查。在督查评价上，应制定包含"最新应用技术讲解"等内容的更为科学合理的评价标准，减少主观评价因素，增加客观评价因素。

三是完善二级院系教学工作考核制度。二级院系是应用型本科高校教学工作的执行主体，事关学校应用型人才培养质量的高低。目前，我国应用型本科高校对二级院系教学工作大多实行"年度考评制"，这不利于深化产教融合教育教学改革。有些二级院系产教融合教学改革力度较大，而有些二级院系产教融合教学改革力度较小，对改革力度较小的二级院系学校也没有更多的惩戒措施。基于此，在考评时间上，应改年度考评制为"平时考评+年终考评"，以便及时发现问题并及时督促二级院系限期整改。在考评责任人上，应实行二级院系第一负责人责任制，明确二级院系院长为第一责任人。在考评内容上，增加"应用技术教育与研发"等教学内容。在考评机制上，应明确奖惩机制，真正做到"能者上、庸者下""优者奖、劣者罚"。

四是完善教学评教制度。目前，我国应用型本科高校普遍实行"学生评教制度"和"教师互评制度"。设计这种制度的初衷虽好，但普遍存在"人情评教"问题，"制度的执行结果与其设计的初衷之间并非完全一致"[①]，如学生对管理较为严格的教师评教结果并不一定是"良好"；教师对积极推进产教融合、校企合作教学改革的教师同行评教结果并不一定都"认同"。基于此，应创新学生评教和教师评教管理制度，制定更为科学的学生评教和教师评教评价标准，让学生和教师按照标准进行评教活动，避免"人情评教"和"随意评教"；同时应引入"社会第三方"评教机制，实行学生评教、教师互评、社会评教"三位一体"的评教机制，提高评教效果。

五是完善教学团队管理制度。在教学团队建设指导思想上，应实现由"理论型"教学团队向"应用型"教学团队的转变。在教学团队建设目的上，强调为地方或区域培养高素质应用型人才。在教学团队结构组成上，"必须考虑地方的产业结构、政府的支持方向、学校的政策引导、团队成员的能力结构等必要因素"[②]，强调跨学科、跨专业、跨产业组建混合型教学团队。在教学团队运行机制上，强调应用技术研发与推广项目的"纽带"作用。在教学团队评价机制上，"由强调团队成员个人业绩转变为和团队绩效并重，由侧重个体导向转变为侧重团体导向"[③]，逐步壮大应用型教学团队实力、提高应用型教学团队水平。

六是完善教师教学工作年度考评管理制度。教师对年度考评非常重视，5年之中至少获得1次或2次"优秀"才有资格参加更高一级的职称评审。目前，我国应用型本科高校都制定了《教师教学工作年度考评办法》管理制度，每年以二级院系或支部为单位按照优秀、良好、及格、不及格4个等级对每位教师进行业绩评价。该项制度存在的问题比较突出，一是考评形式不公平，相关制度只是一纸空文，往往采取"教师临时打分"形式，最后由院系或支部领导决定哪些教师为"优秀"教师，导致部分教师"挖空心思去讨好权力

---

① 曹惠民，等. 高校学生"评教"制度的风险及其矫正机制研究[J]. 辽宁教育行政学院学报，2017（6）：34.

② 贾雅琼，等. 浅谈开展创新性项目对应用型教学团队建设的促进作用[J]. 教育教学论坛，2017（13）：36.

③ 黄莉. 新建本科院校应用型教学团队建设研究[J]. 宁波大学学报，2013（1）：98.

或者倾心编织人际关系网"[①]，以获取"优秀"评价；二是考评标准不科学。我国应用型本科高校目前基本没有制定《教师教学工作年度考评标准》，年度考评注重课堂教学而忽略实践教学业绩、科研业绩和社会服务业绩。为尽可能做到教师年度评优评先客观公正，应制定《教师教学工作年度考评标准》，完善《教师教学工作年度考评办法》管理制度，把课堂教学、实践教学、科研业绩、社会服务业绩等重要因素都涵盖进去，以百分制或千分制"考评标准"进行评价，"优秀"者应由按考评标准评判的数据自动生成而不应该由领导私下决定，唯有如此，才能把真正的"优秀"教师评选出来，让投机取巧者无机可乘。

此外，创新应用型本科高校教学管理制度决不能孤立推进，应"特别注重教学管理的变革项目及其配套实施环节的创新"[②]。一是应特别注重应用型科研管理制度、师资管理制度、学生管理制度等校内配套管理制度的创新；二是应善于利用最新的《职业教育法》《校企合作条例》及国家与产教融合相关的宏观政策等校外配套管理制度，及时更新修改应用型教学管理制度。

---

① 周志平，等. 高校教学考评工作的理论依据与实践导向[J]. 石家庄学院学报，2014（1）：116.
② 梁成艾，黄旭东. 德国高校教学管理之变革过程的创新与启示[J]. 学习与探索，2018（5）：31.

第三章

应用型本科高校学科专业管理制度的创新

>>>

学科，直接关乎教师和科研的发展；专业，直接关乎学生和教学的发展；应用型学科和应用型专业建设直接关乎应用型本科高校的内涵建设和特色发展。[①] 2017 年 1 月，教育部等三部门印发的《统筹推进世界一流大学和一流学科建设实施办法（暂行）》第二十四条明确指出，"省级政府应结合经济社会发展需求和基础条件，统筹推动区域内有特色高水平大学和优势学科建设，积极探索不同类型高校的一流建设之路"。国家对"双一流"建设支持力度之大前所未有。2017 年以来，我国各省相继开展了"一流应用型高校、一流应用型学科"建设工程。应用型本科高校应以此为契机，通过应用型学科和应用型专业管理制度改革，促进高校自身的一流应用型学科和一流应用型专业建设。

第一节　创新应用型学科专业管理制度的必要性

自 2013 年以来，地方本科高校在转型发展和产教融合教育教学改革中，普遍加强了应用型专业及其应用型课程建设，并取得了显著的成绩。但不可否认的是，"重视应用型专业而轻视应用型学科"现象成为应用型本科高校建设的又一突出问题。对于任何本科高校而言，学科建设与专业建设不可偏废。截至目前，我国应用型本科高校学科和专业建设"同质化""水平低"这一老大难问题并没有得到彻底解决，学科、专业直接服务地方或区域创

---

① 刘海峰，李娟. 应用技术型高校学科专业群建设研究[J]. 天中学刊，2015（4）：137.

新能力依然较差。因此，我国应用型本科高校应通过应用型学科供给结构性改革、应用型专业供给结构性改革，逐步实现由"以理论型为主的学科专业结构"向"以应用型为主的学科专业结构"的转变。

一　创新应用型学科专业管理制度的现实意义

（一）有利于提高应用型人才培养质量

只有一流的应用型学科和应用型专业，才能培养一流的应用型人才，这是应用型本科教育教学的基本常识。教育部等三部门印发的《向应用型转变的指导意见》曾提出"建立产教融合、协同育人的人才培养模式"。怎样落实"产教融合、校企合作"人才培养模式？怎样加强地方高校与地方政府、地方行业、地方企业的密切联系？怎样把"产教融合"具体落实到应用型人才培养的过程中？纵观国内外应用型高校办学经验，不外乎就是校地互动、校企合作共建应用型学科、应用型科研和应用型专业。而校地互动、校企合作共建应用型学科和应用型专业的桥梁不外乎是校地互动、校企合作开展应用型科学研究（项目）。道理很简单，应用型科学研究直接涉及应用型学科和应用型专业建设。因此，应用型科学研究、应用型学科建设、应用型专业建设是提高校企合作水平的基础，也是提高应用型人才培养质量的基础。

（二）有利于提高应用型师资队伍建设水平

没有高水平的应用型师资队伍，提高应用型人才培养质量就是一句空话。与"产教融合、校企合作"教育教学改革相适应，应用型本科高校必须致力于打造一支结构合理、素质较高、业务精湛、专兼聘相结合的应用型师资队伍。欧洲部分应用技术型大学人才培养质量较高的原因之一就是"具有行业背景和行业经历的博士教师较多"[1]。因此，加强"双师双能型"师资队伍建设是所有应用型本科高校应用型师资队伍建设的重中之重。建设"双师双能型"师资队伍的有效途径还是产教融合、校企合作。而应用型学科和应用型专业建设恰恰是培育应用型学科和专业带头人、凝练应用型学科和专业队伍、壮大"双师双能型"教师队伍的最佳载体，也是促进应用型本科高校教师不断更新知识结构、提高应用技术研发能力进而提高应用型本科高校"双师双能型"师资队伍能力与水平的最佳途径。[2]

（三）有利于提高应用型科学研究水平

应用型学科与应用型科研是一对"孪生兄弟"，二者关系密切。教育部等三部门印发的《向应用型转变的指导意见》第十五条明确要求"积极融入以企业为主体的区域、行业

---

① 刘海峰，等. 新建本科院校向应用技术大学转型的任务与举措[J]. 现代教育管理，2014（11）：63.

② 谭贞，刘海峰，等. 新建本科院校转型发展模式研究[M]. 北京：科学出版社，2017：121.

技术创新体系,以解决生产生活的实际问题为导向,广泛开展科技服务和应用型创新活动,努力成为区域和行业的科技服务基地、技术创新基地"。与研究型大学强调"重大基础研究"不同,应用型本科高校重点应通过产教融合、校企合作加强应用技术科学研究。只有加强应用型学科和应用型专业建设才能推动应用型科学研究,才能使应用型本科高校真正成为地方或区域产业发展的科技高地、服务高地、创新高地。

(四)有利于提高学校"社会服务"能力

严格意义上讲,"服务地方或区域产业经济和社会创新发展能力"是应用型本科高校的三大职能之一,这是应用型本科高校与研究型大学"社会服务"职能的根本区别。毋庸置疑,应用型学科和应用型专业对地方或区域产业经济和社会发展具有直接、现实的推动意义。总体而言,学生看重的是应用型专业,教师看重的是应用型学科,学校看重的是应用型专业,而地方行业、地方企业等更看重应用型学科、应用型科研。换言之,地方高校与地方行业、地方企业的价值追求不同、利益诉求不同,与应用型高校、教师、学生不同,地方行业、地方企业等社会组织不太关注地方应用型本科高校的"专业建设",他们更关注应用型本科高校的"社会服务"职能,更看重地方应用型本科高校是否能为地方产业经济和社会发展带来货真价实、实实在在的经济效益和社会效益。高教界不能苛求地方企业等地方社会组织,更不能动辄以"高等教育过于功利化"的名义对抗社会现实。不论是应用型人才服务,还是科技服务、资源服务、智库服务和文化创承与创新服务,都需要应用型科研及其应用型学科建设作基础。目前,我国研究型大学可以"去教育功利化",而我国应用型本科高校则应加强"社会服务"职能,我国应用型本科高校综合实力相对弱小,尚不足以强大到独立发展的程度。一言以蔽之,创新应用型学科专业管理制度是提高应用型本科高校"社会服务"能力和水平的原始动力。

(五)有利于推动学校的特色发展

应用型本科高校转型发展和产教融合教育教学综合改革的核心内容就是通过高校自身的内涵建设和特色发展提高应用型人才培养质量[1]。与研究型大学的"内涵建设和特色发展"不同,应用型本科高校的内涵建设与特色发展就是通过产教融合、校企合作加强"应用型特色学科和应用型特色专业"建设。从某种意义上讲,强化内涵建设和特色发展仍然是我国所有应用型本科高校当前及未来建设任务的重点。毫无疑问,撇开应用型特色学科、应用型特色专业建设而奢谈地方应用型本科高校的内涵建设和特色发展是脱离现实的空谈。创新应用型学科专业制度是推动应用型本科高校内涵建设与特色发展的核心要义。

(六)有利于提升学校的综合实力和核心竞争力

应用型本科高校的转型发展和产教融合教育教学综合改革的目标是建设一流的应用

---

① 刘海峰,李娟. 应用技术型高校学科专业群建设研究[J]. 天中学刊,2015(4):138.

型本科高校。可以预见，教育部目前在建的转型发展和产教融合改革"示范校"中，经过若干年的发展，有些会成为真正意义上的一流应用型本科高校，有些还停留在地方普通高校行列，关键要看学校应用型特色学科建设和应用型特色专业建设的成效。2019 年，我国各地已经陆续开展"一流本科高校"的排名评比活动。应用型科学研究、应用型特色学科、应用型特色专业直接关乎学校的社会声誉，直接关乎学校的综合实力和核心竞争力。总之，创新应用型学科专业管理制度是提升应用型本科高校综合实力和核心竞争力的根本要求。

二　应用型学科专业管理制度存在的主要问题

（一）学科和专业管理制度普遍存在"封闭性"

"关门自建""自为自建"重点学科和特色专业仍然是我国应用型本科高校目前学科建设和专业建设的主要方式。换言之，目前我国应用型本科高校绝大部分省级重点学科、校级重点学科、省级特色专业、校级特色专业是高校自身内部科研成果、高级职称师资等教学、科研要素"自然积累"的结果，而不是依靠产教融合、校企合作"共建共享"的结果。如此建立起来的重点学科、特色专业与地方或区域特色产业、主导产业、战略性新兴产业的关系比较松散，绝大多数科研成果难以实现实质性的技术转移和产业化，使地方或区域产业经济和社会发展的创新力、推动力严重受限，这是应用型本科高校学科建设和专业建设"上不着天、下不着地"的主因，也是我国应用型特色学科和应用型特色专业发展缓慢的主因。

（二）学科和专业管理制度普遍存在"滞后性"

近年来，围绕转型发展和产教融合教育教学综合改革，我国应用型本科高校大都相继制定了基于"应用型"的学科管理制度和专业管理制度。但是，目前的学科和专业管理制度依然具有极大的"滞后性"。第一，重新制定的学科和专业管理制度，大多数是在原有制度的基础上的"缝缝补补"，严格意义上讲这是"制度完善"而非"制度创新"。当今世界，大学早已不再是新知识、新技术的生产者，大中型企业往往拥有自己的研发机构，而且企业对新知识、新技术的反应更具敏感性、紧迫性、时效性。地方高校、地方政府、地方行业、地方企业合作共建应用型学科专业的管理体制和运行机制尚未建立，这是高校学科和专业建设与地方行业和产业发展依然脱节的主因。第二，应用型学科和应用型专业管理制度落实与执行力度不够。目前，我国应用型本科高校虽然修改完善了基于"应用型"的学科和专业管理制度，但"管理制度落实不力、制度执行不到位"现象普遍存在，校地互动、校企合作共建应用型学科和应用型专业任务任重道远。第三，应用型学科和应用型专业管理制度不完善。研究型大学的学科和专业总体特征是研究性、学术性，应用型高校的学科和专业总体特征是应用性、实践性。纵观我国应用型本科高校当前的重点学科和特色专业，"理论型学科和理论型专业"现状依然没有较大的变化，重要原因就在于目前的应用型学科和应用型专业管理制度不完善。

（三）学科和专业管理制度普遍存在"松散性"

目前，我国应用型本科高校的学科和专业管理制度普遍存在"相互衔接不强"甚至"相互打架"的现象。这突出表现在以下几个方面。第一，"学科管理制度"与"专业管理制度"关系松散。科研处主要负责"学科管理制度"的制定，教务处主要负责"专业管理制度"的制定，既不利于"应用型学科与应用型专业一体化"发展，也不利于重点应用型学科和特色应用型专业的发展。第二，"一流应用型学科和一流应用型专业协同发展"的政策缺失。目前，在国家政策层面，对应用型本科高校，重点关注"一流应用型专业"建设，尚没有出台具有权威性的关于"应用型学科和应用型专业协同发展"的政策和法规。2019年，我国大部分省份教育厅出台《加强建设高水平本科教育的实施意见》，但是对地方应用型本科高校主要是加强"一流本科专业点"建设，没有加强"一流应用型学科点"建设的内容。地方高校也缺失诸如《一流应用型重点学科建设与管理办法》《专业硕士点培育管理办法》《一流应用型特色专业建设与管理办法》等制度。第三，地方应用型本科高校学科专业布局与地方特色产业布局关系比较松散。近年来，我国应用型本科高校的重点学科和特色专业尽管竭力"靠近"地方或区域主导产业和特色产业，但是远远没有达到"紧密"或"无缝对接"的程度。第四，与应用型学科和应用型专业建设相配套的管理制度关系比较松散。目前，我国研究型大学的"双一流"建设如火如荼，但我国应用型本科高校的"双一流"建设发展缓慢。教学、科研、师资、服务等各种"应用型"管理制度尚未形成"合力"，相互之间的"协调性"有待加强。

第二节　国内外高校应用型学科专业建设管理经验 ✎

美国学者道格拉斯（Douglass C. North）在其《制度、制度变迁与经济绩效》著作中提出"制度就是社会的博弈规则，更准确地讲，制度是人为设计的、用来规范人们之间互动关系的约束性行为规则"。[①] 我国应用型本科高校发展历史较短，应用型学科专业管理制度总体上处于探索阶段，客观需要借鉴国内外先进的管理经验，进一步丰富完善我国应用型学科专业管理制度。

一　国外高校应用型学科专业建设管理经验

（一）美国高校应用型学科专业建设管理经验

美国对高校应用型学科专业的管理具有"宏观性"。从国家宏观管理制度上来讲，国

---

① （美）道格拉斯. 制度、制度变迁与经济绩效[M]. 上海：上海人民出版社，2008：3.

家不制定具体的应用型学科或应用型专业目录，只有具有"指导性"的应用型学科专业分类系统（CIP）。地方本科高校（主要由所在州教育行政部门具体管理）的应用型学科专业建设具有充分的自主权,地方高校设置哪些应用型学科和应用型专业由地方高校自主决定。但指导意见是"适应所在州的劳动力市场需求"[①]，即按照劳动力市场的实际需求，及时设置或调整高校自身的应用型学科、应用型专业、应用型课程和应用型教学内容。

美国著名学者伽夫（Jerry G. Caff）曾指出"大学专业课程永远是不同利益群体的角逐战场"[②]。以美国社区学院为例（目前全美有 1167 所本科公立和私立社区学院），各社区学院都成立了包括学院领导、教授代表、学生代表、当地工商企业代表、工会组织代表、地方人力资源主管等社会代表的"学科专业建设指导委员会"，该委员会每年至少召开两次及以上的研讨会议，具体商讨社区学院的学科专业设置和调整。在研讨会议上，社区学院向"学科专业建设指导委员会"汇报学院学科专业建设情况，社会代表向学院介绍产业变化和劳动力市场变化情况，根据研讨结果（主要根据劳动力市场需求变化确定），及时调整社区学院的应用型学科和应用型专业。研讨会议结束后，社区学院再根据研讨"意见"出台宏观性的应用型学科和应用型专业建设指导意见，二级院系根据学院的"指导意见"具体调整应用型学科、应用型专业的应用型课程体系和应用型教学内容。

（二）欧洲应用技术型大学应用型学科专业建设管理经验

欧洲应用技术型大学与美国社区学院在应用型学科建设和应用型专业管理方面，既有相同点也有不同点。相同点在于都成立了包括地方政府代表、地方工商企业代表参与的"学科专业建设指导委员会"，每年至少召开一次研讨会议，根据当地产业发展和劳动力市场的实际变化，及时调整各个应用技术大学的应用型学科和应用型专业布局。不同点在于欧洲应用技术大学更强调应用型学科建设，并以应用型学科建设带动应用型专业建设、应用型课程建设。欧洲应用技术型大学的学科专业设置"以促进地方经济发展为目标，具有明显的地域特色"[③]，总体上是沿着"多科性职业技术学院—应用技术大学"上升路线发展的，故而特别注重与地方或区域行业、企业合作共建应用型特色学科，注重"交叉学科""边缘学科""产业学科"等新兴应用型学科建设，如德国的宾根应用科学大学的能源工程与加工技术学科、瑞士的苏黎世应用科技大学的普通机械工程与材料及加工学科、荷兰的海牙应用科学大学的人类与动物健康及责任创业学科、芬兰的瓦萨应用科技大学的卫生保健与社会服务学科等均驰名世界。欧洲大学有"强调学科建设"的高等教育传统，欧洲应用技术型大学自然也不例外，正如德国著名教育家卡尔·雅斯贝尔斯（Karl Jaspers）在其《大学的理念》一书中指出的那样，"大学就是学科的宇宙"[④]。

① 贾汇亮. 美国高等学校专业设置与调整的市场机制分析[J]. 广东第二师范学院学报，2015（1）：1.

② Jerry G Caff. Handbook of Undergraduate Curriculum: A Comprehensive Guide to Purposes, Structure, Practice, and Change[M]. San Francisco: Jossey-Bass Publisher, 1997：703.

③ 邓泽民，董慧超. 德国应用科学大学研究[M]. 北京：科学出版社，2017：29.

④ （德）卡尔·雅斯贝尔斯. 大学的理念[M]. 邱立波，译. 上海：上海人民出版社，2007：122.

二 国内高校应用型学科专业建设管理经验

近年来，随着我国地方本科高校产教融合、校企合作教育教学综合改革的深入发展，我国教育主管部门先后出台了《应用型一流专业》指导性意见，这对我国应用型本科高校"一流应用型专业"建设极为重要。值得欣慰的是，我国东南沿海经济较为发达的省（市）在加强一流应用型专业建设的同时，也加快了"一流应用型学科"的建设步伐。以江苏省为例，该省在加强省域 211 大学和老牌大学重点学科和特色专业建设的同时，也加强了地方应用型本科高校的一流应用型学科建设。例如，江苏省委、省政府于 1993 年就启动了江苏省"91 个省级重点学科"建设工作，效果非常明显。2002 年，全国启动"211"大学评选，除北京、上海外，江苏省进入"211"的高校数量较多，达到 11 所，这是江苏省平时注重学科建设的结果。目前，江苏省针对地方应用型本科高校，大力发展各种一流应用型省级学科，各种省级学科有优势学科（本省特色学科）、"重中之重"学科（国内领先学科）、省重点学科（对本省经济社会发展有较大贡献的学科）、省重点培育学科（省内领先加以培育的学科）、省重点建设学科（未评上省重点学科但省内领先的学科）5 个层次，力度之大，为全国之冠。

哪个高校越重视学科建设，哪个高校发展得就越迅速。南京工程学院尽管也是 2000 年获批的一所新建本科高校，但由于该校比较重视应用型学科建设，目前已经拥有 2 个专业硕士学位培养点、7 个省级重点学科、1 个省首批协同创新中心建设点、1 个省级工程实验室、3 个省高校重点实验室、10 个省级工程技术研究中心。浙江树人学院尽管是一所民办本科高校，但目前已拥有"1 个国家特色专业、4 个省重点专业、1 个省优势专业、1 个省优势建设专业、4 个省新兴特色建设专业、3 个省特色建设专业；拥有 5 个省一流学科，2 个教育部学科基地"。①唐山师范学院的省级重点应用型学科——植物学（北方植物学），与省市科技局、省农科院合作，在"植物细胞工程与植物资源开发利用"和"药用植物研究"两大方面重点研究，近年来承担省市相关公关项目 20 余项，发表相关核心期刊论文 160 余篇，不但极大地促进了该校植物学专业人才的培养，而且为地方经济社会发展做出了较大贡献。

与研究型大学实行错位发展、弯道超车是应用型本科高校应用型学科和应用型专业建设的发展战略，如衡阳师范学院重点发展"人文地理学"，使之成为省级重点学科；韩山师范学院重点发展"陶瓷材料"学科，使之成为省级重点学科；盐城工学院重点发展"材料科学与工程"学科，使之成为省级重点学科。浙江树人学院重点建设"黄酒"应用型特色专业，江苏常熟理工学院重点建设"服装设计"和"电梯工程"应用型特色专业，江西萍乡学院重点建设"机械设计制造及自动化"应用型特色专业，广西钦州学院重点建设"水产养殖"和"油气储运工程"应用型特色专业，福建闽南理工学院重点建设"服饰配件设计"应用型特色专业，陕西安康学院重点建设"富硒食品"应用型特色专业，贵州凯里学院重点建设"旅游管理"应用型特色专业……靠山吃山、靠海吃海，产教融合、校企合作共建共享应用型特色专业卓有成效。

---

① 浙江树人学院. 学校概况，http://www.zjsru.edu.cn/sdgk/xxjj.htm.

高校与行业企业合作，积极发展新兴交叉学科。例如，南京工程学院，由于该校特别重视建设"行业性"特色专业，目前该校 80 余个本科专业中，30%以上的专业是国家级、省级重点或品牌特色应用型专业。其中，该校已成功建有 3 个国家级特色专业、9 个省级特色专业、16 个省级重点专业，6 个专业入选教育部首批"卓越计划"，成为全国新建本科高校应用型专业建设的楷模。

三 经验启示

扩大应用型本科高校办学自主权，鼓励应用型本科高校根据地方主导产业、特色产业及地方或区域劳动力市场的实际需求自主设置应用型学科和应用型专业。[①]扩大我国应用型本科高校的自主权，职称评审权力下放固然重要，应用型学科设置和应用型专业设置权力下放同样重要。

我国应用型本科高校在加强应用型专业建设的同时，决不能忽视应用型学科建设。没有一流的应用型学科，就没有一流的应用型专业，就没有一流的应用型教学，更没有一流的应用型服务，正如有学者指出的那样：应用型本科高校转型发展和深化产教融合教育教学改革，"要把聚焦点放在应用型学科建设上"[②]。甚至有学者强调，应用型学科建设"对于办在地方的本科院校来说，更是生死攸关的重大事情"[③]。

我国应用型本科高校应通过产教融合、校企合作大力发展应用型重点学科和应用型特色专业。

应用型学科与应用型专业一体化协同发展是我国应用型本科高校学科专业建设的基本方略。学科与专业两者之间是"源"与"流"的关系。应用型学科建设的目的是推动应用型专业建设，进而提高应用型人才的培养质量。因此，既不能过分强调应用型学科建设，也不能过分强调应用型专业建设，应实现二者的一体化协同发展、融合发展。

产教融合、校企合作是我国应用型重点学科和应用型特色专业建设的基本途径。地方应用型本科高校"自建自为"的学科与专业极难脱离理论型学科与理论型专业的窠臼，只有与地方主导产业、特色产业相结合并通过校地互动、校企合作共建共享的应用型重点学科与特色专业才具有强大的生命力和持久的发展活力。

我国应用型本科高校应通过产教融合、校企合作大力加强"交叉学科""立地学科"和"特色专业""立地专业"建设。我国应用型本科高校基础差、底子薄，在应用型重点学科和应用型特色专业建设方面应遵循弯道超车、有所为有所不为的原则，围绕地方或区域特色产业，尽量避开一级学科、二级学科，重点建设"少而精"且与地方特色产业紧密结合的交叉学科、边缘学科（即新工科、新文科）、特色专业、产业专业（即新工专、新文专）。

我国应用型本科高校应加大与地方政府机构、地方行业、地方企业的合作力度，借力共建应用型重点学科和特色专业。地方高校应树立"亲近地方"的办学理念，与地方行业、

① 贺星岳，等. 现代高职的产教融合范式[M]. 杭州：浙江大学出版社，2015：49.
② 徐军伟. 地方本科院校转型要聚焦应用型学科建设[J]. 教育发展研究，2017（1）：2.
③ 林伦伦. 论地方本科高校重点特色学科建设[J]. 韩山师范学院学报，2013（4）：1.

地方企业结成"发展命运共同体",争取地方政府的支持,借助地方行业、地方企业等外力,弥补自身发展短板,共建共享应用型重点学科和特色专业。

校地互动、校企合作共建应用技术创新共同体是提高我国应用型本科高校应用型学科和应用型专业建设水平的重要发力点。地方或区域"劳动力市场的实际需求"是地方应用型本科高校学科与专业调整和建设的原动力,应用型学科和应用型专业建设应瞄准地方或区域"劳动力市场的实际需求",校地互动、校企合作共建应用技术创新共同体。

四 应用型本科高校学科专业管理制度体系

适应转型发展和产教融合教育教学综合改革的需要,应用型本科高校需要在深度和广度上创新或完善应用型学科和应用型专业建设管理制度。主要应用型学科与专业管理制度如表 3-1 所示。

表 3-1　主要应用型学科与专业管理制度

制度类型	制度名称
应用型学科管理制度	《学科建设管理办法》
	《重点学科建设管理办法》
	《省级及以上应用型重点学科建设管理办法》
	《校级重点学科建设管理办法》
	《应用型一流学科建设管理办法》
	《应用型重点学科经费管理办法》
	《重点学科领军型人才管理办法》
	《应用型学科团队建设与管理办法》
	《应用型学科平台建设与管理办法》
	《博士研究生科研工作量化管理办法》
	《协同创新中心培育与建设管理办法》
	《专业硕士点建设管理办法》
	《专业硕士点培育管理办法》
应用型专业管理制度	《特色专业建设管理办法》
	《重点专业建设管理办法》
	《省级及以上应用型特色专业建设管理办法》
	《校级特色专业建设管理办法》
	《应用型一流特色专业建设管理办法》
	《应用型特色专业经费管理办法》
	《特色专业领军型人才管理办法》
	《应用型专业团队建设与管理办法》
	《应用型专业平台建设与管理办法》
	《省级及以上精品课程建设与管理办法》
	《校级精品课程建设与管理办法》
	《应用型精品课程建设与管理办法》
	《应用型课程建设管理规定》
	《应用型教材建设管理规定》
	《应用型教材项目建设管理办法》
	《应用型学科专业集群建设管理办法》

第三节　应用型学科建设管理制度创新的对策与建议 ✍

与研究型大学不同，应用型本科高校应重点建设应用型学科。目前，我国应用型本科高校在应用型学科建设上基础薄弱，突出表现在应用型学科方向凝练得不准、应用型师资队伍不厚、应用型学科带头人不足、应用型学科声誉不显、应用型人才培养质量不高、应用型科研能力不强、社会服务贡献不彰、应用型学科建设资金不足、应用型学科基地不多、校企合作关系不密切、应用型学科建设管理制度不完善、应用型学科建设运行机制不畅、应用型学科评估标准不全这"十三不"问题上。客观上需要加强管理制度改革与创新，以制度创新推动应用型学科建设。

一　实行应用型学科专业建设指导委员会直管制度

我国应用型本科高校目前都设立有校级层面的"学术委员会"和"专业建设委员会"，但大都缺失校级层面的"学科专业建设指导委员会"，学科建设大多归属科研处管理，目前的管理格局极不适应应用型重点学科建设。这是我国应用型本科高校忽视应用型重点学科建设的突出表现，也是我国应用型本科高校应用型重点学科发展缓慢的重要原因。

成立校级层面的"应用型学科专业建设指导委员会"是我国应用型本科高校克服学科同质化、专业同质化、应用型学科和应用型专业发展缓慢的急务，是促进应用型学科专业设置与建设的顶层设计和制度安排。适应应用型本科高校"深化产教融合教育教学综合改革"和可持续发展的要求，建设新式"应用型学科专业建设指导委员会"应突出以下内容。

一是须明确校长为第一责任人。组织保障最为关键，原有的学科建设由科研处负责，第一责任人往往是分管科研的副校长，这一制度安排，不能满足学校的应用型学科专业建设要求。应用型重点学科和特色专业建设直接涉及学校的内涵建设、特色发展、学校核心竞争力和学校声誉，其管理形式必须是"校长一把手工程"。

二是委员会成员须由地方政府代表、行业企业代表等社会成员参与。委员会至少有 15 人，高校成员数量与校外成员数量按照 1∶1 的比例设置较为适当。高校内部，委员会成员应由校长、分管科研副校长、分管教学副校长、科研处（或学科建设处）处长、教务处处长、人事处处长、高校教授、教师代表组成，其中教授代表和教师代表不应少于 4 人；高校外部的委员会成员应由地方人民政府、市科技局、市工业和信息化局、市人力资源和社会保障局、市财政局、市商务局代表及地方行业代表、地方企业代表组成，其中，行业代表和企业代表不应少于 5 人。

三是实行"应用型学科专业建设指导委员会"年会制度。主要是听取校外政府、行业、企业代表所提供的最新产业技术发展态势、劳动力市场需求变化、地方产业经济发展动态，及时调整地方高校应用型学科专业布局。

二 制定产教融合型学科发展规划

对于应用型本科高校而言，"发展规划"是一种宏观性制度安排。目前，我国应用本科高校一再强调"以专业建设为龙头"，这是一种误解。事实上，但凡是大学，均应以"学科建设"为龙头，应用型本科高校应以"应用型学科建设"为龙头。

近年来，尽管各个应用型本科高校都制定了相应的《学科发展分规划》，但不是基于"应用型"的，不适应"深化产教融合教育教学改革"的需要。目前，我国应用型本科高校应以制定学校五年"发展规划"为契机，认真详细调研地方或区域产业经济和社会发展的真实现状，充分征求地方或区域行业企业管理人员和技术人员的诉求和意见，重新制定《学科发展分规划》，"分规划"在建设意义、指导思想、建设思路、建设目标、建设任务、保障措施等方面充分体现"产教融合、校企合作"特色，优先建设能够服务地方或区域产业经济和社会发展的应用型重点学科。

三 创新应用型重点学科建设管理制度

我国应用型本科高校拥有的国家级重点学科数量极少，目前最为紧迫的建设任务是省级和校级应用型重点学科。省级及以上应用型重点学科是应用型本科高校学科建设的"龙头"，应用型本科高校应重点予以关注。加强重点应用型学科的管理制度创新是"推动地方本科高校整体建设水平发展的主要途径"[①]。目前，我国应用型本科高校都制定了学科建设的相关制度，但毋庸置疑，现有的相关学科建设制度是基于"传统学科"（或称之为"理论学科"）建设制度的，既不适应应用型特色学科建设，也不适应省级及以上重点应用型学科建设。应用型重点学科直接关系着应用型本科高校的专业硕士点建设，直接关系着应用型本科高校的影响力和知名度。因此，应用型本科高校加强应用型学科建设，应通过应用型重点学科管理制度创新，优先建设重点应用型学科，为学校"一流应用型学科"建设奠定基础。

一是制定《应用型重点学科建设与管理办法》。目前，我国应用型本科高校大都有《重点学科建设管理办法》，但其适用对象是"省级重点学科"和"校级重点学科"，而不是"应用型重点学科"。新的《应用型重点学科建设管理办法》是基于"应用型"的管理制度，在总则、指导思想、建设目标、申报评审、管理方式、建设任务、保障措施诸多环节应体现鲜明的"产教融合、校企合作"特色。

二是加强应用型重点学科生长机制及动态调整管理制度建设。与应用型专业不一样，应用型学科身兼应用型师资队伍建设、应用型科学研究、应用型专业建设、应用型教学和社会服务多种功能，是高校核心竞争力的主要表现。适应深化产教融合教育教学综合改革的需要，我国应用型本科高校应制定《应用型重点学科结构布局与动态调整管理办法》，我

---

① 张红艳，陈国生. 地方高校学科建设的内涵、发展动力与竞争优势培养措施研究[J]. 河南科技学院学报，2018（12）：34.

国各地产业经济特别是特色产业经济发展迅速，在创新发展战略背景下，产业升级节奏、产业调整节奏明显加快，客观要求地方应用型本科高校通过应用型重点学科的结构调整跟上产业经济的发展步伐，不断为地方或区域提供行业企业急需的各种应用型人才和应用技术。缺失《应用型重点学科结构布局与动态调整管理办法》，容易产生《应用型重点学科建设与管理办法》"固化"问题。

三是加强校地互动、校企合作，共建应用型重点学科的各项配套管理制度。与地方或区域经济互动、合作共建应用型学科是应用型本科高校省级及以上应用型重点学科建设的长久之策，也是培育新的应用型重点学科的增长点。基于此，在重点应用型学科管理制度方面，应制定《产教融合、校企合作共建应用型重点学科建设实施办法》《应用型重点学科促进地方产业经济和社会发展行动计划》《地方行业企业人员参与应用型重点学科管理办法》《校政企合作共建应用型重点学科专项资金管理办法》《地方行业企业参与高校应用型重点学科评估办法》等。

四是加强省市"一流应用型学科"建设专项资金管理制度建设。自 2017 年以来，我国各省相继开展了省级一流学科建设工程，如福建省 2017 年立项建设 72 个应用型学科项目、40 个应用型学科培育项目；山东省 2017 年财政投入 7.3 亿元建设本省应用型重点学科；广东省 2017 年投入 12 亿元建设本省应用型重点学科。为进一步促进省级"一流应用型学科"建设，应用型本科高校应针对省级"一流学科"建设评估指标体系，及时制定特殊的《省市"一流应用型学科"建设专项资金管理办法》《省市"一流应用型学科"建设校级配套专项资金管理办法》，少建"大楼"，多建"内涵"，把专项资金真正用在"刀刃"上。

五是实行应用型重点学科管理责任制。适应应用型重点学科建设的需要，应给予应用型重点学科带头人更大的权力，既要完善应用型重点学科带头人的约束机制，又要完善应用型重点学科带头人的激励机制，赋予应用型重点学科带头人更大的自主权，允许学科带头人根据学科建设的实际需要在合作性应用科研、技术转移、学术交流活动、产业化、社会服务诸方面自行制定一些特殊的激励政策，以调动应用型重点学科带头人及其团队成员的学科建设积极性。

六是加强应用型重点学科建设的中期考核和阶段性评估制度建设。"学科评估"是学科建设的重要制度之一，也是保障应用型重点学科健康和可持续发展的有效手段。目前，我国应用型本科高校重点学科评估一般由教育厅相关职能部门负责，与"产教融合教育教学改革"相适应，应用型重点学科仅仅依靠教育厅职能部门评估是远远不够的，必须增加"地方或区域行业企业评估"，而且地方行业企业评估结果才是应用型重点学科建设成效的"权威标尺"。基于此，应用型本科高校应从应用型重点学科方向、应用型学术团队、应用型人才培养、应用型科研成果、学科建设条件、学术交流、社会服务成效、应用型学科特色及其影响力和社会贡献度[1]等多维度制定更为科学合理的评价评估指标体系，对应用型重点学科建设成效加强中期考核和阶段性评价评估，鼓励先进，鞭策落后。

---

① 王建华，朱青. 我国大学重点学科建设的制度特征[J]. 高等理工教育，2013（6）：4.

四 创新校级应用型学科建设管理制度

除省级及以上应用型重点学科外，学校重点学科还有校级应用型重点学科和院级应用型重点学科两类。校级应用型重点学科主要是通过产教融合、校企合作建设的校级应用型学科（又称为"立地学科""产业学科""行业学科"），是应用型本科高校未来的省级重点学科。校级应用型重点学科建设的主体是二级学院，合作共建主体是地方行业企业。基于此，校级应用型重点学科管理制度创新的主体是二级学院。截至目前，我国应用型本科高校二级学院"应用型重点学科管理制度"基本处于空白状态，学科管理制度主要使用校级层面的学科管理制度，不适应校级应用型重点学科的个性化发展。

一是制定《二级院系应用型重点学科管理办法》。二级院系应在校级应用型重点学科管理制度基础上，结合自身应用型重点学科的发展实际，制定更加灵活的、基于产教融合特色的应用型重点学科管理制度，以指导本院系的应用型重点学科建设。

二是完善学校学科管理机构及二级院系对校级应用型重点学科的"中期考核与年度绩效考核"[①]。适应深化产教融合教育教学综合改革的需要，我国应用型本科高校应制定《二级院校校级应用型重点学科评估考核办法》，细化评估考核指标体系。校级重点学科具有"培育"性质，学校学科管理机构（应用型学科专业建设指导委员会）应通过"中期考核""年度考核""阶段性考核"加强对二级院系应用型重点学科建设的宏观指导。

三是加强校级应用型重点学科建设的组织管理。目前，我国绝大多数应用型本科高校的学科建设管理机构是科研处。该种组织管理制度不适应新时代应用型学科建设的需要，原因很简单，科研处工作较忙，既要负责学校整体理工科科研，又要负责学校整体文科科研；既要负责学校各级各类纵向科研项目管理，又要负责学校多元化横向科研项目管理，无暇顾及"校级应用型重点学科"建设工作。基于此，应用型本科高校应改革校级应用型重点学科组织管理制度，实行"学校、二级院系、学科负责人三级管理，以二级学院为主"的组织管理机制。二级学院对所在学院的具体应用型学科较为熟悉，突出"以二级学院管理为主"的特殊管理功能，既有利于应用型学科建设的"上情下达"，也有利于应用型学科建设的"内引外联"（建立校企合作共建应用型学科机制）。

五 创新应用型学科领军型人才管理制度

应用型重点学科领军型人才（即学科带头人）是"一流应用型学科"建设的重中之重，一名优秀的应用型学科领军型人才往往可以产生一批一流的应用型科研成果、带动一个优秀的应用型学科团队。学科领军型人才不能仅靠自身努力，也不能完全依靠外部引进，更多地要依靠学校校内精心培养。目前，我国应用型本科高校客观存在应用型学科领军型人才严重不足、应用型学科领军型人才严重流失"双重困境"，因此，我国应用型本科高校应通过管理制度创新，培育应用型学科带头人脱颖而出的生态环境，培养或引进更多的应用

---

① 张新婷. 地方本科院校应用型学科建设研究[J]. 铜仁学院学报，2017（11）：65.

型学科带头人。

一是赋予学科带头人更大的决策话语权。应按照"以人为本"的管理原则，在学科建设中，学校层面的行政权力主要是"提供支持、保障服务"[①]，"要严肃处理好学术权力与行政权力的关系，要给予学科带头人更大的话语权，如在人才引进、资金使用等方面"[②]。应尊重学科带头人在学科建设中的建议和意见，尽量减少行政干预。

二是赋予学科带头人更大的人事自主权。应给予学科带头人更大的人事自主权，学科带头人除具有学科组成员校内提名权、聘任权和管理权外，还应拥有外校专家及行业企业合作人员的提名权、聘任权和管理权。

三是赋予学科带头人更大的经费支配权。应给予学科带头人更大的财务自主权，经费报销难是学科带头人最为头疼的事情，学校财务处制定的财务报销制度近年来有"日趋缩紧"的趋势，规矩太多、限制太死，很多学科带头人耗费大量精力和时间在经费报销上；一些实际用在学科建设的经费支出因财务制度限制而不能顺利报销。基于此，应实行行政与科研、学科财务分类管理制度，学科与科研归为一类，按照实事求是的原则，只要是真正用于学科建设的经费，可以灵活报销；学科带头人有一定的权限制定符合自身学科建设的激励政策，以推动学科的快速发展；纪检部门尽量简化查账程序。

四是赋予学科带头人更大的时间支配权。教授给本科生上课是必须的、无条件的，是教授自身的本分和应尽的义务，但应用型本科高校的教授职称学科带头人授课过多（课时严重饱和）也是一个值得注意的问题。一个人的时间和精力毕竟是有限的，过分透支教授的身体健康是极为有害的。教育部要求教授必须给本科生上课主要针对那些"只做科研工作而不给本科生上课"的教授及"只做行政工作而不给本科生上课"的教授而言。对常年奋战在教学、科研一线的教授级学科带头人，应用型本科高校应采取一定的保护制度。课时量应明确控制在一定范围内，既不应太多也不应太少（每年200～300课时为宜），至少应在保障学科带头人在身体健康的前提下，顺利从事教学和科研工作。

（六）创新应用型科研团队管理制度

假如没有一支专兼聘相结合、素质过硬、水平较高的学科建设队伍，再优秀的应用型学科带头人也孤掌难鸣。一支优秀的应用型学科团队不能仅靠自然生长，而应更多地依靠精心打造。近年来，我国应用型本科高校也涌现出少量的应用型学科带头人，但"应用型学科队伍人员偏少、水平较低、校企失衡、聚力不强"现象普遍存在，适应产教融合教育教学改革需要，应通过应用型科研团队管理制度创新，逐步做强、做大应用型学科团队。

一是制定并完善《应用型学科"四跨"团队建设的管理办法》。与基础学科团队不同，应用型学科具有典型的"产教融合、校企合作"特征。基于此，在研制《应用型学科"四跨"团队建设的管理办法》时，应注意跨专业、跨学科、跨产业、跨校际联合组建校内核心应用型学科团队；应吸收地方政府、地方行业、地方企业、区域大学的相关专家联合组

---

① 郭雷振. 我国高校校级重点学科建设管理体制探析[J]. 宁波大学学报，2015（3）：53.

② 张新婷. 地方本科院校应用型学科建设研究[J]. 铜仁学院学报，2017（11）：65.

建应用型学科团队；应明确校内、校外学科团队成员的责任和权利，发挥学科团队成员的主观能动性；应明确校内、校外学科团队成员的激励和约束政策，激活校内、校外学科团队成员的学科建设潜力，激发校内、校外学科团队成员的学科建设动力。

二是完善《应用型学科团队青年教师培养与管理办法》。青年教师是应用型学科建设的主力军，也是应用型学科建设中最有热情、最有朝气、最有潜力的群体。基于此，应完善青年教师"传帮带"管理制度，帮助青年教师尽快成长；应制定并完善"青年英才"管理制度，重点帮扶"青年英才"脱颖而出；破除论"职"排辈的用人模式，按照能力、成就与贡献破格提拔青年英才担任学科建设主要学术骨干；建立支持青年英才的支持政策，完善领导联系青年英才的畅通机制；创新青年英才与地方行业企业科技联系合作制度，大胆让青年英才独立承担政产学研合作项目；设立专项资金，结合重点政产学研合作项目，"遴选有较大发展潜力的青年人才进行重点培养和择优资助，给予更多发展机会。"①

三是完善《博士研究生科研工作量化管理办法》。近年来，我国应用型本科高校引进的博士研究生数量逐渐增多，这对应用型学科建设至关重要。但是，目前尚存在"重引进、轻使用"等问题。基于此，应完善相应的管理办法，明确责任和义务，做到人尽其才、才尽其用，让博士教师获得责任感；应注重引导，使每一位博士教师尽快找到自身的应用型学科团队并尽快融入学科团队，让博士教师找到团队归属感；应加强对博士教师的人文关怀，主动解决博士教师生活及工作中遇到的困难，让博士教师获得认同感；应配置好博士教师的产业合作者，使博士教师尽早参与或主持政产学研合作研发项目，让博士教师获得应用感；应注重博士引进后的科研绩效评价，调动博士教师进校后的应用研发积极性，让博士教师获得动力感；应加大博士教师激励政策，鼓励博士教师在应用型学科建设中早出成果、多出成果，让博士教师拥有获得感；应适当增加应用技术重点实验室、应用技术研发中心数量，为博士教师提供更多施展才华的平台，让博士教师获得事业感；应完善博士教师的职称和职务晋升机制，对优异者大胆启用、破格提拔，让博士教师获得成就感。

(七) 创新应用型学科评估制度

在我国目前的学科建设评估指标体系中，一级指标有 4 个，即师资队伍与资源、人才培养质量、科学研究水平、社会服务贡献与学科声誉②。该评估指标体系是针对我国研究型大学而制定的，强调 SCI 期刊论文的权重，实际上，使用该指标体系对我国应用型本科高校进行学科评估，既不公平也不合理，国家应制定"应用型学科评估指标体系"，评估标准应适当放低，应突出"应用型"和"产教融合"。与研究型大学相比，我国应用型本科高校毕竟处于弱势地位，国家层面应实行"研究型大学学科评估"与"应用型本科高校学科评估"二级评估制度，这也符合"高等教育分类管理与分类指导"原则。截至目前，我国应用型本科高校通常实行的学科评估指标体系主要是模仿重点大学的学科评估指标体系，

---

① 张献. 地方普通高校高层次人才队伍建设研究[J]. 长春大学学报，2018（12）：55.
② 叶美兰，等."中国制造2025"视域下的地方高校应用型学科建设[J]. 应用型高等教育研究，2019（1）：6.

"呈现一定的路径依赖与效仿的表现，这样就无形中加速了学科建设的制度性障碍"[①]，也严重挫伤了应用型本科高校建设应用型学科的积极性。基于此，应从国家层面研制基于"应用型"的"应用型学科评估指标体系"，该指标体系依然突出"师资队伍与资源、人才培养质量、科学研究水平、社会服务贡献与学科声誉"4 个一级指标，但每个一级指标都应强调"应用型"，每个二级指标更应突出"产教融合、校企合作"。各个二级指标的核心在于考察应用型学科成员的应用技术产出和成果的经济效益和社会效益，应"加大学科团队成员与行业企业合作研发所产生的对社会服务影响力的权重"[②]，应涵盖应用型学科科技成果转化权益奖励制度，按照成员在科技成果转化上的效益，给予研发者一定比例的奖励[③]。

总之，实行"一把尺子"评估高校学科建设成效对应用型本科高校是不公平的，应用型本科高校绝大多数都是地方性新建本科高校，在一级学科乃至二级学科建设上都无法与老牌研究型大学相抗衡。应用型学科的基本特色是"应用性""交叉性""地方性""产业性"，应用型学科的动力源泉是地方行业企业对人才和技术的实际需求，应用型学科的评估主体是地方或区域的行业企业。在国家层面研制基于"产教融合"指导思想的"应用型学科评估指标体系"不仅是必要的，而且是必须的。

八　创新应用型学科建设辅助管理制度

应用型学科建设是一项系统工程，仅仅依靠学校各种"应用型学科建设管理制度"是不够的，客观需要学校其他"应用型"管理制度与之相配套，合力建设应用型学科。因此，应用型本科高校在丰富完善"应用型学科建设管理制度"的同时，还应着力加强"应用型科研管理制度""应用型师资队伍建设管理制度""应用型专业建设管理制度""科研项目财务报销管理制度"等配套政策与配套制度建设。

第四节　应用型专业管理制度创新的对策与建议

近年来，在地方本科高校转型发展和产教融合教育教学综合改革过程中，各高校围绕"应用型"都相继开展了大规模的"调整专业结构、优化专业布局"的高教改革活动。然而，目前我国应用型本科高校"专业同质化""红牌专业影响就业"等问题依然比较严峻，"重专业申报轻专业建设、应用型专业建设水平较低"现象依然比较普遍。2018 年以来，我国各省（市）在"双一流"建设背景下又相继启动了"一流本科专业"建设工程，如河南省2019 年启动了"一流本科专业建设计划"（豫教高〔2019〕475 号），计划在 2019—2021

---

① 张新婷. 地方科院校应用型学科建设研究[J]. 铜仁学院学报，2017（11）：62.
② 严吉菲. 高校绩效拨款评估机制的比较研究：基于北美的视角[J]. 高教探索，2007（5）：69.
③ 周建民，等. 新建本科院校转型发展中的应用型学科团队建设[J]. 江汉大学学报，2014（6）：131.

年重点建设 600 个左右的省级一流本科专业点，其中半数以上是应用型本科专业。我国应用型本科高校应紧抓省级"一流本科专业建设工程"发展机遇，通过应用型专业管理制度创新，以"一流的专业建设管理效绩"①推高应用型专业建设水平，进而提高应用型人才培养质量。

 一 制定产教融合型专业发展规划

近年来，我国各个应用型本科高校尽管都制定有《专业发展分规划》，但不是基于"应用型"或"产教融合型"的，不适应新时代应用型本科高校创新发展地方产业经济、提高应用型专业水平的需要。因此，我国应用型本科高校应躬身力行，沉到地方行业、地方企业进行深入调研，瞄准地方主导产业、重点发展的特色产业、重点发展的新兴产业，校地协同、校行协同、校企协同重新制定《应用型专业发展分规划》，在建设意义、指导思想、基本原则、建设思路、建设目标、建设任务、保障措施等方面应充分体现"产教融合、校企合作"特色，优先发展与地方或区域产业经济和社会发展密切相关、对地方或区域产业经济和社会发展贡献较大的应用型特色专业。

二 创新应用型特色专业建设管理制度

应用型专业管理制度是应用型专业建设的根本保障。目前，我国应用型本科高校专业建设一般实行合格专业、特色专业、品牌专业三级管理制度，与"应用型特色专业"相关的管理制度主要是《专业建设工作条例》和《特色专业建设管理条例》。一则，"两大条例"过时落后，大都是 20 世纪末制定的；二则，"两大条例"是根据教育部《普通高等学校本科专业设置管理规定》要求并参照研究型重点大学"专业建设工作条例"修改而来的，客观上需要创新与完善。诚如有的专家所言：应用型本科高校模仿研究型重点大学专业建设思路和发展模式无疑是"自取灭亡"②。基于此，我国应用型本科高校应在"完善现有专业管理制度"和"创新专业管理制度"两个方面同时发力。

一是修订完善《专业建设工作条例》。目前，亟待修订完善的专业管理制度主要是《专业建设工作条例》。各应用型本科高校应结合本地产业经济和社会发展实际，按照"产教融合、校企合作"专业建设指导思想和"突出应用专业、培育特色专业、专业集群发展、提高专业质量"专业建设四大基本原则，对《专业建设工作条例》逐条修订完善。如在"总则"内容中，应删除"根据普通高等学校本科专业目录"文字表述，应用型特色专业除具有地方性、产业性、应用性特征外，还具有独特性、创新性、新兴性、不可模仿性和不可替代性③等特征（如教育部公布的《本科专业目录》中没有"黄酒本科专业"）。在"专业

① 朱占峰. 应用型大学特色专业"123456"建设模式探索[J]. 高教学刊，2017（3）：15.

② 崔彦群，等."双一流"背景下地方高校专业建设的突围与作为[J]. 浙江万里学院学报，2018（5）：93.

③ 傅远佳，等. 地方应用型本科院校优势特色专业建设与改革探索——以钦州学院为例[J]. 教书育人，2018（21）：53.

布局"内容中，应增加"以地方或区域产业经济发展和人才市场实际需求为导向、重点发展对地方或区域产业升级急需、体现地方或区域产业与行业优势的专业""高校专业链紧密对接地方产业链""优先发展直接服务地方或区域产业经济和社会发展的应用型特色专业"等内容。在"专业设置"内容中，应增加"地方行业企业人才和技术需求专业"等内容。在"建设内容"中，应增加"双师双能型师资队伍建设"等内容。在"建设层级"上，应实行"双轨制"管理，把专业分成理论型专业和应用型专业；应实行校级应用型专业、省级应用型专业、国家级应用型专业 3 个不同层次，分类管理。在"专业评价"内容中，应增加"地方政府、地方行业、地方企业评价"等内容。在"专业调整"内容中，应增加"按照地方产业发展需求实行动态调整"等内容。在"管理机制"上，应增加"学校学科专业建设指导委员和教务处直接管理""地方行业企业参与管理"等内容。

二是创新应用型特色专业管理制度。在原有《特色专业建设管理条例》基础上，重新研究制定新型《应用型特色专业建设管理条例》，在"总则"内容中，应增加"提高应用型专业教学能力""提高应用型人才培养质量"等内容。在"指导思想"内容中，应增加"提高专业服务地方或区域创新发展能力"等内容。在"申报与立项"内容中，应删除"已连续三年招收本科生"和"近三年就业情况良好"条件，与地方新兴产业相关的专业往往是"新兴专业"，没必要设置该项限制条件；应增加"与地方或区域产业链、创新链、人才链密切相关""对地方或区域产业创新发展起促进或支撑作用""地方或区域就业市场潜力较大""地方行业企业发展急需"等内容。在"建设内容"中，应增加"改革应用型人才培养方案""加强双师双能型师资队伍建设""加强应用型教学改革""加强应用型课程体系建设""加强应用型教材建设""加强校企合作联盟建设""加强应用型专业平台建设"等诸多内容。在"建设与管理"内容中，应增加"由学校学科专业指导委员会和教务处共同负责应用型特色专业的指导和检查工作""应用型特色专业建设周期为 5 年""实行应用型特色专业负责人责任制""校地互动、校企合作共建共享应用型特色专业""每项应用型专业周期内建设专项资金不少于 20 万元""应用型专业实行项目化管理"等诸多内容。

三是实行应用型特色专业建设与管理首席专家负责制。应改变二级院系领导负责专业建设的管理制度，由首席专家及其教研团队具体负责。一则，首席专家（一般为教授或博士副教授）和教研团队（由校内教师、行业企业技术人员共同组成）具体负责建设应用型特色专业建设，专业建设团队没有行政事务负担，且直接与应用型教学相关，可专心做好应用型特色专业建设；二则，专项经费由首席专家及其团队自主支配，避免专项资金挪作他用，可提高应用型特色专业建设效率。

四是实行应用型专业建设动态调控机制。受世界经济、国家经济发展大环境影响，地方或区域产业经济结构周期性处于"变动"之中，客观需要应用型本科高校专业结构也相应适当调整。在为期 5 年的应用型专业建设期间，应实行"开放竞争、动态调整、有进有出"[①]的专业建设新增和退出机制。美国、日本、韩国等国及欧洲的应用技术型大学专业设置的一大特点就是"专业跟着产业走"，甚至部分应用型专业教学场所就建在产业聚集区，

① 崔彦群，等."双一流"背景下地方高校专业建设的突围与作为[J]. 浙江万里学院学报，2018（5）：92.

与企业合办应用型专业，教师队伍由高校和企业共同组建，课程体系、教学内容与企业技术需求紧密衔接，这是提高应用型专业水平、提高应用人才培养质量卓有成效的制度设计。需要强调的是，在"专业退出"机制方面应审慎而行，"专业退出"主要是"压缩招生规模"而不是简单地"砍掉"本专业。

三　创新重点应用型特色专业建设管理制度

在专业建设方面，"省级及以上应用型特色专业"是应用型本科高校专业建设的名片，也是应用型本科高校办学特色的重要体现，直接关系学校自身的知名度和荣誉度。"省级及以上应用型专业"也是学校申报专业硕士点、省级重点学科的必备条件。可惜的是，目前我国应用型本科高校绝大部分都没有制定《重点应用型特色专业建设管理办法》等相关制度，而是把"特色专业建设"作为一部分置入学校的《专业建设工作条例》，这是应用型本科高校专业建设管理制度中的一大漏洞。

为提高学校应用型特色专业建设水平，应用型本科高校应尽早制定《重点应用型特色专业建设管理办法》。在"总则"中，应明确"以重点应用型特色专业促进应用型人才培养"的专业建设目的，应明确"产教融合、校企合作"应用型专业建设指导思想和应用型专业建设基本路径。在"专业布局"上，应增加"重点应用型特色专业一定与地方或区域主导产业、特色产业、战略性新兴产业协同共建，与地方或区域产业形成发展命运共同体"。在"专业设置"上，应强调"优先发展服务地方或区域产业经济和社会发展的重点应用型特色专业"。在"建设目标"上，应明确建设"少而精的重点应用型特色专业"等内容。在"建设内容"上，应强调"双师双能型师资队伍建设、应用型精品课程建设、应用型特色教材建设"等内容。在"建设层次"上，应区分"省级及以上应用型特色专业培育项目、省级及以上应用型特色专业建设项目"两个大类。在"专业评价"上，应强调"行业企业评价和社会第三方评价"等内容。在"管理机制"上，应强调"省级及以上应用型特色专业由学校学科专业建设指导委员会直管，每项省级及以上应用型特色专业年度建设经费不少于 20 万元"等内容。

四　创新应用型专业集群建设管理制度

2015 年，教育部等三部门《关于引导部分地区普通本科高校向应用型转变的指导意见》（教发（2015）7 号）明确要求："围绕产业链、创新链调整专业设置，形成特色专业集群"。近年来，我国应用型本科高校先后建立了 5～8 个与地方产业相关联的"专业集群"。从高校视角观察，专业集群是高校转型发展和深化产教融合教育教学综合改革的重要突破口[①]，是"地方本科高校专业结构调整与专业建设的战略选择"[②]。专业集群实际上是应用型本科高校的"应用型学科+产业+应用型专业"（跨学科、跨专业、跨产业）组建的"超级大

---

① 顾永安. 应用本科专业集群：地方高校转型发展的重要突破口[J]. 中国高等教育，2016（22）：35.

② 张晞，等. 地方本科高校专业集群布局与建设的探索与思考[J]. 中国职业技术教育，2018（11）：27.

舰"①，学科+产业+应用型专业集群关系如图 3-1 所示。从社会视角观察，应用型专业集群能够实现高校"学科链、人才链、专业链、科技链"与地方或区域"产业链、人才链、技术链、创新链"的有效对接，通过集群优势"增强对共性技术或关键技术及重大问题的解决能力"②。然而，在专业集群建设方面，我国应用型本科高校普遍存在"定位不准、管理松散、服务性不强"等问题，绝大多数高校至今没有制定与"专业集群"相关的管理制度。因此，制定《专业集群管理办法》（或《学科产业专业集群管理办法》）是应用型本科高校制度建设的一项任务。

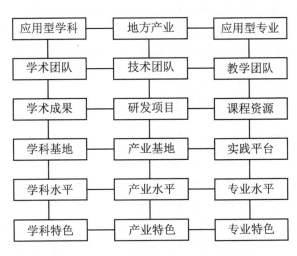

图 3-1　学科+产业+应用型专业集群关系

一是做好专业集群发展规划。做好专业集群建设的发展规划，应明确地方或区域到底有哪些优势资源、特色资源，以及有哪些主导产业、战略性新兴产业，特别对战略性新兴产业，应予以重点关注。这是做好专业集群发展规划的关键。目前我国应用型本科高校不少所谓的"专业集群"，诸如艺术类专业集群、建筑类专业集群、化工类专业集群、文化类专业集群等，实际上都是依靠学校自身的重点学科和重点专业的"自我画像"，与地方或区域主导产业、特色产业的关联度、匹配度较低。严格意义上讲，这种"专业集群"是学校的"专业集群"而不是学校的"应用型特色专业集群"。二是制定《专业集群建设管理办法》。在"总则"中应明确"提高应用型人才质量、提高高校服务地方或区域产业经济和社会发展能力"等内容。在"指导思想"上，应明确"高校学科链、人才链、专业链、科技链对接地方或区域产业链、人才链、技术链、创新链"等内容。在"建设思路"上，应明确"产教融合、校企合作共建共管共享机制"③等内容。在"建设目标"上，应明确"重大应用型专业集群和一般应用型专业集群两大类""重大应用型专业集群数量不超过 6 个④，一般应用型专业集群由二级院系决定"等内容。在"建设任务"上，应明确"产教融合共建校

---

① 陈锋. 实施"大舰战略"：加快建设学科专业集群超级平台[J]. 中国高等教育，2016（23）：27.

② 吴仁华. 提升服务能力是地方新建本科高校加强学科专业建设的基本路径[J]. 中国大学教学，2015（1）：36.

③ 和震，等. 职业教育产教融合制度创新[M]. 北京：科学出版社，2018：110.

④ 刘海峰，李娟. 应用技术型高校学科专业群建设研究[J]. 天中学刊，2015（4）：138.

地命运共同体""跨学科、跨专业、跨产业合作共建应用型专业集群""产教融合共同开展应用技术人才培养""产教融合共建双师双能型协同创新团队""产教融合共同开展应用技术研发与推广项目""产教融合共建应用型重点学科""产教融合共建应用型特色专业""产教融合共建行业企业工作室"[①]"产教融合共建专业实践基地""产教融合共建应用型课程"[②]等内容。在"组织保障"上，应明确"政府主导、高校和企业双主体、行业指导、企业参与"等内容。在"资金保障"上，应明确"地方政府和地方高校双主体、地方行业和地方企业双参与""每个重点应用型专业集群每年专项支持经费不少于 50 万元""实行专业集群建设首席专家负责制"等内容。在"监管评估"上，应制定相对科学的《应用型专业集群评估标准体系》，明确"地方政府、地方行业、地方企业是监督评估的重要责任方""鼓励社会第三方组织机构参与应用型专业集群的监督和评估"等内容。

（五） 创新应用型课程建设管理制度

在应用型高等教育系统中，应用型学科属于宏观层面内容，应用型专业属于中观层面内容，应用型课程和应用型教材属于微观层面内容，它们之间的层级关系如图 3-2 所示。应用型课程建设是应用型专业建设的核心。近年来，我国应用型本科高校的应用型课程建设获得了长足发展，但存在的问题也不容忽视，主要体现在应用型课程体系不完善、应用型课程覆盖面较低、应用型课程建设缺乏整体设计、以教学方法改革代替课程改革等方面，应用型课程管理制度落后也是造成应用型课程改革缓慢的重要原因。目前，我国应用型课程管理制度《课程建设管理规定》大都是 21 世纪初制定的，与"应用型课程建设"不相适应。因此，应通过"应用型课程管理制度"改革，推动应用型课程建设。

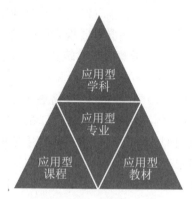

图 3-2 应用型学科、应用型专业、应用型课程、应用型教材层级关系

一是实行"四类应用型课程体系"管理制度。目前，我国应用型本科高校专业课程由三大类组成，即基础课程、专业课程和实践课程。不少学者认为只要在理论类课程中加入"实践类"课程（实践类课程占总课程的 30%）就算是应用型课程，其实不然，应增加"创

---

① 孙旭. 地方本科高校应用型专业集群建设研究[J]. 商丘师范学院学报，2019（8）：24.
② 童昕，陈爱志. 专业集群化建设助推高校向应用型转变[J]. 教育评论，2017（11）：20.

新类"课程。把"实践课程"与"创新课程"混为一谈是不科学的,"实践课程"是加强学生应用技术操作流程的实验实训及社会实践课程,目的在于提高职业岗位应用技术技能水平和岗位适应能力,而"创新课程"是学生在校企双导师指导下直接参与行业企业应用技术研发与创新项目,目的在于提高学生应用技术研发能力、创新能力和就业质量。该"创新课程"主要安排在大三、大四阶段,"四类应用型课程体系"可以从根本上保证学生职业岗位实践能力、创新能力的培养[①],应用型课程设置如表 3-2 所示。

表 3-2　应用型课程体系设置

课程类型	课程主体	课程模块
基础课程	1. 公共基础课程	思政类、外语类、计算机及信息技术类
	2. 公共选修课程	数理化类、科学素养类、艺术类
专业课程	1. 专业必修课程	专业基础类、专业必修类、专业核心类
	2. 专业选修课程	专业兴趣培养类、拓展专业知识类
实践课程	1. 课内实践	专业课实践周、实践月类
	2. 校内实践	校内基地实验、实训、实践类
	3. 校外实践	校外基地实验、实训、实践类
创新课程	1. 应用技术研发	校企合作应用技术研发与推广项目类
	2. 创新产品研究	产教融合创新作品类
		应用型毕业设计(论文)类

二是普及模块化应用型课程建设制度。"模块化课程"是目前欧洲应用技术型大学课程建设的最流行方法,即根据工作岗位的实际过程和能力需求,"反向重构课堂体系,并确定教学内容和实施教学过程"[②],通过具体的工作岗位情景来合理安排基础课程、专业课程、实践课程、创新课程四大应用型课程板块。"先根据某一职业或岗位的特点分析出该职业或岗位所需的具体能力结构和水平,再根据一个个具体能力要素确定具体的培养目标和培养该能力所需的课程模块内容"[③]。

三是推行"应用型课程建设首席专家负责制"。教师是应用型课程建构与实施的主体。从近年我国应用型本科高校应用型课程改革的实践来看,不少高校组织实施了"应用型课程建设行动计划",尽管投入不少资金,但建设成效并不显著,必须改二级院系领导负责制为"首席专家负责制",首席专家主要由教授或博士担任,落实责任追究制,实行项目化管理,奖优惩劣。

四是实行"应用型课程建设项目制"。应先根据循序渐进原则,制定相对科学的《应用型课程建设发展规划》,每个二级院系每年重点建设一门应用型课程,有限资金不能"撒胡椒面",提高应用型课程建设成效;然后每一门应用型课程专项资金不少于 20 万元,争取把"应用型课程"建设成省级精品课程。

五是实行"以应用型科研促进应用型课程建设"管理制度。芬兰应用科技型大学的学

① 何晓瑶,等. 地方本科高校应用型课程体系构建的路径与实践[J]. 高教学刊,2018(11):85.
② 冀宏,等. 基于校企合作教育的应用型课程建设理路[J]. 应用型高等教育,2017(1):41.
③ 王丽霞. 地方应用型本科高校专业建设存在的问题及举措[J]. 吉林工程技术师范学院学报,2015(6):38.

生独立承担或与教师共同参与研发项目，"与企业技术人员一起攻克技术难题，获得实战经验"[①]，以研发技术优势提高就业率。"把科学研究引进整个教学过程……把前沿科技动态、科技成果融入教学内容"[②]。学生与教师共同参与应用技术研发或社科创新作品的课程才称得上真正意义上的应用型课程，"以应用型科研促进应用型课程建设"是提高应用型课程品质的最有效手段之一。

六是完善应用型课程建设评估制度。目前实行的课程评估制度过多侧重实践教学、教育科研成果（如高水平 CSSCI 教育论文、省级教育教学成果奖等），新型的应用型课程评估标准应强调课程与职业岗位的吻合度、应用型课程对国家及地方产业创新发展的贡献度。

（六）创新应用型教材建设管理制度

建设一流应用型本科高校，必须持续开发一大批具有自主知识产权的、与应用型人才培养相适应的应用型精品教材。目前，我国应用型本科高校的教材选择一般由主讲教师提议，选择全国规划并获奖的统编性教材，省时省力。然而，全国规划教材研制需要一定的时期，获奖再需要一定的时期，等到投入使用时大多超过本教材的"时效性"。我国应用型本科高校教材普遍存在知识内容陈旧、教材内容与最新产业技术脱节、自主开发的应用型教材数量较少等问题，造成诸多问题的主要原因就是"高校缺乏相应的制度文件"[③]。因此，必须修改完善现有的学校《教材建设管理规定》并突出以下内容。

一是实行应用型教材项目化管理制度和应用型教材专项资金管理制度。应用型教材编撰不同于一般教材编撰，需要全面了解该教材相关的最新前沿应用技术知识，需要熟悉地方或区域与该教材相关的最新产业发展动态、最新技术动态、最新行业标准等，是一项耗时耗力的艰苦创新工作，客观上需要足够的资金支持。基于此，应用型本科高校应每年设立 200 万元或以上的应用型教材建设专项经费，实行项目化管理，每部精品应用型教材支持力度不少于 10 万元，每年重点建设 15～20 部校级精品应用型教材。

二是实行学校教材建设专家咨询委员会制度。可以依托"学校学科专业建设指导委员会"建立"学校教材建设专家咨询委员会"，具体指导、规划、审批、立项、监控、检查、评估学校应用型教材的建设工作。

三是完善"省级精品教材工程"管理制度。我国各省教育主管部门每年都有省级精品教材建设专项项目，如江苏省教育厅每年设立 200 余项省级精品教材专项项目，各地应用型本科高校应制定"对接性"教材管理制度，鼓励教师积极申请省教育厅"精品教材工程"项目。

四是实行产教融合、校企合作共建应用型教材管理制度。应用型教材不同于理论型教材，必须从产业界聘请相关技术人员参与应用型教材建设，教材内容一定体现产业技术发

---

① 王小云，等. 应用型本科高校的应用型课程建设研究[J]. 金陵科技学院学报，2018（1）：69.

② 林年冬，等. 五个"三结合"：地方高校专业建设的有效途径[J]. 长春工业大学学报，2012（2）：20-21.

③ 濮明月，等. 应用型本科院校教材建设问题研究[J]. 湖南工业职业技术学院学报，2014（6）：116.

展学术前沿和产业发展趋势。

五是实行应用型教材建设首席专家负责制。首席专家水平的高低直接决定应用型教材质量的高低。每部应用型教材应由具有教授职称或博士学位的首席专家担任主持人，教材建设团队应该"跨学科合作、校际合作、产学研合作、校商合作"[①]，并按照《应用型教材建设管理规定》共同做好应用型精品教材。

六是完善应用型教材建设的考核与评估制度。制定应用型教材质量评估指标体系，从产业界聘请管理人员、工程技术人员等作为顾问，建立教材建设专家咨询委员会，考核应用型教材质量[②]，奖优罚劣。

（七）创新应用型专业评估制度

我国各地应用型本科高校专业评估基本实行专业达标评估、专业水平评估制度，但各地的评估标准体系略有不同，大抵按照一级指标、二级指标、基本观测点设计指标体系。一级指标一般由生源情况、人才培养模式、专业教学资源、本科教学工程与教学成果奖、专业教学质量保障、人才培养效果、专业特色共7个指标组成。该类专业评估指标体系明显是参照教育部本科教学合格评估标准体系而制定的，易于操作，但与地方应用型本科高校应用型专业实效评估尚有一定的差距，本科专业评估制度有待改进。

一是实行多元化本科专业评估制度。目前我国应用型本科高校实施的本科专业评估制度主要是由高教界专家对地方本科高校专业建设情况进行"垂直"评估。国外本科专业评估更注重行业企业对高校的专业评估，或社会第三方对高校的专业评估。跳出教育看教育，或许更能看清"高校本科专业"与"社会市场需求"之间的差距。因此，应改变目前评估主体由高教界专家组成的现状，按照"专业对接产业"原则，适当遴选一定数量的产业管理人员（或技术人员）作为评估专家，评估结果会更加客观，专家组"整改意见"对高校专业建设更具有针对性。基于此，应逐步推行校内自我专业评估、教育主管部门专业评估、社会第三方（机构）"三位一体"的本科专业评估制度，即便是校内自我专业评估，评估专家队伍也应有一定数量的行业企业界人士[③]。

二是不同本科专业实行"分类评估"制度。文科本科专业、理科本科专业、工科本科专业应实行不同的"评估标准体系"；普通类本科专业、应用型本科专业应实行不同的"评估标准体系"。

三是"师资队伍"应上升为一级指标。"师资队伍"是专业建设的核心要素[④]，把"师资队伍"置入"教学资源"之中，削弱了"师资队伍"对专业建设的核心作用。

四是"人才培养"应上升为一级指标。把"人才培养模式"作为一级指标不甚合理。"人才培养模式"范畴较小，而"人才培养"涵盖专业教学过程各个环节。"人才培养模式"作为一个二级指标比较合理。

① 王海峰，等. 新建高校应用型教材开发合作模式研究[J]. 宝鸡文理学院学报，2012（5）：230.
② 王海峰，张以科. 苏北新建高校应用技术型教材建设策略研究[J]. 人民论坛，2015（1）：229.
③ 安波. 应用型本科院校特色专业建设探析[J]. 黑龙江教育，2015（12）：45.
④ 林静，等. 区域经济对应用型特色专业建设的影响与调适[J]. 赤峰学院学报，2015（7）：264.

　　五是完善本科专业评估指标体系。教育主管部门应研制基于"产教融合"的《应用型本科专业评估指标体系》，一级指标应设为"生源情况、人才培养、师资队伍、教学资源、教学工程、教学质量、培养效果、专业特色"8 个比较合理。二级指标及主要观测点应增加"高校专业与地方产业吻合度""双师双能型师资队伍建设""行业企业兼职教师授课情况""校外实践教学基地情况""校企合作联盟（伙伴）情况""地方或区域就业质量"等内容。

第四章

应用型本科高校师资管理制度的创新

>>>

2018年1月,中共中央、国务院颁布《关于全面深化新时代教师队伍建设改革的意见》,明确指出,要"以提高教师质量为导向,大幅提升教师的综合素质、专业化水平和创新能力,促进教师主动适应新技术变革,积极有效开展教育教学,努力造就一支高素质、专业化、创新型的教师队伍"[①]。我国有 600 余所应用型本科高校及 70 余万名教职工队伍,这是一个庞大的高校教师队伍,也是建设中国特色应用型高等教育的主体。创新应用型本科高校师资队伍管理制度,以此激发广大教职员工积极参与转型发展和深化产教融合教育教学改革的动力与活力,是推动我国应用型高等教育科学、可持续发展的时代课题。

第一节　创新应用型师资管理制度的必要性✍

应用型本科高校教师具有与其他类型高校教师不同的特征,其最大特点就是"应用型"。完善与创新应用型师资队伍管理制度,对应用型师资队伍建设意义重大。

一　创新应用型师资管理制度的现实意义

教师转型是否到位、教师结构是否优化、教师水平是否提高是我国一流应用型本科高校建设能否取得成功的关键。

---

① 中共中央,国务院. 关于全面深化新时代教师队伍建设改革的意见[N]. 人民日报,2018-02-01.

（一）有利于调动教师参与应用型人才培养的积极性

近年来，我国地方高校转型发展的实践表明，有相当一部分教师对"转型发展"和"深化产教融合改革"持有异议，认为产教融合、校企合作教学模式就是"职业教育"模式，是退步而不是进步。他们更希望沿袭传统的教学管理模式，围绕"备教材—讲教材—再备教材—再讲教材"的过程进行教学活动，忽视了学生对就业相关知识的需求。

广大教师是应用型本科高校开展应用型人才培养的主体，师资队伍建设是应用型本科高校发展的保障及可持续发展的基础[①]。当前，我国已经进入中国特色社会主义建设新时代。与历史上任何一个时期相比，我们都更加接近实现中华民族伟大复兴的雄伟目标；与历史上任何时期相比，国家和地方政府都更加渴求拥有高素质、高水平的应用技术人才。人才资源是第一资源，打造高水平师资队伍，是各个应用型本科高校内涵建设与特色发展的需要，更是地方产业经济和社会发展的需要。创新师德师风建设管理制度，整顿教风学风，有助于提高大学生思想政治水平；完善高层次人才引进管理制度，提高博士教师比例，有助于大学生掌握更为扎实的专业基础理论知识；完善双师双能型师资队伍建设管理制度，提高教师应用技术水平，有助于提高大学生创新能力；完善外聘行业企业兼职教师管理制度，实行双导师教学，有助于提高大学生实践应用能力；完善教师年度业绩考评制度，强调应用型教学与应用型科研和社会服务并重，有助于提高课堂教学应用型品质；完善应用型学科专业带头人、应用型协同创新团队建设管理制度，强调产教融合、校企协调育人，有助于提高大学生应用技术创新能力和毕业设计（论文）质量；完善校企双导师管理制度，强调应用技术研究，有助于提高大学生就业率和就业质量。

（二）有利于调动教师参与应用型科研的积极性

注重应用型科学研究是应用型本科高校与研究型重点大学在科学研究方面的本质区别。我国应用型本科高校科研水平整体实力较低，且偏重理论研究，"职称科研"非常普遍，该种局面亟待改变。

广大教师是应用型本科高校开展应用型科学研究的主体。完善职称评审制度，增加应用型科研成果和社会服务成果比重，有助于转变教师科研观念和科研导向；完善双师双能型师资队伍建设管理制度，强调产教融合、校企合作，有助于教师及时了解市场新产品需求变化；完善高校教师行业企业实践锻炼管理制度，有助于教师及时了解产业新技术需求变化；完善外聘行业企业兼职教师管理制度，强调教育链、人才链与产业链、创新链相互衔接，有助于教师获得更多应用技术研发与推广项目或服务地方的决策咨询智库项目；完善应用型学科专业带头人、应用型协同创新团队建设管理制度，强调产教融合、校企合作，有助于教师高质量地完成应用型科学研究项目；完善高层次人才引进管理制度，扩大高水平教师增量，有助于教师组建高水平科研团队并提高应用型科研水平。

---

① 汪一丁，等. 应用型高等院校的师资队伍建设研究[J]. 中国成人教育，2016（9）：86.

（三）有利于调动教师参与社会服务的积极性

社会服务是所有大学的三大基本职能之一，我国应用型本科高校社会服务能力较低、水平较差。在当今创新驱动发展战略的大背景下，我国应用型本科高校肩负着创新驱动地方或区域产业经济和社会发展的时代使命。然而，我国应用型本科高校社会服务管理制度不成体系，"校地两张皮""校企两张皮"现状至今没有较大改观。地方应用型本科高校实现由辅助地方经济社会发展向支撑地方经济社会发展，进而向引领地方经济社会发展的转变，任重道远。

广大教师是应用型本科高校开展社会服务活动的主体。创新高校年度社会服务先进个人评选制度，强调高校教师社会服务职能，有助于教师增强社会服务的行动导向；完善教师年度业绩考评管理制度，增加社会服务比重，有助于教师树立主动服务地方产业经济和社会发展的教育理念；完善双师双能型师资队伍建设管理制度，强调校企互动、校企合作，有助于教师及时捕捉市场应用技术需求信息，校企合作共同开展应用技术研发等科技服务；完善校地校企协同创新团队建设管理制度，强调校地互动，有助于教师为地方政府及行业企业提供决策咨询智库服务；完善高校科技特派员管理制度，助力地方经济发展和乡村振兴，有助于教师为地方行业企业和农村基层组织提供人才、技术、资金、信息等高校资源服务；完善高校科研人员兼职离职参与创业活动管理制度，为教师参与创业活动铺平道路，有助于教师提高社会服务成效。

（四）有利于提高学校的综合实力和竞争力

美国当代著名教育家克拉克·克尔（Clark Kerr）认为，"教师和学生是大学充满生机的源泉，甚至可以说，它有了一个灵魂"[①]。从某种意义上讲，应用型师资队伍整体实力决定着应用型本科高校的综合实力，应用型师资队伍竞争力决定着应用型本科高校的社会竞争力。

应用型师资队伍整体水平体现应用型本科高校的办学水平，是应用型人才培养系统工程的核心。创新应用型师资队伍管理制度，有助于推动产教融合、校企合作的应用型教育教学改革，有助于加强应用型学科、应用型专业、应用型课程、应用型教材等应用型本科高校的内涵建设和特色发展，有助于提高应用型科学研究水平和社会服务水平进而提高学校社会美誉度和高教竞争力。

（二）应用型师资管理制度存在的主要问题

地方高校转型发展的难点是教师转型，痛点也是教师转型，"教师转型是应用型本科高校转型的关键，其成败决定着高校转型能否成功。"[②] 目前，我国应用型本科高校正处

---

① （美）克拉克·克尔. 大学的功用[M]. 南昌：江西教育出版社，1993：1.
② 杜国民，等. 内蒙古应用型本科高校师资队伍转型的困境及对策研究[J]. 呼伦贝尔学院学报，2018（5）：69.

于"深化产教融合"教育教学改革的关键期，改革的难点依然是教师，改革的痛点仍然是教师，正如美国学者内维特·桑福德（Nevitt Sanford）所言，"对于任何一场改革运动，教师集体往往拖着脚步，不愿往前走。"①只有创新师资队伍管理制度，才能引导教师积极参与深化产教融合教育教学改革。

（一）应用型师资队伍建设管理制度不够健全

1. 高层次人才引进管理制度不够健全

目前，我国绝大多数应用型本科高校客观存在"高层次人才引进难"与"高层次人才引进制度乱"双重问题。一方面，由于绝大多数应用型本科高校处于地级城市，缺乏区位优势，缺乏发展空间，很难引进应用型学科专业建设急需的高层次人才；另一方面，高层次人才引进管理制度不健全，有些应用型本科高校为提高学校知名度，高薪聘请国家级领军型人才，所聘人才每年在校工作时间短，甚至只能做一两场学术报告，存在走过场现象。有些应用型本科高校引进博士人才时过分看重其发表的 SCI 论文数量，而忽略引进博士的"未来发展潜力"，把博士笔试、面试程序与签订协议书程序主次颠倒。"未来发展潜力较大者或对学校未来贡献较大者"才应聘任为 A 类博士。有些应用型本科高校引进高层次人才过分看重理论成果，不注重行业经历和实践背景，所引进人才知识结构单一，导致教师专业发展与产业技术发展"供需对接的必然梗阻，产生了产教融合的人为屏障"②。

2. 引进行业企业兼职教师管理制度不够健全

教育部《关于引导部分地方普通本科高校向应用型转变的指导意见》中明确提出，要加强"双师双能型"师资队伍建设，专业课程要有 40%以上的实践教学内容。由于我国应用型本科高校的教师绝大部分来自重点大学培养的硕士、博士，拥有实践经验的教学师资奇缺，只好从地方行业企业引进一些产业技术人员作为兼职教师。由于没有制定相对科学的引进行业企业兼职教师管理办法，没有相应的评价标准，导致有些应用型本科高校引进行业企业兼职教师时，不问资质，不管资历，不求能力，不讲水平，存在"随意引进"现象。

3. 没有相对科学的双师双能型师资队伍建设评估标准

"双师型教师"本来是应用型本科高校"双师双能型教师"的简称，可很多应用型本科高校在理论上简单理解为"双师型"教师，在行动上甚至误解为"双证型"教师。目前，我国应用型本科高校"双师双能型"教师资格评选主要看是否有 2 个"资格证书"，真正有 1 年及以上行业企业应用技术研发或管理工作经历者凤毛麟角，严重违背应用型本科高校"双师双能型师资队伍"建设的初衷。

① Nevitt Sanford. The American College: A Psychological and Social Interpretation of the Higher Learning[M]. New York, John Wiley & Sons, 1962:19.
② 邢琦. 应用型本科高校师资队伍建设的方法与路径[J]. 教育探索，2018（2）：101.

4. 教师培训发展机制不够健全

目前，我国绝大多数应用型本科高校没有健全的教师培训管理制度，导致"教师培训走形式、走过场，随意参加培训的现象严重"[①]。

5. 教师挂职锻炼管理制度不够健全

教师到行业企业挂职锻炼的初衷是了解市场需求、熟悉产业变化、参与企业技术研发、培养自身实践能力，进而促进应用型人才培养。然而，有些教师不重视挂职锻炼，随意找一家熟悉的企业挂名锻炼，挂职锻炼期间不认真工作，挂职锻炼流于形式。

（二）部分师资队伍管理制度不甚合理

1. 教师工作业绩评价不合理

目前我国应用型本科高校在教师年度工作业绩评价办法、年度先进个人评价办法、年度优秀教育工作者评价办法、年度先进科研工作者评价办法等方面都存在"评价标准不合理、有法不依"的现象。如年度工作业绩评价，有优秀、合格、不合格 3 个等级，由于参评职称必须有"年度优秀"必备条件，故多数"优秀"评价获得者评选存在一些不公平现象，从而导致有些教师数年得不到"优秀"，甚至造成少部分教师因"年度优秀"问题而放弃科研、放弃职称评审。"有的高校比较注重对教师个体在过去一年里的科研业绩等情况进行考核，而较少关注教师教学质量的提高、教学方法的改进"[②]。

2. 教师绩效工资管理制度不合理

绩效工资是高校教师收入的重要组成部分，涉及每一位教师的切身利益。2006 年，教育部、原人事部颁布的《事业单位工作人员收入分配制度改革方案》就提出了加强"绩效工资"的改革任务，时至今日，我国应用型本科高校教师绩效工资改革仍不尽如人意。有些高校没有按照上级要求合理分配行政管理人员、教学人员、科研人员、教辅人员、后勤人员的绩效工资，甚至出现了绩效工资明显不合理现象；有些高校没有明确四级教授、三级副教授、三级讲师各自的教学、科研、服务工作任务量，在绩效工资上依然实行"平均主义"；二级院系及科研机构的绩效工资改革存在"学校的绩效考核体系的激励、约束、竞争、评价作用既不够突出，也不够科学全面"[③]的现象，远没有达到向教学科研一线人员倾斜、多劳多得、少劳少得的改革目的。

3. 职称晋级评审制度不合理

我国应用型本科高校由于刚刚获得职称评审自主权，职称评审制度尚处于探索阶段，论职称晋级现象普遍存在，重科研业绩、轻教学业绩及重理论成果、轻应用成果现象亦很

① 李艳云."互联网+"背景下教师研修模式探索与创新[J].教育实践与研究，2019（6）：33.
② 郭倩，等.我国高校教师聘任制存在的问题及应对措施[J].中国电子教育，2014（1）：54.
③ 李新辉，等."双一流"建设背景下地方高校师资队伍建设途径[J].西部素质教育，2019（6）：111.

普遍。高级职称评审条件不科学，目前，我国应用型本科高校虽然开始尝试教学岗、科研岗、教学科研岗三类高级职称评审制度，但设置条件过高，如副教授必须"年度教学质量考评优秀3次"、教授必须"年度教学质量考评优秀2次"。以前参评高级职称的条件是"年度个人工作业绩考评优秀至少1次"，该项条件对科研机构的人员来说就难以达到。原因在于科研机构人员主要从事科研工作，个人岗位不在二级教学院系。现在提出的"年度教学质量考评优秀2次及以上"条件对科研岗人员来说几乎是不可能达到的目标。职称评审制度的不合理，导致不少优秀人才不愿意参加高级职称评审，不做科研，工作应付，个人发展失去动力；同时也导致许多专业课教师对职称晋升、激励、评价体系不满①。

4. 教师待遇政策落实不合理

同在一所高校工作，同年引进的博士研究生，存在待遇不同现象（如博士教师与博士教师之间待遇相差数十万元）；同在一个省的本科高校，也存在正教授、副教授的工资和津贴不同的现象（不同高校教授与教授每月工资相差几千元），这导致地方应用型本科高校高职称、高学历师资流失严重。此外，"有些教师在高校任职的同时还身兼社会其他工作，这也是一个较为严重的高校师资流失隐患"②。

5. 教师服务期限及违约金管理制度不合理

人才流动属于社会正常现象，也是国家相关政策允许的，但不少应用型本科高校为了限制高层次人才流失，单方面制定既不合情也不合法的教师服务期限及违约金管理办法，激化了离职教师与原单位之间的矛盾。

案例：2020年3月，西北某省地方本科高校一位贾姓副教授博士毕业后要求调离工作岗位，按规定提前向学校递交了正式辞职报告，但该校人事处坚决不同意其离职，而且该校人事处把贾姓教师告到法院，按照该校制定的"未满职称服务期间离职者，正教授每年赔偿5万元、副教授每年赔偿3万元"管理规定，要求贾姓教师赔偿学校培养费、违约金等各种费用52万元。

案例分析：贾姓教师读博士期间所领学校工资及博士学费、车旅费等各种费用加起来总共8万元，让贾姓教师赔偿52万元，明显属于学校单方面制定的"条款"。其中，该校制定的"未满职称服务期间离职者，正教授每年赔偿5万元、副教授每年赔偿3万元"的管理规定，缺乏法律依据，且学校新制定的"违约金管理办法"的时间在贾姓教师读博以后，不是双方的原有协议，法院对学校的诉讼应予以驳回。

① 张文娇. 应用型本科院校专业课师资队伍建设研究——以河北省十所试点院校为例[D]. 石家庄：河北师范大学，2018：25.
② 姜迎，等. "双一流"背景下高校师资队伍建设中的问题研究[J]. 中国校外教育，2019（5）：38.

第二节　国内外高校师资管理制度经验 ✎

国外与我国应用型本科高校相对应的高校群主要是欧美的应用技术型大学,该类大学已有 60 余年发展历史,在师资队伍建设方面积累了丰富经验。我国应用型本科高校在近几年的转型发展过程中,也探索出很多师资队伍建设的有益经验,国内外师资队伍建设经验为我国应用型本科高校进一步完善师资队伍管理制度奠定了基础。

一　欧洲应用技术型大学师资管理经验

（一）德国应用技术型大学师资队伍管理经验

欧洲应用技术型大学最为发达,在众多欧洲国家中,德国应用技术型大学最具代表性。德国是世界著名的制造业强国,而德国应用技术型大学则是培养该国工程师的摇篮。目前,德国拥有 247 所应用技术型大学。在师资队伍管理方面主要有如下特色。

1. 严格的师资招聘制度

德国应用技术大学教师实行严格的申请招聘制度,学校根据发展需要,成立招聘委员会,定期发布教师招聘信息。首先,对应聘者进行资格审查,审查通过者方可进入“试讲”程序;其次,对应聘者举办 2 次专业教学试讲,主要考察应聘者的专业教学能力;再次,对应聘者进行面试,主要考察应聘者的行业经历、产业知识熟悉程度及与企业界的沟通能力,并对应聘者的实践教学能力进行评判;从次,由招聘委员会确定候选人并排序;最后,经学校学术委员会审议通过,再由校长签字后报所在州文化部审批决定。

2. 严格的教师聘任资格审查制度

德国应用技术型大学专任教师必须拥有博士学位,应聘教授岗位者必须有 5 年行业实践工作经历,应聘讲师岗位者必须有 3 年行业实践工作经历。

3. 规范的“双元制”教师管理制度

德国应用技术型大学的专任教师一般占教师总额的 50%左右,外聘行业企业兼职教师一般占 50%左右;专任教授每 4 年须到合作企业参加为期半年的应用技术研发工作并熟悉生产流程、工艺要求和产品质量标准,了解市场新变化、产业新动态,以防止教学活动与产业发展相脱节。

4. 定期的教师实践技术技能培训制度

学校内成立有供本校教师提高实践技术技能的培训机构,聘请行业企业主管或技术研发人员，定期或不定期对本校专任教师进行职业技术技能培训，并确定一批校企合作应用技术研发与推广项目。

5. 合理的教师高薪制度

德国应用技术型大学的专任教师属于国家公务员系列，而且是终身聘用，其薪酬待遇超过国内其他大学教师和公务员平均水平，且每两年加薪一次。

6. 科学的教师业绩考评制度

德国应用技术型大学教师必须参与教学、科研和服务活动，从事应用技术研发时间和指导学生毕业论文时间可折算课时。实行学生评价、教师互评、系主任评价、教学督导组评价、企业评价、校长评价多元化的教师年度业绩考评制度。考评优秀者按时加薪或晋升；考评不佳者，不予公布，由系主任与被评教师单独沟通，查找原因并提出改进意见[①]。

（二）欧洲其他国家应用技术型大学师资管理经验

1. 荷兰应用技术型大学师资队伍管理经验

荷兰现有 85 所应用技术型大学，教师由专任教师和企业兼职教师组成，专任教师须具有博士学位和 4 年及以上的企业工作经历，来自行业企业的兼职教师不少于 40%。荷兰应用技术型大学普遍设立特殊教师岗位——讲师席位，"讲师席位"的主要任务是保持本大学与周边公司、企业的合作关系，动态了解市场和产业变化的最新知识和信息，围绕应用技术研发活动，实现高校与行业企业之间的知识交换及合作育人。

2. 奥地利应用技术型大学师资队伍管理经验

奥地利现有 9 所应用型技术大学，按照该国《应用技术大学修业法》，奥地利应用技术型大学的教师由专任教师和兼职教师组成，来自行业企业的兼职教师不少于 40%；专任教师中，具有博士学位者不得少于 31%，具有硕士学位者不得少于 54%，专任教师除完成规定的教学任务外，必须参与应用技术研发等活动；此外，专任教师每隔 4 年要参加至少半年的企业实践锻炼，参与企业的应用技术研发与推广项目，了解产业发展的最新发展动态，并及时转化为应用教学项目。

3. 瑞士应用技术型大学师资队伍管理经验

瑞士连续数年在国际竞争力排名（GCI）中蝉联世界第一，属于典型的创新型国家。目前，出于提高应用技术型大学竞争力的需要，瑞士把各地的中小型应用技术学院合并为 9 所综合性的应用技术型大学，各个应用技术型大学有多个学院组成，如瑞士西北应用技术大学共有 9 个学院、西部应用技术大学共有 7 个学院等。瑞士应用技术大学的专兼职教师要求必须具有丰富的行业企业经历，教学内容与产业创新要求高度耦合，教学之外，教师重点参与中小型企业应用技术研发活动。

---

① 邓泽民，董慧超. 德国应用科学大学研究[M]. 北京：科学出版社，2017：88.

4. 芬兰应用技术型大学师资队伍管理经验

芬兰现有 7 所应用技术型大学，"在校生占高等教育全部在校人数的 45%，形成与普通大学共同发展、互相补充的双元格局"①。芬兰应用技术大学教师组成与欧洲其他国家应用技术大学教师组成大体一致，由专任教师和行业企业兼职教师共同组成。专任教师除教学外必须参与行业企业应用技术研发活动。与欧洲其他国家应用技术大学不同，芬兰应用技术大学设置有特殊岗位——研究经理，"研究经理"相当于学校的"科研处长"，由校外退休的政府官员或行业企业退休的高管担任，主要负责本校与外界企业的联系，帮助教师寻找合作项目。

5. 英国多科性技术大学师资队伍管理经验

英国现有 34 所多科性技术大学。英国的多科性技术大学来源于过去的多科性技术学院，1992 年，英国工党执政期间把多科性技术学院升格为大学，如当今的考文垂大学、诺丁汉大学、利物浦大学、曼彻斯特大学等均为原来的多科性技术学院。尽管由"学院"升格为"大学"，但是多科性技术大学基本保留了不同于牛津大学、剑桥大学的师资队伍特色，即教师队伍由专任教师和行业企业兼职教师共同组建。学校要求专任教师经常到行业企业及时了解不断变化的市场和产业新情况，并带领学生参与行业企业的应用技术研发项目，帮助行业企业解决生产中的实际问题，企业对做出重要贡献的教师也给予一定鼓励和奖励，校企合作育人特色非常明显。

二　国内应用型高校师资管理经验

（一）经济发达地区应用型本科高校师资队伍管理经验

1. 上海工程技术大学师资队伍管理经验

上海工程技术大学是上海市一所重点公办应用型本科高校，也是上海市"高水平地方应用型高校试点建设"单位。该校利用其地缘优势和产业优势，筹措 5000 万元引进一个高水平科技团队。其引进的科技团队直接服务于上海市主导产业，人才（团队）引进费用主要由上海市人民政府负责。"校地合作"引进高层次人才（团队）的经验值得所有应用型本科高校借鉴。

2. 上海机电学院师资队伍管理经验

上海电机学院是上海市一所公办应用型本科高校，也是"服务国家特殊需求人才培养项目"专业学位研究生试点单位。该校围绕"建设特色鲜明的高水平应用技术型大学"发展目标，积极探索应用技术型师资队伍建设模式，该模式强调高校与企业紧密结合型共建应用型师资，由合作企业 CEO 直接担任二级学院正院长，原二级学院院长改任执行副院长，负责日常运行管理工作，原学院专任教师在合作企业兼任副总工程师或技术主管。截至目

---

① 国家教育科学研究院. 欧洲应用技术大学国别研究报告[R]. www.docin.com/p-1667907765.html.

前，该校兼具行业背景和学术背景的教师已占到专业教师数量的 50%以上，基本形成了一支"双结构型"教师队伍[①]。该校由企业主管兼任二级学院院长、高校教师担任二级学院执行副院长、教师兼职合作企业工程师的应用型师资队伍建设模式的经验值得借鉴。

3. 宁波工程学院师资队伍管理经验

宁波工程学院是浙江省一所普通应用型本科高校，也是国家首批"产教融合发展工程建设项目"应用型高校。近年来，该校在深化产教融合教育教学改革过程中，逐渐探索出"科教 + 产教"双融合师资队伍建设模式。一是强调应用型科研与应用型教学的密切关系，以高水平的应用型科学研究支撑高质量的应用型教学，进而提高教师教学、科研水平。二是强调学校与企业的密切关系，建立政府主导、行业参与、高校与企业双主体的产教融合型师资队伍合作共建机制。以该校交通工程专业教师队伍建设为例，该专业"学生 80% 以上参与导师科研项目"[②]。该校应用型师资队伍建设与地方政府、地方行业、地方企业、本校学生建立互动互联机制的经验值得借鉴。

4. 宁波财经学院师资队伍管理经验

宁波财经学院是浙江省一所普通民办应用型本科高校，也是浙江省首批"应用型本科建设试点"示范校。该校原名"宁波大红鹰学院"，尽管属于民办高校性质，但该校极为重视"应用型师资队伍"建设，该校曾出台《应用型教师资格认定、考核办法》，明确了"应用型"教师的评定条件、评选程序、目标任务、培养方式、培养路径及组织保障、资金保障等配套政策，建立起内容详细且具有可操作性的应用型师资评价、激励、保障措施。截至目前，该校应用型教师占比达到 47.34%，省级各种高层次人才达到 70 余人。

5. 南京工程学院师资队伍管理经验

南京工程学院是江苏省一所重点公办应用型本科高校，该校坚持"突出教学为主、强化工程应用、注重技术创新"的办学理念，从实际出发设置了教学型、教学与工程并重型、工程技术研发型三大类不同的教师岗位，并按照三大类教师岗位开展教师职称评审工作。该校所建"教师教学发展中心"是我国应用型本科高校教师发展研究中心的典范，该中心不但人员齐全、设备齐全，而且明确了服务、管理、研究"三位一体"的综合性功能定位，对我国其他应用型本科高校教师发展中心建设具有较高的借鉴价值。

6. 泰州学院师资队伍管理经验

泰州学院是江苏省一所普通公办应用型本科高校。近年来，该校致力于打造"双师双能型"师资队伍，制定"双师双能型师资评定标准"，柔性聘请校外知名教授和企业管理人员、技术专家担任二级学院的"执行院长""客座教授"等。在教师年度考评中，单独设定"双师双能师资"优秀名额；设立"双师双能型教师"奖教金，在绩效工资和职称评审中向"双师双能型教师"倾斜……这一系列举措，极大地促进了学校双师双能型师资队伍的建设。

---

① 夏建国. 在"变式"中寻找"协同路向"——技术本科院校产学合作特色化发展探索[J]. 天中学刊，2014（5）：112.

② 苏志刚，尹辉. 科教产教融合建设高水平应用型本科师资队伍[J]. 中国高校科技，2018（11）：10.

（二）经济欠发达地区应用型本科高校师资队伍管理经验

1. 南宁学院师资队伍管理经验

南宁学院是广西壮族自治区一所普通民办应用型本科高校。近年来，该校着重打造"双师双能型"师资队伍建设，制定"双师双能型教师评选办法"，既强调"双证书"又强调"双经历"（有行业企业经历）；设立"双师双能型"师资队伍建设专项资金，评选一批"双师双能型"师资，引进 100 余位行业企业管理人员和技术人员作为学校的兼职教师；制定双师双能型师资队伍培训培养计划，"每年组织专业教师到企业、科研院或实习、实训基地进行技术培训和挂职、顶岗锻炼"[①]。

2. 滇西应用技术大学师资队伍管理经验

滇西应用技术大学是 2017 年由教育部正式批准的公办应用技术大学。该校筹建普洱茶学院、傣医药学院、珠宝学院等特色学院，成立滇西金融研究院、滇西职业教育研究中心，极具应用技术大学特色。该校教师由专任教师和行业企业兼职教师联合组建，而且实行专任教师与行业企业兼职教师"轮换工作"。该校"专业跟着产业走"，学校总部设在云南大理，普洱茶学院设在普洱市思茅区，珠宝学院设在保山腾冲市，傣医药学院设在西双版纳州。以该校珠宝学院师资队伍建设为例，该二级学院聘请了来自玉雕大师工作室的国家级和省级玉雕大师、省级玉雕师等 10 余名玉雕权威专家作为学院的兼职教师。

三 经验启示

要想建设一流的应用型本科高校，必先建设一流的应用型师资队伍。

应用型本科高校应处理好高校教师"内部培养"与"外部引进"的主次关系，高水平应用型教师应立足于"校内培养"，其次才是"外部引进"。不可主次颠倒，一边引进外部高层次人才，一边忽视内部高层次人才，结果将得不偿失。

应用型本科高校适当引进高水平行业企业产业技术人才（或高水平管理人才）是必须的，但要制定"外聘行业企业兼职教师标准"，不能降低门槛引进。

应用型本科高校引进高水平教师（团队）应与所在城市引进高层次人才（队伍）的政府机构密切合作，善于借用地方政府人才引进资金加强高校高层次人才（队伍）建设，应善于引进校、地"两用人才"。

产教融合、校企合作是应用型师资队伍建设的基本路径，也是"双师双能型"师资队伍的发展模式。

校地互动、校企合作是引进高水平协同创新团队和建设高水平协同创新团队的有效办法。

硕士、博士教师群体是应用型本科高校转型发展的主力军，也是应用型本科高校深化产教融合教育教学改革的主要依靠力量。

---

① 赵田英. 民办应用型本科院校"双师双能型"师资队伍建设研究[D]. 南宁：广西大学，2016：23.

目前，我国应用型本科高校积极开展"转型发展"和"深化产教融合"教育教学改革活动，应避免"领导转型"而"教师不转型"现象，少一点口号、多一点行动。只有广大教师实质性广泛参与的转型发展和深化产教融合教育教学改革，才是真改革。

我国应用型本科高校应把有限的财力用于培养"大师"而不是建设"大厦"。

目前，我国应用型本科高校最缺的就是高水平的应用型教研团队，应集中财力和物力通过产教融合、校企合作加强"跨学科、跨专业、跨产业"的应用型教研团队建设。

校内高层次人才是应用型本科高校最为宝贵的人才，应用型本科高校应想尽一切办法稳定校内高层次人才，避免校内高层次人才持续性流失。

（四）应用型本科高校师资队伍管理制度体系

目前，我国应用型本科高校师资队伍管理制度体系基本建立，但不够完备，有些管理制度需要创新，如《高校双师双能型师资遴选办法》《高校年度校级教科服先进个人遴选与管理办法》《高校外聘行业企业兼职教师管理办法》等。有些管理制度需要进一步丰富与完善，如《高校高层次人才引进管理办法》《高校教师绩效工资管理办法》《高校"地方学者"评选与管理办法》《高校教职工服务期限及违约责任管理规定》等。应用型本科高校应以"深化产教融合"教育教学综合改革为契机，主要完善如表4-1所示的师资队伍管理制度。

表4-1　应用型本科高校主要师资队伍管理制度

序　号	制度名称
1	《高校师资队伍建设发展规划》
2	《高校师资队伍各种"人才工程"实施方案》
3	《高校高层次人才引进管理办法》
4	《高校加强师德师风建设的管理规定》
5	《高校教职工服务期限及违约责任管理规定》
6	《高校教师业务年度业绩考评实施方案》
7	《高校年度校级教研服先进个人遴选与管理办法》
8	《高校年度优秀教育工作者评选办法》
9	《高校职称评审工作管理规定》
10	《高校校内特聘教授实施办法》
11	《高校外聘教授、专家管理办法》
12	《高校外聘行业企业兼职教师管理办法》
13	《高校兼职外校博士生导师、硕士生导师管理办法》
14	《高校兼职外校特聘教授管理办法》
15	《高校校级教学名师评选管理办法》
16	《高校校级科研先进个人评选办法》
17	《高校校级社会服务先进个人评选办法》
18	《高校岗位设置与聘用管理办法》
19	《高校师资培训管理办法》
20	《高校加强教师实践能力培养管理办法》
21	《高校双师双能型教师培养与管理办法》
22	《高校双师双能型教师资格评选办法》

（续表）

序　号	制度名称
23	《高校青年教师培养工程实施方案》
24	《高校新进教师培养培训管理办法》
25	《高校青年教师导师制管理办法》
26	《高校青年教师助教制管理办法》
27	《高校青年教师行业企业锻炼管理办法》
28	《高校青年教师科研能力提升管理办法》
29	《高校教师攻读博士学位管理规定》
30	《高校青年骨干教师选拔资助管理办法》
31	《高校辅导员工作管理办法》
32	《高校班主任工作管理办法》
33	《高校引进重点学科和专业领军型人才工作实施方案》
34	《高校协同创新团队遴选与管理办法》
35	《高校校级教科服团队遴选与管理办法》
36	《高校教师岗位聘用考核办法》
37	《高校绩效工资实施办法》
38	《高校教师职务晋升管理办法》
39	《高校"地方学者"评选与管理办法》
40	《高校教授、博士科研启动经费使用与管理办法》
41	《高校博士教师业绩考核办法》
42	《高校教师请假管理办法》
43	《高校工会教职工劳动权益争议调解委员会工作规程》
44	《高校科研人员离职参与创业活动管理办法》
45	《高校银发人才工程实施办法》
46	《高校教职工退休与返聘管理办法》

第三节　应用型师资管理制度创新的对策与建议

目前，我国应用型本科高校教师平时最为关心的是与自身发展密切相关的"职称评审制度""教师业绩考核制度""职务晋级评选制度"等，而"双师双能型师资队伍"又是应用型本科高校师资队伍的主要特色。

一　创新双师双能型师资评价管理制度

建设一支素质高、业务精的"双师双能型"教师队伍，是新建本科院校能否顺利转型为应用型高校的关键之一①。尽管我国应用型本科高校"双师双能型"师资队伍建设已有数个年头，但建设成效却差强人意，客观上需要通过管理制度创新，进一步规范双师双能师资队伍建设。

（一）创新师德师风建设管理制度

《中共中央、国务院关于全面深化新时代教师队伍建设改革的意见》明确指出，"加强师德师风建设、提升教师专业素质能力、理顺体制机制、加强党的领导"。2018 年，教育部颁布《新时代高校教师职业行为十项准则》，也明确提出了"规范职业行为，明确师德底线"②的新时代新要求。近年来，极个别大学教师（包括个别教授、副教授）政治意识不强，课堂随便发表不负责任的言论；法律意识薄弱，严重者甚至违法。这严重违背大学教师职业道德，严重影响大学教师社会声誉。

新时代，应用型本科高校必须大力加强师德师风管理制度建设，完善师德师风培训管理制度。建立高校教师师德师风教育专题会议制度，利用月例会、周例会等时间加强师德师风教育，明确习近平新时代中国特色社会主义思想是高校师德师风建设的指导思想；自觉增强"四个意识"，笃实坚定"四个自信"，坚决做到"两个维护"，牢固树立"底线意识"，自觉维护党和国家的利益和形象，努力躬行培养社会主义事业接班人的教师使命；"强化政治纪律和政治规矩教育，提高高校教师的忠诚意识、纪律意识、担当意识"③；遵守高校教师职业道德，以德修身、以德立学，德高为师、身正为范，努力做好青年学子报效中华民族伟大复兴的铺路石；坚持教书与育人相统一，坚持问道与明理相统一，坚持言传与身教相统一，坚持底线与崇高相统一，坚持学术自由与爱党爱国相统一，爱岗敬业，为人师表。同时，加强师德师风管理制度来建设还要完善师德师风建设考评制度。应立足于国家对高校师德师风的要求，结合本校实际，明确高校教师队伍师德师风建设的目标；对于违纪者，必须给予纪律处分；对于"三观"不正者，及时发现及时处理，防止污染高校课堂；对于违法者，必须依法处理并及时清理出教师队伍；对于触碰红线行为者，必须严肃处理、绝不姑息；对师德低下者，工作考核、职称晋级、职务晋升等实行"一票否决制"。此外，完善师风师德建设激励机制，每年评选道德模范教师，"为教学质量好、道德水平高、关心学生的教师提供更好的待遇，促进高校教师队伍师德师风建设的发展"④。

（二）创新教师实践能力培养管理制度

在实践锻炼中增强党性、改进作风、磨炼意志、陶冶情操、提升境界、增长才干⑤对我国应用型本科高校教师行为规范和事业发展具有很大的现实指导意义。应用型本科高校

---

① 朱旗. 转型高校"双师双能型"师资队伍构建[J]. 教育评论，2016（8）：107.
② 教育部. 新时代高校教师职业行为十项准则[R]. http://www. moe. gov. cn/srcsite/20181115.html.
③ 王敬涛. 坚持正确的政治方向推进高校教师队伍建设[J]. 新长征，2020（5）：44.
④ 李育阳. 新时期高校教师队伍师德师风建设研究[J]. 教育教学论坛，2020（11）：30.
⑤ 中共中央宣传部. 习近平总书记系列重要讲话读本[M]. 北京：人民出版社，2016：110.

教师除在高校教书育人外，还应放眼世界、胸怀天下，只有多参与我国当下火热的改革大潮社会实践活动，才能增强个人爱党爱国的道德情感和积极投身中华民族伟大复兴的社会责任感，才能不断地改进个人的学风和教风、陶冶个人情操、提升思想境界、增长工作才干。

创新教师实践能力培养管理制度，一是应明确应用型教师实践能力的目的。"没有实践经验的教师在课堂上都是骗子！"[①]教师参与行业企业社会实践，并不是到行业企业里简单了解生产工艺流程、熟悉技术操作规范，重在参与行业企业应用技术研发与推广项目并为行业企业发展提供建设性改进意见，以此反馈应用型人才培养，提高应用型人才培养质量。二是应明确应用型教师实践能力的内涵。应用型教师的实践能力，既包括实践教学能力，也包括专业理论教学能力、应用技术研发能力、科研成果转化能力和社会服务能力。三是应明确应用型教师实践能力培养的主要任务。帮助行业企业解决急需的应用技术研发难题与推广项目或帮助地方政府解决社会热点、难点问题并提出智库对策才是应用型教师实践能力培养的主要任务，而了解市场变化、熟悉产业最新发展动态则是应用型教师实践能力培养的次要任务。四是应明确应用型教师实践能力培养的运行机制。参与学校内部教师发展中心的实践能力培训固然十分必要，但每隔4年到行业企业进行为期半年的实践锻炼，并实质性参与行业企业应用技术研发与推广项目或管理提升项目则是教师提高实践能力的主要机制。五是应明确应用型教师实践能力培养的合作机制。建立应用型本科高校与合作单位（行业企业）高层次人才合作交流机制是非常必要的，教师到行业企业参与实践活动，同时，行业企业管理人员、技术人员到高校参与教学活动，双方优势互补、平等交流、互惠互利，合作共赢。六是应明确应用型教师实践能力培训考核办法。教师参与行业企业实践能力培训后，仅仅拿回一张"企业实践证明"是远远不够的，应将教师参与行业企业应用技术研发、成果转化或服务地方经济社会发展成效等纳入考核内容，更应该将行业企业实践培训结果与应用型科研、应用型人才培养"转化成果"作为考核内容。

（三）创新双师双能型教师资格评选制度

近年来，我国应用型本科高校大都制定了"双师双能型教师资格认定和评选办法"，也相继开展了双师双能型教师评选活动，明确了在称职晋级、职务晋升及先进个人评选、项目申报等过程中向双师双能型教师倾斜的政策，设立了双师双能型师资年度津贴……但是，双师双能教师评选变成"双证"教师评选显然是错误的。

创新双师双能型教师资格评选制度，一是应把"行业企业实践经历"作为一个评价指标。没有行业企业实践经历，仅仅多一两个职业"资格证书"，不能算是双师型教师。至少半年及以上的行业企业工作经历并实质性参与行业企业管理工作或技术工作，才可作为双师双能型教师资格予以认定。二是应把"参与行业企业应用技术研发与推广项目"或"为地方政府、行业企业承担1项及以上智库成果"作为一个评价指标。教师即使没有亲自去行业企业参与实践锻炼，但只要参与行业企业的应用技术研发与推广项目或重要社会调研

---

① 郑诚德. 转型发展背景下新建本科院校师资队伍建设的思考[J]. 闽江学院学报，2016（1）：103.

并为地方政府、企事业单位承担 1 项及以上智库成果，即可作为双师双能型教师资格予以认定。三是应把"产学研合作项目的主持人"作为一个评价指标。不论是省级"产学研合作项目"还是市级"产学研合作项目"的主持人，均可作为双师双能型教师资格予以认定。四是应把高校科技特派员、挂职锻炼者、扶贫工作队员作为一个评价指标。不论是科技特派员、挂职锻炼者或是扶贫工作队员，只要服务期满，均可作为双师双能型教师资格予以认定。五是应把"对地方产业经济和社会发展做出突出贡献"作为一个评价指标。不论是使地方产业经济产生较大经济效益的科技成果（如投入应用的发明专利），还是使地方社会发展具有显著社会效益的社科成果（如针对本地社会、文化的学术著作），成果负责人均可作为双师双能型教师资格予以认定。总之，双师双能型教师资格评选，要实事求是，要务实而不要务虚。

 创新教师职称评审制度

（一）完善职称评审制度

职称晋级是应用型本科高校广大教师积极参与转型发展和深化产教融合教育教学改革的内在动力，也是高校教师努力工作的追求目标。过去，教授、副教授职称名额限制是应用型本科高校职称评审制度中最突出的问题；2017 年以来，应用型本科高校职称评审权力下放，由高校自主进行职称评审。而新的职称评审制度又带来了新的问题，突出表现在两个方面。一方面是职称评审条件不合理。例如，正教授评审条件之一是必须主持两项省部级科研项目并结项，"省部级"科研项目太宽泛，一般的省社科规划基金项目、省社科联调研项目、省政府招标课题、省教改项目也是"省部级"，教育部等各部委规划基金项目也是"省部级"，但明显它们不是一个级别的科研项目，部委科研项目研究难度大得多、研究时间长得多。另一方面是职称评审条件自我降低，以前发表 5 篇 SCI 期刊论文也不见得能评上正教授，现在发表 2～3 篇 SCI 期刊论文就可评上正教授，职称评审中的人情因素更为严重。

完善应用型本科高校职称评审制度。现有的职称评审制度是基于"学术型人才培养"的标准体系的，极不利于"应用型"师资队伍发展，应完善与应用型本科高校建设相适应的职称评聘制度。一是推进教学为主型、科研为主型、教学科研型三类申报、分类评审的职称评审制度。教师术业有专攻、个性有特长，有些教师擅长教学，有些教师擅长科研，有些教师二者兼备，三种类型都注重教学、科研和服务，只是各自强调的侧重点不同。二是强调社会服务在职称评审中的比重。教师参与地方产业经济和社会发展的业绩应明确成为职称评审的一项重要条件，如一项经济效益超过 500 万元的横向产学研项目或产生重大社会效益的文科项目，可视为一项"省部级"项目[①]；一项被市级及以上主要领导批示采纳或被行业企业单位直接采纳的智库成果可视为一篇 SCI 期刊论文。三是修改不合理的评审条件。例如，副教授评审，应把"必须获得教学质量考评优秀 3 次及以上"条件修改为

---

① 谭贞，刘海峰，等. 新建本科院校转型发展模式研究[M]. 北京：科学出版社，2017：277.

"必须获得教学质量考评优秀 1 次及以上，或获得年度工作业绩考评优秀 1 次及以上，或获得教育厅各种技能大赛二等奖项及以上至少 1 项"；正教授评审，应把"必须获得教学质量考评优秀 2 次及以上"条件修改为"必须获得教学质量考评优秀 1 次及以上，或获得年度工作业绩考评优秀 1 次及以上，或获得教育厅各种技能大赛二等奖 1 项及以上"；科研为主型教授评审，应把"必须获得教学质量考评优秀 2 次及以上"条件修改为"必须获得年度工作业绩考评优秀 1 次及以上，或获得教育厅及以上各种技能大赛二等奖 1 项及以上，或教育厅科研成果奖一等奖 1 项及以上"。职称评审条件不应太高，"个人通过努力可以达到"是合理的，"个人通过努力而达不到"就是不合理的。四是制定相对科学的职称量化评价标准。各类职称条件均应制定相对科学、比较合理的量化评价标准，让自动生成的数据说话，尽量避免职称评审中的人情因素。

（二）实施职称评聘分离管理制度

早在 20 世纪 90 年代，我国教育行政部门就提出了"实行高校教师职称评聘分离"的职称改革意见。2017 年 1 月，中共中央办公厅、国务院办公厅印发的《关于深化职称制度改革的意见》再次明确"可采用评聘分开方式……健全考核制度，加强聘后管理，在岗位聘用中实现人员能上能下。"[①] 所谓"评聘分离"，是指高校教师的专业技术资格评定与专业技术职务聘任相互分离，职称评审按照职称评审条件进行，而专业技术职务聘任则按照实际工作岗位进行。与此相应，专业技术人员的工资福利待遇也按照学校所聘的实际职务（岗位）确定。实行"评聘分离"的初衷是打破高校教师职称终身制，激发高校教师工作积极性。然而，时至今日，我国绝大多数应用型本科高校都没有实行职称"评聘分离"政策。不少已经评上教授、副教授高级职称的教师不思进取，评职称前猛做科研，评上职称后不做科研；而没有评上高级职称的青年教师拼命努力但却受制于学校的教授、副教授名额限制而无法实现职称晋级。

完善职称评聘分离管理制度，一是应明确能进能出的职称聘任制度。应将"准聘"和"长聘"相结合，杜绝职称"铁饭碗"现象，做到教师职称既能上又能下、既能进也能出。按照教授、副教授、讲师不同等级量化考核标准和职称职务规定的工作量进行定期考核，没有完成相应职称教学、科研和服务工作量的教师实行低聘、缓聘或不聘。二是理清职称聘任所属权。职称参评权在个人，职称聘任权在学校，学校应按照岗位实际需求对专业技术人员实行职称聘任，能够胜任个人职称工作任务者，续聘；不胜任者，低聘。三是制定完善的职称工作量业绩考核标准，不但要明确各个级别教授、副教授、讲师的教学工作量，而且要明确各个级别教授、副教授、讲师在科学研究和社会服务方面的工作量。四是重点解决好"高职低聘"问题。降低教师职称级别不是目的，目的在于调动专业技术人员的工作积极性。"高职低聘"者只降低一级职称，起"惩戒"作用，若在下一个服务期间完成相应职称工作量，可以随时恢复其原有高级职称。

---

① 中共中央办公厅，国务院办公厅. 关于深化职称制度改革的意见（中办发〔2016〕77 号）[R]. 2016.

三 创新高层次人才招聘、外聘管理制度

（一）创新高层次人才引进管理制度

目前，我国各个应用型本科高校都缺乏高层次人才，学科带头人、专业带头人、学术带头人、学科骨干教师、专业骨干教师、产业骨干教师等都无法满足学校目前的转型发展和深化产教融合教育教学改革的需要。

国务院学位委员会对于新增硕士点条件有明文规定："专任教师中具有博士学位教师的比例不低于 25%"[①]。应用型本科高校当下及未来肩负专业硕士研究生培养任务，故而当今的应用型本科高校在高层次人才招聘中，除特殊专业可以招聘个别硕士毕业生外，尽量多招聘博士毕业生。与内部培养博士教师相比，直接招聘博士毕业生对师资队伍建设具有"短平快"效果。从当前我国应用型本科高校师资队伍建设的实际情况来看，引进博士已经成为各个高校高层次人才队伍建设的首选。然而，我国应用型本科高校目前的"博士引进"制度存在一个很大的漏洞，就是"重引进、轻使用"，即只看引进博士（读博期间）已经取得的国家权威期刊发表的论文数量和 SCI 期刊论文数量，上述 2 个指标得分值较高，所给博士待遇就较高，而不看博士引进后的发展潜力。博士引进一般区分为 A、B、C 三个类别，三个类别在住房、安家费、科研启动费及其他博士待遇方面差别较大，C 类博士（单证、发表 SCI 期刊论文较少者）比 A 类博士（1 篇国家权威期刊论文、1 篇 SCI 期刊论文）待遇少 50 万元左右。其实，引进博士包括两个环节，一个是笔试、面试环节，一个是签订聘用协议书环节。与前者相比，后者更为重要，关键是看博士来校工作后的表现和贡献，所以，A、B、C 三个类别博士的区分，不应仅仅看"引进前"的成果，更要看"引进后"的潜力。在签订双方协议书时，所引进博士只要自认为有发展潜力，C 类博士也可以申请 A 类博士待遇，但必须在未来服务期内完成 A 类博士的教学、科研、服务工作业绩。与此相反，假如按照 A 类博士引进的教师在未来服务期内完不成 A 类博士的教学、科研、服务工作业绩，也应该取消 A 类博士待遇。

完善高层次人才引进管理制度，一是应强调"引进后"高层次人才的发展潜力，明确A、B、C 三类高层次人才的不同待遇和不同任务，由引进人才按照自己的实力自主选择 A、B、C 三类高层次人才；二是对国内知名的领军型高层次人才采取柔性引才措施，一人一策；三是应调动学校教职工的引才积极性，充分利用教职工的人缘、地缘、学缘资源，多途径宣传、联系、吸引和引进博士等高层次人才；四是完善高层次人才引进流程。由评审机构讨论确定招聘计划及各个岗位的招聘条件，设计规范的院系招聘流程、评审程序等[②]；五是实施行业企业"特聘教习"管理制度。应用型本科高校可设立行业企业"特聘教授""特聘副教授""特聘高级讲师"等荣誉职称聘请行业企业高水平科技人员或管理人员作为

[①] 国务院学位委员会. 关于开展 2017 年博士硕士学位授权审核工作的通知（学位〔2017〕12 号）[R]. 2017.

[②] 裴世保. 建立引才质量保证体系，促进一流师资队伍建设[J]. 大学教育，2020（4）：36.

学校的兼职教师。根据应用型学科、应用型专业、专业硕士点建设的实际需要，适时引进来自生产、管理、服务等基层一线的"师傅型"人才，充实高校双师双能型实践教师队伍。

（二）研制稳定高层次人才管理制度

引才容易留才难。目前，我国中西部应用型本科高校高层次人才流失是一个非常值得关注的现实问题。评上教授或副教授者，出现人才流失；博士教师工作生活环境不如意者，出现人才流失；考上博士毕业者，出现人才流失；博士服务期满者，出现人才流失；获得国家社会科学基金项目或国家自然科学基金项目者，出现人才流失……人才流失现象无法遏制。高层次人才流失的主要原因，一是待遇低，二是发展机遇少。虽然学校一再强调"事业留人、感情留人"，但仅限于口号而无实际措施，就显得苍白无力。破解之道在于研制"稳定高层次人才管理制度"。该项管理制度在我国中西部经济欠发达地区应用型本科高校中尚未出现。须知，高福利、高待遇仅仅是引进高层次人才的"敲门砖"，稳定人才、稳住人才才是引进高层次人才的"金刚石"。

创新稳定高层次人才管理制度，一是应营造全校尊重高层次人才的校园文化氛围。校级领导要带头尊重高层次人才，同时要教育广大教职员工特别是二级院系中层干部团结、尊重所有教职员工，对于不尊重人才、讽刺挖苦人才、刁难伤害人才的中层干部要及时"约谈"，营造风清气正的尊重人才大学文化氛围，让高层次人才获得归属感。二是高层次人才待遇要落实到位。即做到公平公正，不打折扣，让高层次人才获得信任感。三是为高层次人才尽可能多地创造发展平台。高层次人才最关心个人的事业发展，学校应根据高层次人才的专业特长，筹建更多的研究机构，帮助高层次人才建立协同创新团队，尽快营造高层次人才脱颖而出的生态环境，让高层次人才获得责任感。四是在政策上向高层次人才倾斜，在项目评审、职称晋级、职务晋升等方面向高层次人才倾斜，让高层次人才获得成就感。五是为高层次人才发展拓展空间。积极为高层次人才与地方政府和地方行业企业之间架桥铺路，为高层次人才争取更多应用技术研发与推广项目或智库项目及其研究经费，让高层次人才获得重用感。六是建立学校领导或二级院系领导与高层次人才"一对一"关怀制度。明确每隔两月一次谈话制度，及时了解高层次人才遇到的工作乃至生活中的难题，工作中的难题及纠纷要尽早化解，生活中的难题及困难要想法解决，尽量地帮助高层次人才解决家属工作问题、子女入学问题等，为他们的发展解决后顾之忧[①]，让高层次人才时时处处获得亲切感。

（三）创新高校"四跨"协同创新团队建设管理制度

与研究型大学相比，应用型本科高校领军型学术带头人严重缺乏。但对应用型本科高校的学术带头人来说，"团队"缺乏则更为紧迫！只有团队才能形成强有力的"拳头"，只有强有力的"拳头"团队才能多快好省地做出更多应用型人才培养、应用型科学研究和社会服务高水平成果。教学团队、科研团队、教研团队、学科团队、专业团队、课程团队等

---

① 王光远，梁晓辉. 应用型地方本科高校的高层次人才引进策略[J]. 衡水学院学报，2020（1）：112.

都是传统意义上的高校内部团队，新时代应用型本科高校更多地应与当地政府、地方行业、地方企业、地方社会组织、区域高校乃至国外高校合作共建协同创新团队。因此，适应地方高校转型发展和深化产教融合教育教学改革的需要，建立跨学科、跨专业、跨产业、跨校际"四跨"协同创新团队是应用型本科高校师资队伍建设的另一项急务。

创新应用型本科高校"四跨"协同创新团队建设管理制度，一是应明确"四跨"协同创新团队的内涵。"跨学科、跨专业"，即打破学院、学科、专业藩篱，文科与理工科相结合、文科与文科相结合、理科与工科相结合，多学科、多专业建立混合团队，才能合力应对来自地方的重大应用技术研发项目；"跨产业"，即校地互动、校企合作共建协同创新团队，与地方政府行政人员、行业企业管理人员和技术人员合作共建团队；"跨校际"，即与区域重点大学合作、与国际大学合作，充分利用重点大学的高水平人才、技术、信息等资源优势和先进的试验仪器设备等资源优势，共同开展重大校企合作项目。二是应明确"四跨"协同创新团队建设的指导思想、基本原则、建设目标和保障措施。指导思想主要是推动学校的转型发展和深化产教融合教育教学改革，提高应用型人才培养质量、应用型科学研究水平和社会服务能力；基本原则主要是产教融合、校企合作、互利互惠、合作共赢；建设目标是建设一批特色鲜明的、高水平应用型本科高校协同创新团队；保障措施主要是组织保障、资金保障和机制保障。三是应明确"四跨"协同创新团队的建设对象。但凡应对重大校企合作应用技术研发项目、应用型重点学科建设、应用型特色专业建设、专业硕士点建设、省级及以上教研基地建设等，均应筹建"四跨"协同创新团队。

（四）创新高校科研人员离岗创业、兼职创业管理制度

参与应用型科研活动是应用型本科高校教师积极参与转型发展和产教融合教育教学改革的重要驱动力之一。人力资源和社会保障部2017年3月发布《关于支持和鼓励事业单位专业技术人员创新创业的指导意见》明确指出，"事业单位专业技术人员到企业挂职或者参与项目合作期间，与原单位在岗人员同等享有参加职称评审、项目申报、岗位竞聘、培训、考核、奖励等方面权利"[①]。科技部办公厅2020年3月发布的《关于开展科技人员服务企业专项行动的通知》要求"引导科研院所、高校组织科技人员服务企业，采取多种方式，支持科技人员通过兼职创新、长期派驻、短期合作等服务企业"[②]。近年来，国家先后出台多项政策，鼓励高校教师参与创业活动，但应用型本科高校有创业意愿的教师不少而实际参与创业活动的教师并不多，其中的"梗塞"就在于缺失相应的高校管理制度，一是怕丢掉工作，二是怕创业风险。创新驱动发展和"新冠疫情"影响背景下，应用型本科高校应研制《高校教师离岗创业、兼职创业的管理办法》，一是明确鼓励有创业意愿和创业能力的教师参与创新创业活动。打破"教师创业"与"教学科研"非此即彼的二元对立论[③]

① 人力资源和社会保障部. 关于支持和鼓励事业单位专业技术人员创新创业的指导意见（人社部规〔2017〕4号）[R]. 2017.
② 科技部办公厅. 关于开展科技人员服务企业专项行动的通知（国科办函智〔2020〕59号）[R]. 2020.
③ 苏洋. 世界一流大学如何平衡教师学术创业引发的冲突——斯坦福大学的经验与启示[J]. 比较教育研究，2020（4）：15.

观念，把教师创业活动列入高校应用型人才培养活动、应用型科研活动、科技成果转化活动和科技成果衍生企业活动。斯坦福大学一贯致力于硅谷师生创新创业活动，不但没有影响斯坦福大学的教学和科研活动，反而提高了斯坦福大学的声望。与其说斯坦福大学造就了硅谷，不如说硅谷造就了斯坦福大学世界一流大学的国际地位。二是设立社会服务专项项目资金。把社会服务专项项目资金与教师创业项目挂钩，对教师创业项目优先立项。三是引导教师与企业一起参与创业活动，教师创业项目列入学校社会服务产教融合发展项目，尽量分解教师创业风险。四是明确创业教师 3 年期限内保留工作岗位，工资、津贴、福利不变，并享有与其他教师同等参与职称评审、项目申报、岗位竞聘、培训、考核、奖励等方面的权力。五是引导教师创建校办工厂，推进"校中厂、厂中校"应用型教育教学改革，降低税率，降低风险。六是明确教师创业期间最低教学工作量和科研工作量。七是鼓励拥有发明专利和实用专利教师参与创业活动，或独立创业，或与企业一起创业，均列入高校"科技成果转化项目"序列，给予人员、资金、技术、物质、信息多方面的支持。

（五）完善教职工服务期限及违约金责任管理制度

近年来，由于国内高层次人才争夺战日趋激烈，中西部应用型本科高校博士教师毕业辞职与原学校之间的违约金法律纠纷事件逐渐增多。实际上，高校与教师"聘用合同可约定违约金的明确立法，在我国法律上尚属空白"[①]，与此相关的法律法规条文只有 2014 年颁布的《事业单位人事管理条例》，该条例第 17 条规定："事业单位工作人员提前 30 日书面通知事业单位，可以解除聘用合同。但是，双方对解除聘用合同另有约定的除外"[②]。该条中的"但是，双方对解除聘用合同另有约定的除外"文本内容为学校人事管理部门制定单方面违约金政策提供了依据。从严格法律角度讲，国家并没有明确规定教师未满服务期违约金的具体数目，因此，我国应用型本科高校人事管理部门自行规定的教师违约金是存有法律争议的。如前述案例中西北某高校博士教师与原学校的违约金纠纷，就是原学校《教职工服务期限及违约金责任管理办法》出现了问题，该校人事处所规定的"未满职称服务期间离职者，正教授每年赔偿 5 万元、副教授每年赔偿 3 万元"是一种典型的法外规定。该贾姓副教授攻读博士期间，共使用学校各种经费 8 万元，按照学校违约金规定，贾姓副教授要赔偿学校 52 万元，超出学校实际支出的 6.5 倍，显然不合理、不合法。

高校高层次人才流动属于正常现象，也是法律法规允许的。应用型本科高校在高层次人才竞争中处于劣势，自行制定《教职工服务期限及违约金责任管理办法》情有可原，但必须完善该项管理制度。一是应明确服务期限。教授、副教授、博士服务期限一般是 8 年，不应将服务期限设置太长，有些学校服务期限为 15 年，显然不合理。二是应明确合理的违约金额度。违约金是一种"具有赔偿性和惩罚性"[③]单方面而非双方约定的法外规定，正教授每年违约金额度为 1.5 万元、副教授每年违约金额度为 1 万元、博士每年违约金额度

① 章瑛. 法律解释结论的共同指向及其意义——以高校教师聘用合同约定违约金为分析对象[J]. 法律方法，2017（1）：168.

② 中华人民共和国国务院令（第 652 号）. 事业单位人事管理条例[R]. 2014-05-15.

③ 邵文龙. 高校教师聘用合同违约金问题探析[J]. 南京工程学院学报，2010（3）：65.

为1万元比较合理。对于离职的学校高层次人才，学校应采取豁达、包容、理解的态度，既然辞职者一定要走，与其依靠高额违约金"绝义分手"，还不如为学校未来发展保留"一批外援"。

四　创新教师业绩考评、绩效考评管理制度

（一）创新教师年度优秀考评管理制度

应用型本科高校教师"年度优秀"考评对教师发展非常重要，教师职称晋级、职务晋升均对"年度优秀"有明确要求，如参评教授、副教授必须在5年内有2次"年度优秀"。由于学校各部门"年度优秀"名额有限，造成教师在"年度优秀"评选中的激烈竞争，出现"谁参与职称评审谁就是年度优秀""学院领导认为谁优秀谁就是年度优秀""学院领导多次自我优秀"等不合理、不公平现象，甚至造成因"年度优秀"问题导致的一些教师放弃科学研究、放弃职称评选的严重后果。教师年度优秀评选的不公平、指标不合理、制度执行不公正，使改革与创新教师年度优秀考评制度势在必行。

创新教师年度优秀考评制度，一是完善教师年度优秀考评标准体系。作为应用型本科高校教师，考评标准指标至少要包括应用型教学、学生指导、应用型科研、社会服务4个一级指标，至少包括师德师风、理论教学、实践教学、学生评教、教师评教、指导学生作业、指导学生科研、指导学生毕业论文、科研成果、社会服务10个二级指标，三级指标可以灵活掌握，不参与社会服务活动的大学教师不是称职的应用型本科高校教师。二是完善教师年度优秀评选制度。"教师业绩考核指标是教师业绩考核的根本和依据"[1]，杜绝二级院系领导不按制定评选，按照"考评标准"具体分值，让统计数据说话，得分最高者即为"年度优秀"者。三是完善激励机制。对评为年度优秀的教师不但要给予荣誉奖励，还要给予相应的物质奖励。

（二）完善教师年度教学、科研、服务先进个人遴选与管理制度

年度教学、科研、服务先进个人或优秀工作者评选制度"对激励教师工作积极性、促进教师发展、学校师资队伍建设等方面至关重要"[2]，对教师本人的职称晋级、职务晋升等个人发展也非常重要。然而，目前我国应用型本科高校年度单项"先进个人"评选制度客观存在总体结构不合理、评选指标不科学、制度执行不到位等现实问题。

完善教师年度教研服先进个人遴选与管理制度，一是应完善年度先进个人的总体结构。目前，教师年度单项先进个人主要是"教学先进个人"和"科研先进个人"，缺失"服务先进个人"，不符合应用型本科高校"产教融合、校企合作"的办学理念。二是完善教学先进个人、科研先进个人、服务先进个人的评选标准。教学先进个人的评选条件除原有条件外，

---

① 金伟娇. 基于BP神经网络的应用型本科院校教师业绩考核研究[J]. 经济师，2019（8）：203.
② 王淑娥. 基于个体优势的高校教师年度业绩考核方法设计探究[J]. 高教论坛，2014（2）：96.

还应增加"实践教学""项目化教学方式改革"等内容及其相应分值；科研先进个人的评选条件除原有条件外，还应增加"横向科研项目""科技成果转化""科研成果的经济效益或社会效益"等内容及其相应分值；服务先进个人的评选条件主要包括服务地方产业经济和社会发展的应用技术研发与推广项目数量、学生参与应用型项目数量、校地校企合作研发基地数量、智库建设成效、校企合作团队建设情况、经济效益或社会效益，其中"服务地方产业经济和社会发展的经济效益或社会效益"是最主要的评价标准。三是完善教研服先进个人的评选机制。一方面，应强调多元化评价，评审成员不能仅局限于学校或学院领导，学生评价、教师互评至关重要，社会和行业企业评价作为第三方评价则是应用型本科高校教研服先进个人评价的试金石，也是应用型教师教研服年度"先进个人"评选的决定性指标。另一方面，应严格按照各项评价标准及其分值进行评价，由考评数据自动生成统计结果而不是各级领导决定学校年度教学先进个人、科研先进个人、服务先进个人。四是完善激励机制。对于评上年度教学先进个人、科研先进个人、服务先进个人者，给予一定的物质奖励，以达到奖励先进、鞭策后进的管理效果。

（三）完善教师绩效评价管理制度

教师绩效评价制度，也称"绩效工资评价制度"，与教师职称评审制度、教师职务晋升制度被称为"三大应用型本科高校人事基本制度"，其重要性不言自明。

完善教师绩效评价管理制度，一是应明确绩效工资考核目的。国家之所以大力推行高校绩效工资改革，目的在于调动教职工的工作积极性，实现多劳多得。二是应建立绩效工资合理分配模式。教师绩效工资改革的目的之一就是绩效工资向一线教学科研人员倾斜，提高一线教师科研人员的薪资，因此应适当减少行政管理人员、教辅人员、后勤人员的总体绩效工资，增加一线教学科研人员的绩效工资。三是应保持单位人员绩效工资的时限稳定性。随着高校教师绩效工资改革的深入推进，目前已经在二级学院或科研院所推行绩效工资，而且每年考核、每年变动，不利于本单位教师与领导之间、同事与同事之间的团结与和谐，每隔3年考核1次，相对比较合理。四是应设置合理的考核评价标准。师德表现、教学工作量、教学效果、科研工作量、科研质量、社会服务工作量、社会服务质量等考核评价分值尽量科学合理，"有效解决传统高校绩效考核指标重科研轻教学、重数量轻质量的问题"[1]。

五　创新青年教师发展管理制度

（一）完善青年教师培养管理制度

调研显示，我国应用型本科高校"63.46%的青年教师对于自身专业发展持有一般或不

---

① 赵石言. S高校绩效工资改革的问题与对策[D]. 苏州：苏州大学，2018：34.

满意的态度"①，说明大部分青年教师对自身事业发展不满意或不够满意。加强青年教师队伍建设，一是应完善青年教师导师制管理制度。中老年教授应从应用型教学、应用型科研、社会服务多方面对青年教师进行"传帮带"，尤其需要帮扶青年教师申请和研究横向服务型科研项目，尽快帮助青年教师建立校企合作桥梁、进入产学研合作项目、解决校企合作项目难题、早出应用型科研成果。二是完善青年教师行业企业锻炼管理办法。争取每 3 年给青年教师 1 次为期半年的行业企业锻炼机会，主要了解行业产业技术最新发展前沿动态，参与行业企业应用技术研发与推广项目，通过实战锻炼青年教师的应用型教学、科研和服务能力。三是应完善青年教师攻读博士学位管理规定。鼓励具有硕士学位的青年教师攻读博士学位，明确校内培养博士毕业返校工作者享有外引博士同等待遇。四是健全青年教师职称晋级制度。摒弃论资排辈的职称晋级模式，制定基于应用型人才培养、应用型科研和社会服务成效的职称晋升量化标准体系，让数据说话，让数据评价，尽量减少"人情"因素，客观公允地为不同专业青年教师提供职称晋级机遇。五是完善学校教师发展中心管理制度。教师发展中心不但要充当提高青年教师应用型教学能力的角色，而且应充当提高青年教师获得各级各类纵向、横向科研和服务项目的角色。六是完善青年教师工作业绩考核评价制度。不能用"一把尺子"衡量所有教师工作业绩，制定分类工作业绩量化考核评价标准，重在考核青年教师个人发展成长的"增量"。七是健全行政管理制度。增强行政管理人员的服务意识，实现由管理到服务的转变，对青年教师采用柔性管理策略，将"以教师为本"的服务理念贯穿青年教师管理的全过程，注重人文关怀，多方式为青年教师发展成长提供优质和全方位的服务。

（二）完善青年教师职务晋升管理制度

青年教师是学校的未来，选拔优秀青年教师担任行政管理职务对应用型本科高校的长远发展极为重要。完善青年教师职务晋升制度，一是要敢于重用青年教师。对于教学、科研、服务工作业绩突出的青年教师，学校要唯才是举、大胆提拔。二是要坚持德才兼备原则。对于那些投机专营溜须拍马者、不专心教学科研者、曾经有过违纪记录者，坚决不予提拔。三是应实行百分制或千分制标准化评选管理制度，以确定哪些青年干部需要职务提拔晋级，不应由学校领导"拍脑袋"或与领导关系亲疏而决定，应基于百分制或千分制标准化评选的个人工作业绩考察，让自动生成的"表格、数据"客观、公正地选出新的青年干部②。

（三）创新青年教师酬金制度

"工作压力大、工资待遇低"是地方应用型本科高校青年教师普遍面对的一个问题。改革学校教师酬金制度，提高青年教师工资和津贴水平。应用型本科高校应结合学校现实

① 杨亚斐. 地方高校青年教师专业发展实证研究——基于四所高校的调查分析[D]. 济南：山东财经大学，2018：44.

② 谭贞，刘海峰，等. 新建本科院校转型发展模式研究[M]. 北京：科学出版社，2017：277.

财政状况,主要通过提高教学、科研和服务津贴方式,合理适度地提高青年教师酬薪,鼓励多劳多得,激发青年教师工作积极性。

创新青年教师酬薪制度,一是应改革高校内部绩效工资考核办法。打破论资排辈现象,按照多劳多得原则,制定相对科学合理的绩效工资考核标准,鼓励青年教师依靠多劳而多获。二是应改革高校内部职称职务津贴补助制度,适当提高青年教师的职称职务津贴额度。三是应设立青年教师专项科研项目。不论是校内教改项目还是社会服务项目,均单独设立"青年专项",鼓励青年教师通过更多地主持应用型教育教学改革项目和应用技术研发与推广项目获取科研经费,弥补工资津贴之不足。四是应增加课时津贴额度。目前,青年教师是我国应用型本科高校教学的主力军,每课时(小班计算)补助津贴均应在 100 元以上,提高青年教师教学积极性。

六 创新学校高端人才管理制度

(一)创新名师评选管理制度

2019 年,教育部教师工作司司长任友群指出,"国家级教学成果奖、教学名师等评选,向双师型教师倾斜"[1]。目前,我国应用型本科高校省级"名师"数量少,且部分还存在名实不符现象,如因担任学校主要领导就可以获得"名师"称号,甚至有些"三无人员"(无省级及以上教学成果奖、无部级及以上科研项目、无经济社会效益显著的服务项目)也可以获得"名师"称号。高校名师应该是高等教育领域的顶级人才,应用型本科高校的名师,不仅要具有该领域顶级的应用型教学能力和水平,也要具有该领域顶级的应用型科学研究和社会服务能力和水平。因此,应完善应用型本科高校的培养机制,建立名师工作室,遴选具有真才实学的教师作为名师工作室的领衔名师,培养教学、科研、服务名师团队,营造名师成长的良好生态环境;完善名师评选办法,把"应用型科研水平"和"社会服务成效"明确作为应用型本科高校名师评选的必备条件。

(二)创新"地方学者"评选管理制度

"地方学者"高层次人才队伍建设是我国应用型本科高校近年来刚刚兴起的一种人事管理制度改革举措,有些高校称之为"地方学者",有些高校称之为"校内特聘教授"。以河南省为例,各个应用型本科高校大都设置了"地方学者",如许昌学院设置的"魏都学者"和"颍川学者"、黄淮学院设置的"天中学者"、安阳师院设置的"殷都学者"、南阳理工学院设置的"淯阳学者"、商丘师院设置的"应天学者"、信阳师院设置的"南湖学者"、平顶山学院设置的"鹰城学者"等。"地方学者"待遇优渥,除提供免费住房、一定数量的安家费外,还有 100 万~200 万元的科研启动费、科研专项费,对地方高校高水平教师确实具有很大吸引力。然而,仔细研究各地应用型本科高校的"地方学者"建设情况,其建设效

---

① 孙诚,等. 我国普通高等学校师资队伍结构现状分析[J]. 大学(学术版),2010(8):70.

果不尽人意，绝大多数高校近 3 年来仅仅象征性地评聘出 2～3 名地方学者，对本校教授而言，这实际上无法起到激励作用。应用型本科高校设置"地方学者"的初衷不外乎两个：一是解决正教授的"上升通道"问题；二是解决学校"专业硕士点学科带头人"问题。不少正教授评上职称后，由于没有"上升空间"，在科研上原地踏步、失去动力。应用型本科高校的"地方学者"应具有激励应用型本科高校教师努力提升的作用。应用型本科高校"地方学者"高层次人才队伍建设之所以出现目前的尴尬局面，原因在于"地方学者"制度设计不合理、条件太高，甚至过于苛刻，如年龄限制在 50 周岁及以下、必须主持完成过国家社科基金项目或国家自然科学基金项目、SCI 期刊论文必须发表 6 篇以上、评上地方学者后还必须再申请到 1 项国家社科基金项目或国家自然科学基金项目。试想，一个地级城市应用型本科高校评选"地方学者"有没有必要必须把"主持完成过至少 1 项国家级科研项目"作为必备条件？一所普通应用型本科高校的教师申请并批准立项 2 项国家社科基金项目或国家自然科学基金项目的可能性有多大？地级城市应用型本科高校的"地方学者"应强调为地方产业经济和社会发展做出过突出贡献，把"地方学者"评选与"国家级科研项目"联系在一起，有些舍本逐末。

完善"地方学者"评选与管理制度，一是应回归"地方学者"设置的初衷。为学校正教授解决上升通道、为学校专业硕士点培养学科带头人是"地方学者"岗位设置的初衷。因此，"地方学者"的待遇应适当降低，5 年任期内岗位津贴、科研启动费、科研专项经费加起来不超过 50 万元比较合适，每年评选人数设为 3～5 名，把"地方学者"高层次人才建设真正落到实处。二是应降低申报条件。为地方产业经济和社会发展曾经做出过突出贡献者优先，剔除"主持完成至少 1 项国家社科基金项目或国家自然科学基金项目"评选必备条件，主持完成 2 项及以上高水平"省部级"科研项目即可，发表 SCI 期刊论文 5 篇及以上，申报者年龄可限制在 55 周岁及以下。三是增加任期岗位职责任务。岗位职责除"争取完成 1 项国家级项目、发表 5 篇 SCI 期刊论文、争取科研经费 50 万元"之外，还应增加"校地校企合作重大应用技术研发与推广项目 1 项及以上，或地方重大智库成果 1 项及以上，并对地方产业经济和社会发展产生较大经济效益或社会效益"。

（三）创新学科专业带头人管理制度

应用型学科带头人的高度决定应用型学科建设的高度，应用型专业带头人的水平决定应用型专业建设的水平。应用型本科高校应为聘请德才兼备的学科专业带头人创造好的工作环境和配套条件，切实为学科专业带头人解决工作和生活困难，使其更好地发挥学术带头人作用。

学科专业带头人管理制度主要涉及带头人的培养、引进、选拔、使用等相关的管理制度。与研究型重点大学不同，应用型本科高校的学科专业带头人主要突出"应用性"，理论水平、学术声望不能奢求"国家级"，能达到"省级"较高水平即可。一是应强调内部培养。就"内部培养"与"外部引进"学科专业带头人比较而言，内部培养为主、外部引进为次，主次关系不能颠倒，本土培养的学科专业带头人具有熟悉环境的地缘、学缘、人缘优势，最适宜于本校内生长壮大，对于那些"教学科研业绩优良、人品端正、善于组织、与地方行业企业合作紧密的教师，可以考虑聘为学科带头人和专业负责人"[①]。二是注重外部引进。按照学校应用型重点学科建设的实际需求引进学科带头人；按照学校应用型特色专业建设的实际需求引进专业带头人；按照专业硕士点建设的实际需求引进高层次人才；按照地方产业技术发展的实际需求引进高层次人才。尤其是"按照地方产业技术发展的实际需求"引进高层次人才对应用型本科高校最为重要。

---

① 李丽娜. 应用型本科高校师资队伍组构与管理策略研究[J]. 福建工程学院学报，2015（2）：199-200.

应用型本科高校科研管理制度的创新

>>>

习近平总书记曾指出，"科技创新、制度创新要协同发挥作用，两个轮子一起转"①。这表明了应高度重视科技与制度创新。"应用型科研"是应用型本科高校转型发展和深化产教融合教育教学改革的突破口，但目前的相关科研管理制度严重滞后，亟待加强科研成果奖励制度、横向科研管理制度、科研经费财务管理制度、科技成果转化管理制度、应用型科研机构管理制度、应用型科研评价制度等方面的制度改革与创新。

第一节　创新应用型科研管理制度的必要性 ✍

通常情况下，科研会促进教学，相应地，应用型科研会促进应用型教学，一流的应用型人才培养必须有一流的应用型科研做后盾。

一　创新应用型科研管理制度的现实意义

我国应用型本科高校目前的科研水平相对较低，既不利于提高应用型人才培养质量，也不利于提高服务地方产业经济和社会发展的能力。而造成该类本科高校科研水平较低的重要原因就是科研管理制度水平相对落后。

---

① 习近平. 习近平谈治国理政[M]. 第二卷. 北京：外文出版社，2017：273.

（一）有利于提高应用型人才培养质量

我国应用型本科高校中存在一个奇特的现象："相当一部分教师，参评正教授之前，科研活动比较活跃、科研成果较多；评上正教授后，科研活动热情日渐冷却，科研成果日渐减少。这是新建本科院校职称科研的具体表现"[①]。造成我国应用型本科高校人才培养质量不高、大学生就业难的原因是综合性的，毋庸置疑，应用型科研落后是重要原因之一。诚如一些学者所言，"整体科研水平相对有限，导致地方本科院校服务社会的能力不强，进而影响到人才培养的质量"[②]。

（二）有利于提高社会服务水平

我国应用型本科高校理应成为各地产业经济和社会发展的助推器，但是目前的地方本科高校"社会服务"成效确实一般。而"社会服务"成效较差的原因主要是应用科研水平较差，"即使是做科研，也主要是纵向科研项目或课题，主要是基础理论研究，日常最关心的是发表自己的学术论文数量与质量，不注重科研的实用性、应用性，科研成果转化更少，很多科研成果空洞无用，对地方产业经济和社会发展没有起到应有的促进和引领作用。"[③]

（三）有利于加强应用型学科专业建设

一流的应用型学科、一流的应用型专业必须有一流的应用型科研支撑。学科关系到教师的发展，专业关系到学生的成长。我国应用型本科高校的内涵建设和特色发展，重点就是建设特色优势学科和特色优势专业。我国应用型本科高校目前的科研活动依然未彻底脱离"理论科研"与"职称科研"的窠臼，"重理论研究、轻应用研究"现状依然没有较大改观，教师科研"单打独斗"现象依然普遍存在，"教师之间的科研活动处于一种比较松散的状态，各敲各的鼓，各打各的锣，虽然都具备团队合作意识，但由于长期以来各自形成了自己的研究方向，短时间内难以聚拢到重大学术研究方向上"[④]，这对应用型优势学科和特色专业建设极为不利。

（二）应用型科研管理制度存在的主要问题

与研究型重点大学相比，我国应用型本科高校科研水平相对较低，既有建校历史较短的历史原因，也有管理制度滞后的现实原因。宏观而言，科研观念落后、科研定位不准、

① 谭贞，刘海峰，等. 新建本科院校转型发展模式研究[M]. 北京：科学出版社，2017：161.
② 陈斌. 建设应用技术大学的逻辑与困境[J]. 中国高教研究，2014（8）：87.
③ 谭贞，刘海峰，等. 新建本科院校转型发展模式研究[M]. 北京：科学出版社，2017：162.
④ 谭贞，刘海峰，等. 新建本科院校转型发展模式研究[M]. 北京：科学出版社，2017：163.

科研管理制度陈旧、科研队伍水平整体较低、重点科研项目较少、科研经费较少、科研条件较差、科研特色不突出等问题整体制约着应用型本科高校科研的快速发展。就科研管理制度而言，最为突出的问题主要包括以下几个方面。

（一）科研成果奖励制度有待改进

在诸多科研管理制度中，校级层面的科研成果奖励制度居于关键地位，直接关系着整个高校科研水平的高低，也直接关系着二级院系或科研院所科研管理制度的创新发展。如果二级院系或科研院所科研管理制度创新与学校层面科研成果奖励制度相抵触，那么二级院系或科研院所在科研管理制度上的任何创新就属于"非法"而无法实行。由于我国应用型本科高校校级层面的科研成果奖励制度主要模仿研究型大学的奖励制度，与学校的转型发展和产教融合发展极不适应。一方面，重视纵向科研成果（包括纵向项目、学术论文、学术著作、科研成果奖）而轻视应用型科研成果（包括横向技术应用研发与推广项目、智库研究报告等）；另一方面，成果奖励额度偏低，如发表一篇普通 CSSCI 期刊论文，奖励额度只有 3000 元左右，严重挫伤科研人员的积极性。

（二）横向科研管理制度有待丰富

应用型本科高校最大的科研特色应是"应用型科研"，这是国外应用技术型大学用实践证明了的道理。而反观我国应用型本科高校目前所制定的《横向科研管理办法》或《横向科研项目经费管理办法》，很多是近年来为应付教育部本科教学评估而临时拼凑的管理制度。仔细观察我国应用型本科高校不难发现一个现象：每年申报国家自然科学基金项目和国家社科基金项目之前，学校都非常重视，是"大会讲、小会谈"，而校企合作横向科研项目则少有问津。再仔细研究数十家应用型本科高校的横向科研管理制度不难发现两个共同的问题：一是只有奖励措施而没有惩罚措施，严格意义上讲，"有奖无罚"的制度不能称之为制度；二是内容空洞，多是一些"鼓励""提倡"之类的表述语，定性内容多而定量内容少，诸如多少金额的横向科研项目视为"省部级"纵向科研项目，多少金额的横向科研项目视为"市厅级"科研项目，省部级采用的智库研究报告奖励额度及市厅级采用的智库研究报告奖励额度等具体内容都没有定量规定。"重纵向科研、轻横向科研"的科研导向和科研氛围严重挫伤广大科研工作者参与地方（区域）行业企业应用技术研发与推广项目的积极性。

（三）科研经费财务管理制度有待规范

"科研经费报销难"是广大科研工作者极为头疼的问题。目前的高校科研经费报销管理制度太过苛刻，存在计算机、打印机等大件科研设备必须通过政府采购，公文包、茶杯等小件东西不能报销，节假日外出调研的车旅费不能报销等问题。高校教师平时主要忙于教学和工作，周末及节假日是科研人员难得的外出调研、学术交流时间。科研人员希望把主要精力放在教学与科研上，而不是放在科研经费报销上，"科研经费报销难"问题导致部分地方本科高校的一线教师不愿再申请各级、各类科研项目，甚至放弃参评教授高级职称的打算。

近年来，科研经费报销难逐渐成为新建本科院校科研人员普遍关心的现实问题。反腐倡廉及严格审查科研经费开支是必要的，但"严格审查科研经费开支"与"科研经费管理办法"目前存在相互抵触之处，突出表现在两个方面：一是有些高校财务处"矫枉过正"，有些应该报销的经费不给报销；二是"科研经费管理办法"中严重缺乏"科研人员人力成本费"一项。以国家自然科学基金项目和国家社科基金项目经费预算为例，费用主要为资料费、设备费、差旅费、会议费、国际交流费、专家咨询费、劳务费、管理费等，但是没有科研人员自身的"人力成本费"。英、美、法、德等国重要科研项目经费支出中大都实行"科研酬金"制度，"资助方和科研机构（或科研人员）都要签订责任明确、劳动付出与收益报酬挂钩的有关协议"[①]。科技创新，人是第一要素。科研是一种极为艰苦的脑力劳动，需要科研人员投入大量的时间和精力，客观需要设置一定数量的"人力成本费"。缺失"人力成本费"容易诱发科研人员"钻空子"行为，科研人员既然无法合法、合理地取得自己的应得报酬，就有可能违背制度约束，寻找其他途径来获得补偿。诚如一些专家指出的那样："因为制度的缺陷，将科研人员普遍置于违法违规的危险中……这种只认发票的做法除了迫使科研人员造假，也无益于激发科研人员创造性，对我国科研活动乃至对国家的创新驱动建设任务的完成，产生了十分消极的后果。"[②]

应用型本科高校在科研制度创新上自缚手脚，以"间接经费"管理为例。中共中央办公厅、国务院办公厅印发的《关于进一步完善中央财政科研项目资金管理等政策的若干意见》明确要求"提高间接费用比重"。部分省份也出台了相关的地方法规，如河南省《关于进一步完善省级财政科研项目资金管理等政策的若干意见》（豫办〔2017〕7号）明确提出"（间接费用）核定比例可以提高到不超过直接费用扣除设备购置费后的20%"，而且特意注明"软件开发类、社科类科研项目比例提高至40%"[③]。细查该省30余所应用型本科高校，没有一所高校制定或实施相关的科研管理规定。缺失科研"人力成本费""忽视科研人员权益"[④]，在某种程度上抑制了应用型本科高校科研的科学发展和快速发展。

（四）科技成果转化管理制度有待创新

"地方高校服务地方产业经济和社会发展"是应用型本科高校新时代的大学使命和责任担当，而我国应用型本科高校科技成果转化的管理机构大部分是2017年12月国务院办

---

① 宁凯. 西方高校科学研究及其管理对我国新建本科院校的启示[J]. 黑龙江高教研究，2007（3）：72.

② 如此脱离实际的科研经费报销制度，造成一系列恶性问题[EB/OL]. http://view.news.qq.com/original/intouchtoday/n3398. html. 2016-01-08.

③ 中共河南省委办公厅河南省人民政府办公厅关于进一步完善省级财政科研项目资金管理等政策的若干意见（豫办〔2017〕7号）[R]. http://kyc. henu. edu. cn/info/1087/6530. htm.

④ 燕廷淼. 对高校科研经费管理制度及其未来走向的思考[J]. 财金研究，2013（6）：49.

公厅印发《关于深化产教融合的若干意见》之后成立的，与"科技成果转化"相关的管理制度，要么缺失，要么不完善，诚如有学者指出的那样：我国目前高校科技成果转化制度客观上存在"政策协同性不强、专业化管理水平不高、管理机制不畅"[①]诸多问题，直接导致高校科技成果转化率较低，如科技成果转化所产生的成果收入分配等诸多问题都没有明确规定。这也是我国应用型本科高校科技成果转化率较低的原因之一。

（五）科研机构管理制度有待改革

为适应"深化产教融合、校企合作"改革需要，应用型本科高校近年来兴建了众多直接服务地方（区域）产业经济和社会发展的"研发中心""研究基地""研究所"等科研机构。这些科研机构与传统的科研机构不一样，直接面向地方（区域）行业企业提供科技服务、决策服务或文化服务，其管理制度也应该与传统科研机构管理制度不一样。我国应用型本科高校对"服务地方型"科研机构的管理制度大多沿袭传统的科研机构管理办法，如车旅费只能报销火车票、飞机票，自驾费用则不能报销。科研人员到县、乡、镇企事业单位开展科技服务活动面临无法报销的问题。有些科研机构从实际出发，研制一些应用型科研管理制度，但因与学校层面的科研机构管理制度不符，都无法成功。

其他诸如科研绩效评估办法、学术讲座管理办法、学术交流管理办法、项目经费配套资助办法、间接科研经费使用办法等科研管理制度都有需要改进与创新之处，这里不再赘述。

第二节　国外高校应用型科研管理经验

我国应用型本科高校科研管理应该借鉴国外应用技术型大学的科研管理经验，因为我国应用型本科高校与国外应用技术型大学属于同一办学层次，"与传统学术型大学不同，应用技术型大学更注重学术积累和技术积累，更强调科技成果的应用与转化，换言之，更强调应用型科学研究。"[②]

一　国外应用技术型大学科研管理经验

（一）较为完善的应用型科研管理制度

国外应用技术型大学特别是欧洲应用技术型大学的科研定位非常明确：服务所在市域

---

① 高江宁. 高校技术转移机构建设路径与发展策略研究[J]. 中国科技产业，2018（10）：75-76.
② 刘海峰，白玉，刘彦军. 我国应用技术大学建设与科研工作的转型[J]. 中国高教研究，2015（3）：69.

或周边区域的产业经济和社会发展。德国应用技术型大学是欧洲应用技术大学的楷模，其"最大的特征之一是注重科研……但值得注意的是，这类学校的科研同传统研究型大学不同之处在于，他们的研究包括学术前沿的研究，但只是少量的，大部分研究是应用研究，重在同企业合作开展产品研发或技术更新。"[①]众所周知，德国"双元制"职业教育被认为是助推德国产业经济快速发展的"秘密武器"，其实，德国"双元制"职业教育真正的"秘密武器"是"学生参与研发项目"，正如德国基尔应用技术大学的赫尔穆特·迪斯波特（Helmut Dispert）教授无意间透露，"在德国，学生可以通过所谓的'设计思维'方式从事研发项目的管理。"[②]瑞士连续4年在世界国家竞争力（GCI）中排名第一，其应用技术型大学占全国高等教育份额的34%，"在科研上以产业需求为导向，强调应用型研究与开发，注重与产业界开展合作应用研究和技术转让。"[③]荷兰2013年的全球竞争力排名已上升至第5位，其应用技术型大学的学生占高等教育学生总数的2/3，"与研究型大学不同，应用技术型大学的研究是需求导向的、短期的、应用型的，致力于社会专业实践的发展，促进知识转化与知识循环，为地区发展和经济发展服务，致力于发展创新能力尤其是中小企业的创新能力。"[④]奥地利人均国民总收入（GNI）位居世界前列，各种应用技术型大学在读生占高等教育总人数的44%，"侧重应用型研究，提高服务社会经济发展能力。"[⑤]在《2013年人类发展报告》中，爱尔兰创新竞争力指数全球排名第9位，其应用技术型大学性质的理工学院在校生占全国高等教育总数的40.23%，办学特色之一就是"通过研发创新，推动新兴产业发展"[⑥]。

再以芬兰应用技术型大学为例，从芬兰不同类型大学网站主要栏目名称上可以直接看出芬兰应用技术型大学的应用型科研特色，"芬兰学术型大学的科学研究栏目英文一般标注为Research或Academic，而芬兰应用技术型大学的科学研究栏目英文标注一般为Research，Development and Innovation，即技术研发与创新"[⑦]。芬兰应用技术大学都设立RDI管理机构（相当于科研处），并聘请校外行业企业专家担任RDI管理机构负责人，称为"Business Director"，被译为"商业导师"，由此可见，芬兰应用技术型大学的科研导向就是能够商业化、产业化的应用技术研发与创新活动。芬兰应用技术型大学的科研活动不是为科研而科研的，而是根据所在区域政府和企业实际需求开展相关技术研发与创新活动。芬兰《应用技术大学法》明确要求应用技术型大学为区域政府、中小型企业发展提供研发与创新服务。因此，"各个应用技术型大学都把服务本区域发展作为自身的RDI宗旨，如奥卢应用技术大学（Oamk UAS）的RDI宗旨是：提高本区域的福利和竞争力，促进本区域商业活动。海门应用技术大学（Hamk UAS）的RDI宗旨是：开展区域影响和面向客户的应用研究。

① 匡瑛. 90年代以来境外科技大学现象及其对我国的启示[J]. 全球教育展望，2009（6）：70.
② 王斌锐，等. 教育国际化中学生交流[J]. 世界教育信息，2015（20）：12.
③ 赵晶晶. 瑞士应用技术大学与社会发展的互动研究[J]. 大学（学术版），2013（9）：56.
④ 杜云英. 荷兰应用技术大学：国家竞争力的助推器[J]. 大学（学术版），2013（9）：45.
⑤ 中国教育科学研究院课题组. 欧洲应用技术大学国别研究报告[R]. 2013-12-10.
⑥ 中国教育科学研究院课题组. 欧洲应用技术大学国别研究报告[R]. 2013-12-10.
⑦ 夏霖，刘海峰，谭贞. 芬兰应用技术大学RDI科研范式及其启示[J]. 高教探索，2019（4）：87.

洛雷亚应用技术大学的 RDI 宗旨是：服务区域政府与企业的创新与设计"[①]。各应用技术型大学的 RDI 研发中心及其研发项目也都主要针对本区域支柱产业技术需求而设立，如于韦斯屈莱应用技术大学的"保健梦实验室"和"食品产业和旅游业技术研发中心"等就针对本区域的老年保健业、食品加工业和旅游业而专门设立研发中心[②]。芬兰卡雷利亚应用技术大学的彼得里·瑞沃尔博士指出，"应用技术型大学的三大任务是培养专业技能人才、支持应用型研究和服务地区发展"[③]。

（二）较为完善的校企合作管理制度

国外应用技术型大学科研管理制度体现了鲜明的"校企合作"科研特色，"应用型科研直接关系到应用型教师的发展，应用型科研水平愈高，应用型教师的理论水平和专业水平就愈高"[④]。例如，欧洲大多数应用技术型大学都明确规定，专职教师就职前必须有一定时间（3～4 年）的行业企业技术研发或管理经历，每隔 3～5 年必须再参与一次行业企业技术研发或管理活动。以芬兰应用技术型大学为例，高校大力"发展地方（区域）行业企业合作联盟，结合地方主导产业和战略性新兴产业形成各自的科研特色。时至今日，芬兰应用技术型大学与学术型大学优势互补、相辅相成，成为国家和地区创新发展的重要动力源；各个应用技术型大学也相继形成了各自的科研特色，如洛雷亚应用技术大学（Raurea UAS）把护理工作和家庭应对、商业活动服务、安全和社会责任作为本校 RDI 的 3 个战略研发主攻方向，集中力量把学校科研特色做成世界名片"[⑤]，正如 IAB（因特网架构委员会会）Bogo 教授所言："芬兰是世界上教育领域最顶尖的国家之一……我发现你们成功地把你们的研究结果应用到创新实践和适合商业化的产品中，这是非常令人兴奋的"[⑥]。英国沃里克大学，1965 年创办时仅有 60 名教师、400 余名学生，但学校秉承"追求卓越"的办学理念、"企业家精神"的办学思想和"亲近工商业"的办学政策，积极参与各种产学研项目，50 年持之以恒发展，成为当今的"英国大学排行榜前 10 名"[⑦]。

（三）"绩效协议"——应用技术型大学独特的科研管理制度

"绩效协议"管理制度在芬兰最为普遍，为了规范应用技术型大学的教育教学行为，芬兰国会 1995 年单独颁布了《多科性技术学院法》（Poly-technics Act），2003 年修订为《应

① 夏霖，刘海峰，谭贞. 芬兰应用技术大学 RDI 科研范式及其启示[J]. 高教探索，2019（4）：88.

② Finnish Higher Education Evaluation Council. Quality Management in RDI Activities and Services of JAMK University of Applied Sciences[R]. Finnish Higher Education Evaluation Council, 2011: 36.

③ 刘博智. 产教融合发展战略国际论坛纵论地方高校转型发展[EB/OL]. http://www. jyb. cn/world/zwyj/2014-04/t20140428. html.

④ 谭贞，刘海峰，等. 新建本科院校转型发展模式研究[M]. 北京：科学出版社，2017：156.

⑤ 夏霖，刘海峰，谭贞. 芬兰应用技术大学 RDI 科研范式及其启示[J]. 高教探索，2019（4）：87.

⑥ Mika J Kortelainen. The RDI Activities and Services of Laurea University of Applied Sciences[R]. 2018.

⑦ 洪成文. 企业家精神与沃里克大学的崛起[J]. 比较教育研究，2001（2）：44-45.

用技术大学法》（Universities of Applied Science Act），"接下来大约 5 年修订一次，通过短短 20 余年的发展，芬兰应用技术型大学已经成为国家和地区创新驱动发展的助推器"①。实际上，"芬兰应用技术型大学的科研有一个变化过程，1995 年的《多科性技术学院法》并没有赋予多科性技术学院进行科学研究的使命，2003 年修订后的《应用技术大学法》则要求所有应用技术型大学必须参与 R&D（技术研发），2014 年修订后的《应用技术大学法》则要求所有应用技术型大学在参与 R&D 基础上再增加创新（Innovation）项目，所有应用技术型大学必须与芬兰教育与文化部签订包括 RDI 活动在内的《绩效协议》，并根据每年的绩效评估结果（不是单一依靠在校生数量）作为来年中央和地方政府对应用技术型大学拨款数额的重要依据，该项改革极大地激发了各个应用技术型大学技术研发与创新的积极性"②。教师每隔 3 年左右时间要与学校科研管理部门签订科研绩效协议，完成则奖，完不成则罚，教师年薪及职称采取浮动制，教师应用型科研成果与职务晋升、职称晋级直接挂钩；高校成立直接服务区域（特别是市域）产业经济和社会发展的应用技术研发中心，每一位专职教师都从属于某一个跨行业、跨企业的协同创新团队，与产业界保持密切的联系。芬兰应用技术型大学"要求所有专职教师都必须参与 RDI 活动，积极组建服务地方产业经济和社会发展的研发中心和研发团队"③。

（四）科研项目校企联合制度

国外应用技术型大学的科研项目主要来源于"校地合作、校企合作"的应用型科研项目或调研课题。以芬兰应用技术型大学为例，"芬兰应用技术型大学 RDI 项目来源主要是所在市域行业企业急需的技术研发与创新项目，包括当地政府开发与建设项目、当地行业企业技术研发与创新项目，此类项目占学校科研项目总数的 85%以上。"④同时各应用技术型大学也积极争取"芬兰科学院（AF）、国家技术创新局（Tekes，隶属芬兰就业与经济部，该局所提供的项目全是应用项目）项目。2017 年，芬兰 R&D 占 GDP 的比值高达 3.7%，远超我国的 2.1%。芬兰应用技术型大学申请应用项目具有国家政策支持和地方政策支持双重优势。"⑤"芬兰应用技术型大学极为重视与区域政府、区域行业、区域企业、区域大学、区域研究机构合作开展研发活动。每所大学甚至所属分校都建有市域研发中心，如萨塔昆塔应用技术大学（Satakunta UAS）与所在区域政府及主要企业合作共建了奥·萨塔研发中心（O'Sata Research and Development Center）；瓦萨应用技术大学与瓦萨市政府及主要企业合作共建了摩瓦研发中心（Muova Research and Development Center），这些研发中心主要为地方政府、行业企业提供产品设计、产品开发、技术研发和技术培训等服务项目"⑥。

---

① 夏霖，刘海峰，谭贞. 芬兰应用技术大学 RDI 科研范式及其启示[J]. 高教探索，2019（4）：86.

② 夏霖，刘海峰，谭贞. 芬兰应用技术大学 RDI 科研范式及其启示[J]. 高教探索，2019（4）：87.

③ 夏霖，刘海峰，谭贞. 芬兰应用技术大学 RDI 科研范式及其启示[J]. 高教探索，2019（4）：88.

④ Mika J Kortelainen. The RDI Activities and Services of Laurea University of Applied Sciences[R]. 2018.

⑤ 夏霖，刘海峰，谭贞. 芬兰应用技术大学 RDI 科研范式及其启示[J]. 高教探索，2019（4）：87.

⑥ 夏霖，刘海峰，谭贞. 芬兰应用技术大学 RDI 科研范式及其启示[J]. 高教探索，2019（4）：89.

（五）科研项目管理合同制管理制度

欧洲应用技术型大学科研项目（不论是教师主持的科研项目还是学生主持的科研项目）管理主要采用合同制，没有那么多复杂的报销手续，按照双方签订的科研合同准时拨款，完成良好或提前完成则予以奖励，完成不好或逾期结项则按照合同事先规定的予以惩罚。以芬兰应用技术型大学为例，"芬兰应用技术型大学的科研项目管理实行项目经理（Project Manager）负责制。项目经理由学校专职教师担任，项目组成员须有行业企业专家和相关专业的学生参与。较大的技术研发项目项目经理一般由跨院系、跨企业、跨大学组建的专家团共同担任，学生处于参与地位；中小型项目尤其是院系教师和学生自主联系的地方行业企业技术研发项目则往往由学生作为项目经理，教师和企业专家负责技术指导。项目经理除与项目来源方签订协议外，还要与学校 RDI 管理机构签订协议。"①

（六）高校科技成果转移管理制度

国外应用技术型大学都建有科技成果转移机构（名称不一，也称为"科技成果转化中心"，或称为"科技成果转移公司"），聘请行业企业有经验的人员担任科技转移部门的"经理"；阵容强大，人员实力雄厚。他们帮助教师争取应用型科研项目并管理科技成果转化事宜；制定相对科学的技术转移管理制度；制定详细的奖罚制度；科技成果转化收益，科研人员股份占比不少于 51%；如果科技成果进入孵化项目或进行产业化，科研人员可以依法离校直接参与产业化活动。

二 经验启示

与产业技术密切相关的应用型科学研究对应用型本科高校极端重要，既决定着应用型课堂教学的质量，也决定着实践教学的质量。

应用型本科高校实施转型发展和深化产教融合教育教学改革，不是淡化科研而是加强科研，关键是要加强应用型科研，任何淡化科研和学科的观点都是错误的，应引导广大教师逐步实现由理论型科研向应用型科研的转变。

目前，我国应用型本科高校"职称科研"局面亟待扭转。包括产学研在内的应用型科研是提高应用型教学水平和社会服务水平的基石，是中国应用型高等教育转型发展的突破口。

产教融合、校企合作是发展应用型科研的最佳途径，也是应用型科研的基本模式。

应用型科研项目与应用型教学项目一体化是应用型高等教育的发展趋势。

应用型本科高校投入应用型科研经费愈多，应用型本科高校发展就愈快。

应用型科研成果愈多，应用型本科高校获得的资助经费就愈多，这是被国外应用技术型大学和国内经济发达地区本科高校一再证明的结论。

---

① 夏霖，刘海峰，谭贞. 芬兰应用技术大学'RDI 科研范式及其启示[J]. 高教探索，2019（4）：87.

应用型本科高校在区域内每一市县建立至少 1 个应用技术研发中心或科技成果转化中心是非常必要的，每一位专职教师参加至少 1 个校地、校企融合型协同创新团队同样是非常必要的。

不参与科研的教师和不参与应用型科研的教师双重叠加是应用型人才培养率不高的重要原因，不参与应用科研活动的大学教师不是称职的应用型本科高校教师。

相对科学而完备的应用型科研管理制度是应用型科学研究可持续发展的基本保障。

科研绩效协议制是激发教师积极参与应用科研的有效制度。

横向科研项目与纵向科研项目可以相互转化，横向科研项目参与得愈多，获得的纵向科研项目就愈多；横向科研项目所取得的效益愈大，获得的纵向科研项目的层次就愈高。

从合作项目中获取经济效益是应用型本科高校教师积极参与地方行业企业应用技术研发与推广项目的内在动力。

应用型本科高校重视应用型科研并设立数额充足的校级应用型横向科研项目专项资金，是推动学校应用型科研快速发展的必要条件。

在应用型本科高校中，不参与应用型科研的教授是不称职的，应用型科研项目越做就越多，应用型科研项目越不做就越少，乃至没有，这是应用型科研发展的一个规律。

建立科研成果转移机构是国内外应用型本科高校的通例，科研成果转化是应用型本科高校科研工作的重要任务。

对地方或区域经济社会发展产生的经济效益和社会效益是考核评价应用型科研成果的核心指标，也是应用型本科高校科学研究追求的价值目标。

应用型本科高校应从实际出发，先行先试，积极探索科研经费报销与行政经费报销二元管理体制，契约合同制是应用型科研项目经费管理的可行性方案。

（三）应用型本科高校科研管理制度体系

目前，我国应用型本科高校科研管理制度仍然是基于"理论研究"的，欲实现从"理论研究为主型"科研向"应用研究为主型"科研的转变，客观上需要完善应用型本科高校科研管理制度体系。为适应转型发展和深化产教融合教育教学改革的需要，应用型本科高校应重点补充和完善如表 5-1 所示的科研管理制度。

表 5-1 应用型本科高校主要科研管理制度

序 号	制度名称
1	《高校科学研究发展规划》
2	《高校应用型科研水平提升工程实施方案》
3	《高校纵向科研项目经费使用管理办法》
4	《高校横向科研项目经费使用管理办法》
5	《高校促进地方产业经济和社会发展专项项目管理办法》
6	《高校协同创新团队建设管理办法》
7	《高校科研成果奖励管理办法》
8	《高校科研成果转化管理办法》
9	《高校教师学术道德规范》

（续表）

序　号	制度名称
10	《高校高层次人才科研启动经费使用管理办法》
11	《高校高层次科研项目培育经费使用管理办法》
12	《高校学术著作出版资助基金使用管理办法》
13	《高校校地校企共建应用技术研发中心管理办法》
14	《高校重点实验室、重点研究基地管理办法》
15	《高校学术讲座专项经费使用管理办法》
16	《高校科研项目配套经费使用管理办法》
17	《高校年度科研先进个人评选办法》
18	《高校科研机构考核评估办法》
19	《高校科研项目间接经费及科研酬金使用管理办法》
20	《高校科研财务助理实施办法》
21	《高校科技成果转移经理管理办法》
22	《高校科研绩效考核评价标准》
23	《高校科研人员学术休假管理办法》

第三节　应用型科研管理制度创新的对策与建议✍

"十三五"规划纲要明确指出要"破除束缚创新和成果转化的制度障碍，优化创新政策供给，形成创新活力竞相迸发、创新成果高效转化、创新价值充分体现的体制机制。"科研是高校的三大基本职能之一，应用型科研"一头担着应用型专业教学，一头担着社会服务"[①]。新时代，应用型本科高校欲实现转型发展和产教融合教育教学改革目标，应着力完善与创新各种科研管理制度。

一　试行高校与省教育厅《绩效协议》管理制度

建议我国在"十四五"期间试行"《绩效协议》管理制度"。研究发现：推动芬兰应用技术型大学科研发展的最有效的管理制度就是"《绩效协议》制度"。

所谓《绩效协议》制度，即芬兰教育与文化部每年与各应用技术型大学签订的《绩效协议》，这改变了以往单一的"按照在校学生数量"进行财政拨款的制度，把大学的"技术创新与研发成效"作为次年政府财政拨款的重要依据之一。芬兰教育与文化部通过与各个应用技术型大学每年"持续地签订《绩效协议》，对创新、研发与教育结合的标准、目标等

---

① 刘海峰，白玉，刘彦军. 我国应用技术大学建设与科研工作的转型[J]. 中国高教研究，2015（7）：72.

予以规范，并在每年绩效评估的基础上向各个应用技术型大学拨款"①。

"省市政府财政拨款"对地方应用型本科高校的办学导向具有最大的强制力，就我国应用型本科高校而言，"深化产教融合"改革之所以"动力不足"，重要原因之一就是缺乏"政府强制力"。目前，我国应用型本科高校的财政供给机制基本是"省市共建、以省为主"的，教育厅每年按照各个本科高校"在校生人数"实行定额财政拨款，该种管理制度有改革的必要。基于此，借鉴"芬兰经验"，每年由教育厅与省域应用型本科高校签署《绩效协议》，彻底放弃每年单一按照在校生人数实施政府财政拨款的制度，把高校"技术创新与研发成效"作为来年政府向高校财政拨款的重要依据之一。

至于我国"省市共建、以市为主"的地方应用型本科高校更应该实行绩效协议管理制度。建议凡因入选全国"十三五"产教融合发展工程应用型本科高校而实行"省市共建、以市为主"财政供给机制的，应由教育部统一调整为"省市共建、以省为主"，全部实行省级财政供给机制，便于统一管理；个别隶属于经济发达城市的"省市共建、以市为主"的应用型本科高校可以按照自愿原则，继续实行"省市共建、以市为主"机制，但应与所在市政府每年签署《绩效协议》。

如果该项管理制度能够付诸实施，将成为推动我国应用型本科高校"技术创新与研发"快速发展的最大动力。

二　创新科研成果奖励制度

高校教师科研工作有一规律："对于任何一名大学教师而言，做科研，科研项目会越做越多，甚或有做不完的科研项目；不做科研，科研项目只能越来越少，甚或没有科研项目可做。"②应用型本科高校大多属于新建本科高校，为提高学校整体科研水平，应从实际出发，增加学校科研经费总量投入，提高学术论文、学术著作、科研项目、发明专利、科研成果奖的奖励额度，如一篇CSSCI期刊论文的奖励额度以提高到8000～10000元为宜，除必要的版面费外，还应体现一定的"个人科研劳动成本"奖励。其他科研成果奖励额度都应适当提高。同时，加大横向科研项目及成果的奖励额度，如10万元的产学研横向科研项目可提供5万元的配套经费，突出应用型科研导向。或许有人会提出不同的意见，认为研究型大学对学术论文、学术著作、科研项目、发明专利、科研成果奖的奖励额度及对"省部级"科研项目的配套奖励额度比应用型本科高校还低，科研水平依然较高，高校科研水平的高低不在科研奖励力度的大小。其实，这是一种误解。我国研究型大学当初也是大力奖励各种科研成果的，只是近20年来在科研项目较多、科研水平较高情况下才降低了一些科研成果的奖励额度；况且研究型重点大学与应用型本科高校相比，相对容易拿到各种高水平的科研项目、相对容易产生各种高水平的科研成果。而我国应用型本科高校目前正处于"上升发展期"，极需要以应用型科研提振应用型教学和社会服务水平，故而，从应用型

① 井美莹，杨钊. 芬兰应用技术大学科研功能发展的制度分析[J]. 国家教育行政学院学报，2018(6)：92.

② 谭贞，刘海峰，等. 新建本科院校转型发展模式研究[M]. 北京：科学出版社，2017：181.

本科高校目前的发展实际出发，应用型本科高校对各种科研成果的奖励额度应略高于研究型大学。

三 试行科研酬金制度

实行科研酬金制度是国外高校一贯的做法，国外高校科研人员收入较高，除职称、职务收入外，科研酬金也是个人收入的重要来源。我国 2016 年开始实行科研项目"间接经费"科研经费改革，试图通过"间接经费"科研经费改革弥补科研人员的"个人科研劳动价值"。但是，"间接经费"科研经费制度改革不是解决科研人员的"个人科研劳动价值"支付的根本途径。须知，按照国际惯例，"间接经费"的支出内容主要是科研项目的承办单位（高校）、承办机构（科研处）的管理费和项目组以外人员的劳务费等。本项目组调研发现：我国应用型本科高校常年从事科研的人员占学校教职工（包括后勤和教辅人员等）的比例为45.36%，且主要集中在学校硕、博士群体中。换言之，54%以上的教职工不做科研或偶尔做些科研。科研是高校教师的三大基本职能之一，不做科研不能算是真正的高校教师。问题在于为什么54%不做科研的教职工安然无恙？而常年埋头科研的教师收入并不高于高校其他工作人员？答案在于制度不完善。基于此，应用型本科高校可以率先实行科研酬金制度，并以此尽快提高学校的应用型科研水平和社会服务能力。

（一）科研项目酬金制度

实行科研项目酬金制度是破解"科研经费报销难""违规违纪报销科研经费"的有效手段。美国高校科研项目酬金提取的基本原则是"人员费总额不超过基本酬金总额的 1/3"[1]。我国应用型本科高校可以试行科研项目酬金制度。第一，明确项目酬金就是科研人员应得的科研劳动价值；第二，可按照项目总经费 15%的比例作为科研项目人员的酬金；第三，科研项目负责人实行项目经费总额10%酬金制度，以激发项目负责人的科研积极性；第四，项目组成员实行项目经费总额 5%酬金制度，以调动项目组成员的科研积极性；第五，科研项目人员酬金一次性汇入科研人员个人银行账户，不需要通过发票报销。

（二）科研平台酬金制度

实行科研平台酬金制度是破解"科研平台发展缓慢""科研平台经费报销难"的有效手段。"十三五"及"十四五"期间，我国应用型本科高校在深化产教融合教育教学改革过程中，围绕地方特色产业、主导产业建立一大批研发中心、研究所、研究基地、实训基地、科研技术转移中心及其相关的协同创新团队等应用型科研平台，为推进应用型科研平台的快速发展，应用型本科高校应试行科研平台酬金制度。第一，明确平台酬金就是平台人员应得的科研劳动价值；第二，可将平台年度总经费的 15%作为科研平台人员的酬金；第三，

---

① 林芬芬，曹凯. 美国国立科研院所和高校科研人员薪酬制度现状及启示[J]. 科技管理研究，2017（13）：109.

科研平台负责人实行年度经费总额 10%的酬金制度，以激发平台负责人的工作积极性；第四，平台组成员实行平台年度经费总额 5%的酬金制度，以调动平台其他成员的工作积极性；第五，科研平台酬金一次性汇入参与人员的个人银行账户。

（四）创新横向科研管理制度

自 2013 年我国地方本科高校"转型发展"教育教学改革以来，应用型科研导向日渐明晰，应用型科研成果日渐增多，宜春学院副校长龙进指出，"我们认为对于新建本科院校的科研工作而言，'立地'比'顶天'更重要"[①]；厦门大学高教所王洪才先生指出，"发展应用技术大学，其科研指向必然要与传统的科研模式区别开来，必须以第一线的生产生活需要为研究指向"[②]。我国应用型本科高校在接下来的"十四五"发展规划期间组织实施为期五年的"应用型产学研专项科研项目建设行动计划"。即每年筹集 2000 万元以上的专项资金，重点支持 50 项左右旨在推动地方（区域）产业经济和社会发展的重大产学研横向应用型科研项目（同时也是学校专业硕士培育点建设项目、重点学科和特色专业建设项目）。争取通过"应用型产学研专项科研项目行动计划"，使学校教学科研一线的所有教师在"十四五"期间都参与到转型发展的项目中来；通过"应用型产学研专项科研项目行动计划"，到 2025 年，与地方行业企业共同开展产学研合作项目达到 300 项左右，使学校与合作发展联盟（行业企业）的实质性合作达到 60%～65%，彻底扭转当前校企合作发展联盟的"虚假"现象；同时，通过"应用型产学研专项科研项目行动计划"，学校"获得一批应用型科研著作、高层次学术论文、国家发明专利、技术革新或管理、文化创新创意产品，获得一批省市级以上的应用型科研奖励，为应用技术大学建设奠定坚实的基础"[③]。应用型本科高校应从转型发展的实际出发，积极探索并创新地方高校应用型科研管理制度。

（一）完善横向科研约束机制

近年来，我国应用型本科高校有几点现象值得关注：一是校级领导不做科研或很少做科研，理由是"领导干部应职业化""工作较忙没时间做科研"；二是相当一部分教师评上教授或副教授后没有科研成果，理由是"教授专心教学""专心指导青年教师"；三是少部分教师常年只做教学不做科研，也不准备参评高级职称。此 3 类人，纵向科研不做，横向科研更不会做。本项目组曾随机选择东（福建）、中（河南）、西部（四川）3 所应用型本科高校，通过中国知网分别对 3 所高校 27 名校级领导（副书记、副院长及以上）2017、2018年发表的学术论文进行调研，发现 3 所高校 27 名校级领导发表在中文核心期刊及以上的学术论文数量共计 6 篇，平均每人每年发表中文核心期刊及以上的学术论文 0.11 篇；27 位校级领导中，2 年没有发表一篇（学术）论文者有 19 人，占比约 70%。不做科研的校级领导及其团队很难让人相信。学校领导中很多人是学科学术带头人，更应该在科研上有重大突

---

① 龙进，张波. 以科研为牵引提升新建本科院校办学水平[J]. 中国高等教育，2011（22）：28.

② 王洪才. 中国该如何发展应用技术大学[J]. 高校教育管理，2014（6）：19.

③ 谭贞，刘海峰，等. 新建本科院校转型发展模式研究[M]. 北京：科学出版社，2017：175.

破。南京工程学院是我国应用型本科高校的楷模，也是"十三五"产教融合发展工程应用型本科高校，该院 9 位校级领导 2017、2018 年度共发表中文核心期刊及以上（学术）论文 22 篇，平均每人每年 1.22 篇，平均数是上述 3 所应用型本科高校的 11 倍。近年来，社会提倡高校领导职业化、专业化，尽量少申报科研项目、尽量少申报各种科研奖励，避免"与民争利"，并不是说少发表学术论文（特别是"教育教学管理"类学术论文）。人才培养、科学研究、社会服务是任何一所高校的三大基本职能，一位不做科研的教师，不是一位称职的高校教师；同理，一位不做教育学科研的校级领导，不是一位称职的高校领导！再仔细研究中西部部分应用型本科高校校级领导旧时撰写和发表的学术论文，大多集中于参评正教授之前，说明我国众多中西部公办应用型本科高校部分校级领导的科研就是典型的"职称科研"。校级领导科研是我国应用型本科高校科研的一个缩影，通常对于一所应用型本科高校，校级领导科研总体水平较高，该所高校的科研总体水平就较高。指望不做科研的校级领导每年预算大笔资金支持教师科研，是不现实的。校级领导不做科研或少做科研是导致我国应用型本科高校科研水平较低的重要原因之一。本项目组调研发现：72.23%的应用型本科高校教师没有做应用型科研的经历。在未来的"十四五"及"十五五"规则发展期间，我国应用型本科高校重点工作是内涵建设和特色发展，重点推进产教融合教育教学综合改革。基于此，对于那些常年不参与应用型教学和应用型科研的校级领导、中层干部和专业教师应制定针对性的惩罚措施，直接与年度绩效工资、职称职务晋级或年度工作业绩考评挂钩。

（二）明确横向科研成果与纵向科研成果的合理比值

横向科研项目特别是横向产学研用科研项目是应用型本科高校当下及未来科研工作的价值导向和努力方向。基于此，应用型本科高校应结合本校发展实际，明确横向科研成果与纵向科研成果的合理比值。东、中、西部区域产业经济发展水平不同，区域应用型本科高校横向科研发展水平亦不同，东、中、西部区域应用型本科高校应制定不同的横向科研成果与纵向科研成果比值。目前，我国中西部大多数应用型本科高校相关比值不宜过高，如给地方（区域）行业企业带来 1000 万元经济效益者可视为"国家级"科研项目，带来 100 万元经济效益者可视为"省部级"科研项目；文科横向项目的"社会效益"不易评价，其"级别"应由学校教授委员会根据科研成果的"社会影响力"具体鉴定；文科智库研究成果，被不同级别的政府机构采纳，应被视为不同级别的科研项目，如被省级或以上政府机构采纳，应至少视为"省部级"科研项目，根据影响力和价值的大小，也可视为国家级项目。

（三）实行横向科研项目经费"折半"配套制度

目前，我国应用型本科高校纵向科研项目普遍实行 1∶1 科研配套经费管理制度。为适应深化产教融合教育教学改革的需要，建议应用型本科高校在制度设计上加强对横向科研项目的支持力度，横向产学研项目可实行1∶0.5 科研配套经费制度。同时，明确规定横向科研成果与纵向科研成果一样可作为职称评审的基本条件。

（四）完善横向科研项目管理费收取制度

目前，我国应用型本科高校对横向科研管理经验不足，往往采取"拿来主义"，借鉴重点大学"收取 5%横向项目管理费"的规定，该种做法极不符合应用型本科高校的实际，实际上是一种"杀鸡取卵"的办法。本项目组调查问卷显示：73.87%的科研人员对学校横向科研项目管理费收取的态度是"不满意"和"非常不满意"。应用型本科高校横向科研项目本身就很少，建议在横向科研项目管理费收取制度上加以改进，应从应用型本科高校当下应用型科研的实际出发，目前不但不应该收取任何管理费，而且还要给予相应鼓励性的"配套经费"或"奖励经费"，待学校将来发展到一定水平且具备一定应用型科研实力后再适当收取 3%～5%的管理费。

五　创新科研经费财务管理制度

目前，我国应用型本科高校中高水平科研人员本身较少，但是，就是这"较少"的高水平科研人员目前的现实状况是：一方面，牺牲自己的节假日、牺牲自己的身体健康，发挥自己的学术专长，夜以继日、加班加点；另一方面，在科研经费报销时战战兢兢、如履薄冰。为了科技创新，广大科技人员可以牺牲自己的节假日娱乐生活，可以牺牲自己的身体健康，但广大科技人员最需要的是安心科研、静心科研、放心科研，确实没有那么多的时间和精力去报销科研经费。

（一）推进科研项目资金管理改革

2016 年 7 月，中共中央办公厅、国务院办公厅印发《关于进一步完善中央财政科研项目资金管理等政策的若干意见》，其中指出，"提高间接费用比重，加大绩效激励力度。中央财政科技计划（专项、基金等）中实行公开竞争方式的研发类项目，均要设立间接费用，核定比例可以提高到不超过直接费用扣除设备购置费的一定比例：500 万元以下的部分为20%，500 万元至 1000 万元的部分为 15%，1000 万元以上的部分为 13%。加大对科研人员的激励力度，取消绩效支出比例限制。项目承担单位在统筹安排间接费用时，要处理好合理分摊间接成本和对科研人员激励的关系，绩效支出安排与科研人员在项目工作中的实际贡献挂钩"[①]。该"若干意见"首次以"间接费用"的形式承认科研的人员成本和劳动价值，遗憾的是，"若干意见"是一项探索性的改革举措，适用对象主要是中央部属院校。科研项目"间接费用"是一种非常好的制度设计，我国应用型本科高校应大胆改革，尽快落实该项科研管理制度，至少科研项目结项后的结余资金可以直接实行 20%左右的间接费用支出制度，进而部分地解决"科研项目经费报销难"问题。

---

① 中共中央办公厅，国务院办公厅. 关于进一步完善中央财政科研项目资金管理等政策的若干意见（2016 年第 23 号）[R]. 2016-09-13.

（二）实行相对人性化、柔性化的科研经费财务报销管理制度

目前，我国应用型本科高校财务处以"财务审计极为严格"为理由，随意更改财务报销制度，使科研人员报销难度加大。财务处所制定的任何科研经费报销改革措施必须有法律依据，不能想当然、乱改革，对于那些既不合理又不合法的科研经费财务报销"规定"必须废除。结合应用型本科高校科研工作的实际，建议实行相对宽松的科研经费财务报销管理制度，只要是科研人员真正用于科研、符合国家科研项目财务报销制度的国家正式发票都可以报销。

（三）建立健全财务助理制度

科研报销是高校科研人员极为烦恼、最为苦恼的一件事，为避免科研人员沦为"财务会计"，为避免科研人员科研经费报销出现违规甚至违法现象，建议应用型本科高校尽早实施财务助理制度。2018 年，国务院印发《关于优化科研管理提升科研绩效若干措施的通知》，强调"项目承担单位要加快建立健全财务助理制度，允许通过购买财会等专业服务，把科研人员从报表、报销等具体事务中解脱出来"[①]。目前，我国重点大学诸如浙江大学、厦门大学等都实行了科研财务助理制度。应用型本科高校目前大范围实行科研财务助理制度不现实，但应在科研处、各二级学院、重要的科研机构设立专职性科研财务助理一名，具体负责学校重点项目或重大项目（理工科 20 万元及以上、文科 10 万元及以上）的科研经费报销事宜，把科研人员从烦琐的科研经费报销事务中解脱出来。

（四）试行新型科研项目劳务费管理制度

本项目组问卷调查显示：87.23%的科研人员表示劳务费制度不合理。我国应用型本科高校目前实行的各种科研项目的劳务费确实不合理。一是数额较低，一般不得超过总经费额度的 10%；二是限制过死，规定只有不拿工资人员（如学生、校外无工资收入工人）才可以获得科研劳务费；三是劳务费不包含项目负责人和项目组成员应得的"人员成本"报酬；四是劳务费报销难，劳务费报销不像其他有正式发票凭证的报销，科研处、财务处管理人员怕出问题往往以种种理由审核"卡壳"。劳务费是科研工作中一项极为重要的经费支出，按照国外高校科研项目（或课题）经费使用经验，劳务费包括科研项目负责人、项目组成员的"人员成本"（个人科研应得收入），美国、英国等科研项目的劳务费则是按照实际科研投入时间计算，美国劳务费可"占直接成本的 2/3"[②]，英国高校科研项目劳务费支出可占项目经费总支出的 50%左右[③]。基于此，建议应用型本科高校试行如下科研劳务费管理制度：第一、适当扩大劳务费额度，劳务费总数可占项目总支出的 30%；第二、劳务

---

① 林学延. 高校科研财务助理的制度背景分析[J]. 金融经济，2019（8）：203.

② 宋旭璞，顾全. 高校科研经费管理制度实施中的问题及对策研究[J]. 高教探索，2019（4）：21.

③ 高玮，傅荣. 政府科研经费管理与效益研究[J]. 江西社会科学，2009（5）：215-216.

费包括科研项目人员的"人员成本"费；第三、科研项目负责人、项目组成员可以直接领取劳务费；第四、科研项目结项后剩余经费的 40%可以支付劳务费。按照劳动合同法，项目结项即表示科研人员完成了科研任务，部分结余资金可以作为劳务费支出。

六　创新科研团队、科研机构管理制度

（一）创新"四跨"协同创新团队管理制度

近年来，我国应用型本科高校在科研导向上一直鼓励教师由"作坊式科研"（即个体单干）向"流水线式科研"（即团队协同）转变、由"挖坑式科研"（即乱挖乱刨）向"掘井式科研"（有明确持之以恒的研究方向）转变、由"职称式科研"向"学问式科研"转变，其大方向是对的。但不可否认的是，扭转作坊式科研、挖坑式科研、职称式科研的被动局面绝非一朝一夕之功，面对转型发展和深化产教融合教育教学改革的新形势，建立"四跨"（跨学科、跨专业、跨行业、跨大学）协同创新团队问题就显得异常突出。当今社会，行业企业遇到重大科技研发问题往往求助于重点大学的专家学者，与此同时，应用型本科高校的不少教师因科研水平较低、试验设备落后等原因而不敢承接地方政府机构、行业企业委托的重大产学研项目。破解这一难题的关键，就是建立跨学科、跨专业、跨行业、跨大学的协同创新团队。"十四五"发展规划编制期间，应用型本科高校应组织实施"四跨协同创新团队建设行动计划"。首先，跨学科、跨专业组建校内协同创新团队，最好是文、理、工科教师自由联合组建混合型团队，组团下基层、下企业，以增强协同攻关的科研实力；其次，在校内协同创新团队基础上，与地方行业企业专家合作共建协同创新团队，行业企业专家对本行业技术革新需求最为敏感，合作热情最高；最后，与重点大学或知名科研机构的相关专家学者组建协同创新"统一体"，共同开展重大产学研项目的联合攻关。"四跨"协同创新团队建设是新建本科院校转型发展和深化产教融合教育教学改革的关键之举，是优势学科和特色专业建设的关键之举，更是申报高层次纵向科研项目和重大产学研科研项目的关键之举，"十四五"发展规划编制期间，学校应加大"四跨"协同创新团队建设的投入力度，建设的"四跨"协同创新团队越多越好，应大力提倡"带头人积极建团、教师人人参团"，争取做到"人人在团、人人参与应用型科学研究"的良好局面。总之，应用型本科高校欲达到转型发展和深化产教融合教育教学改革的战略目的，在科研团队建设上就必须实现从"注重普通科研团队建设"向"四跨协同创新团队建设"的转变。

（二）创新学术带头人科研管理制度

学术带头人（包括学科带头人、专业带头人、技术带头人等）短缺一直是我国应用型本科高校科研工作的一个"短板"，营造学术带头人脱颖而出的制度环境应是我国应用型本科高校当下及未来科研工作的一项重要任务。拥有一批高水平的学术带头人是应用型本科高校"保持竞争优势的最重要支撑，承担着高校教育质量、科研创新、社会服务

和社会声誉建设的重任"①，而培育一批高水平学术带头人，就必须创新学术带头人科研管理制度。第一，完善学术带头人选拔与退出制度。应打破"论资排辈"旧有格局，适应深化产教融合教育教学改革需要，修改完善旧有的学科带头人、专业带头人、科研平台带头人的选拔制度，编制适应应用型人才培养、应用型科学研究和社会服务的学术带头人选拔标准；同时按照"能者上、庸者下"原则，废除学术带头人终身制，实行学术带头人动态考评机制，按照 5 年一个周期进行实绩考评，及时更换学术带头人，不断为学术带头人建设补充新鲜血液。第二，完善学术带头人培养制度。结合深化产教融合教育教学改革的需要，制定更为开放、更为科学的学术带头人基本能力素质标准，明确后备学术带头人的责任和培养内容，全阶段、分层次、有计划地培养后备学术带头人。第三，完善学术带头人激励机制。打破"大锅饭"惯例，明确学术带头人岗位目标责任制、岗位目标及学术团队工作目标，明确超额完成目标的具体奖励额度，真正体现多劳多得，让学术带头人得实惠。

（三）创新青年教师科研管理制度

近年来，我国应用型本科高校出现严重的"轻视青年教师科研"现象，突出表现在两个方面：一方面是青年教师授课任务重，留给青年教师的科研时间少；另一方面是科研成果奖励只针对"省部级"及以上的高水平论文、论著、项目和成果奖，对青年教师相对低水平的科研成果不予奖励。实际上，青年硕士、博士群体是我国各个应用型本科高校的教学主体、科研主体和服务主体，也是我国各个应用型本科高校转型发展和深化产教融合教育教学改革的主力军。青年教师富有创新活力，富有改革精神，是深化产教融合教育教学改革最忠实的群体。基于此，应用型本科高校应从长远发展的战略高度，以科研管理制度创新促进青年教师成长。第一，完善科研成果奖励制度，对相对低水平的科研成果也给予一定的资金奖励；第二，加大学校应用型科研资金投入，校级应用型科研项目特别是重大科研项目向青年教师倾斜，每年的校级应用型科研项目应明确青年教师参与项目数量不少于总数的 50%；第三，完善青年教师科研导师制度和青年教师实质性进入学校重点"协同创新团队"制度，以老带新，缩短青年教师与应用型科研项目的距离，尽快提高青年教师的应用型科研能力；第四，完善青年教师荣誉评价体系，每年单独评选表彰一批科研成绩优异者，"提高青年教师科研荣誉感"②。

（四）试行科研人员学术休假制度

国外应用技术型大学大多实行学术休假制度，一般而言，教研任务较重的教师在本单位连续工作 5～7 年可以享受一年或半年的带薪学术休假③。近年来，我国高校高水平教研

① 郭燕锋，等. 完善学科带头人工作机制，提升省属高校学科建设水平[J]. 中国成人教育，2017（22）：54.

② 刘尚玉. 高校青年教师科研激励机制研究[D]. 重庆：西南大学，2016：45.

③ Ali Taghi Poor Zahir, Leila Safaei Fakhri. Improve Faculty Effectiveness by Sabbatical Leave[J]. Procedia-Social and Behavioral Sciences , 2011: 917-926.

人员因劳累过度患病的数量呈上升趋势，我国应用型本科高校应实行学术休假制度，凡在本单位连续工作 5~7 年的教授、副教授或青年博士教师，都可以申请一年或半年的带薪学术休假，特别是主持"省部级"等重大科研项目、重大横向产学研研究项目者，更应该实行带薪学术休假制度。实行带薪学术休假制度很有必要。一则，让科研人员消除职业倦怠；二则，让科研人员专心做好手中的研究项目；三则，消除身心疲劳，治疗疾病。

（五）创新科研机构管理制度

当今我国应用型本科高校在应用型科研机构建设方面存在"双重"短板。一方面，直接服务区域产业经济和社会发展的应用型科研机构数量较少，远远不能满足地方政府、行业企业的发展需要；另一方面，应用型科研管理制度建设严重滞后，导致产教融合、校企合作难以达到"无缝"衔接。

目前，我国科研机构管理制度多是过去制定的，很多制度都是基于"校内管理"或"自我管理"的封闭式管理制度，与开放式的产教融合、校企合作发展不相适应。第一，建议应用型高校实行权力下放，以服务地方为主的技术研发中心、研究基地、研究所等可以从实际出发自主制定"科研项目经费管理办法和科研成果奖励"制度，科研机构科研奖励制度实行"科研处备案制"。第二，实行更加灵活的用人及管理制度，科研机构可以根据工作需要，灵活选聘行业企业专业技术人员，科研机构用人及管理制度实行"人事处备案制"。第三，实行更加灵活的科研经费来源及管理制度，鼓励科研机构积极争取地方（区域）行业企业的应用技术研发与推广项目，尽可能多地争取地方行业企业技术研发经费。第四，加强科研项目的过程管理，"包括科研项目立项和组织管理引入第三方组织、加强科研经费监督管理机制"[①]。第五，实行科研成果转化重奖制度，对"科技成果转化"成绩突出者、对地方（区域）产业经济和社会发展成绩突出者实施重奖。

（六）创新地方产业发展研究院管理制度

"地方产业发展研究院"是应用型本科高校近年来发展起来的一种新生事物，目前管理制度的研制基本上处于"探索阶段"。"地方产业发展研究院"由校外的相应机构人员、行业企业专家及其他外聘专家共同管理运行，科研项目大多为来自地方行业企业的技术研发与推广，利益相关者有行业、企业、高校等，管理起来较为复杂。鉴于此，应从以下三方面着手解决。第一，按照共建、共管、共享原则，建议实行理事会（董事会）管理制度，按照企业管理模式进行管理（如科研项目采用合同制），以提高管理效率。第二，按照互利互惠、合作共赢原则，建议单独编制《研究院用人及管理制度》《科研项目管理办法》《科研绩效管理与评估办法》《科研成果奖励办法》。第三，实行"研究院"独立法人制度，用人权、用物权、用财权统归"研究院"。目前，我国应用型本科高校的"研究院"用人权归人事处，用财权要么归科研处，要么归合作处，多头管理，互相扯皮，极易造成"都管都

---

① 潘彩霞，等. 德国科研机构管理体制研究及启发[J]. 机电信息，2016（33）：152.

不管、都管都管不好"的低效局面。只有赋予"研究院"更大的自我管理自主权，"研究院"才能担当起深化产教融合教育教学改革"排头兵"的重任。

（七）创新产教融合科研平台管理制度

《关于引导部分地方普通本科高校向应用型转变的指导意见》明确指出："建立学校、地方、行业、企业和社区共同参与的合作办学、合作治理机制。"正如专家指出的那样："科研人员物资满足的程度，在很大程度上决定了科研工作能否顺利开展，也决定了科研人员能否顺利成长"[①]；拥有一流的科研设施不一定会产生一流的科研成果，但一流的科研成果必须拥有相应的科研设施。产教融合科研平台一般都是政府、企业、高校三方合作共建的研发中心、科研技术推广中心、工程训练中心、研究所、研究基地等。第一，建议实行理事会（董事会）管理制度，以兼顾各方面的自身利益；第二，实行校内校外不同的管理制度，校内产教融合平台以高校科技平台管理制度为主，校外产教融合平台以企业科技平台管理制度为主。

（八）创新科研平台安全风险预防制度

近年来，我国高校实验室、实训室等科研平台多次发生安全事故，应该引起高校科研管理者的高度重视。鉴于此，应用型本科高校应研制"科研平台安全风险预防"制度，包括各种实验室、实训室等科研平台的多方面监控预防内容和前期预防措施、中期预防措施、年度预防措施、安全风险责任制、安全评估达标等（安全监测监控、污染监测等）。

七 创新科技成果转化管理制度

我国应用型本科高校应积极推行以下策略：一是加强对先进技术的转移、应用和创新的组织领导，最好成立与"先进技术的转移、应用和创新"相关的专职机构，组织精干人员专门负责与地方政府、行业企业的外联工作；二是在条件许可的情况下，充分利用学校大学生创新创业园、产业园、科技园等资源优势，校地互动、校企合作组建先进技术的转移、应用和创新公司，专门负责该项工作。具体应做好以下工作。

（一）创新技术转移机构管理制度

自从 2017 年 12 月国务院办公厅印发《关于深化产教融合的若干意见》以来，我国应用型本科高校相继成立了"高校技术转移"管理机构，但是存在的问题比较突出：一是成立时间短，人员配备不齐；二是缺少相应的规章制度，工作效率低下；三是隶属关系不合理，或隶属于科研处（称之为"技术转移科"），或隶属于合作处。对此，有三点建议。第一，建议成立单独的"技术转移"机构，与科研处、合作处地位相等，属于正处级单位。

---

① 盛正发. 新建本科院校科研能力建设[M]. 长沙：湖南师范大学出版社，2012：163.

第二，建议配属较强的工作人员，技术转移办公室应设主任 1 名、副主任 1 名（正副主任中必须有 1 人是外聘行业企业资深专家），技术专家 5 人（包括行业企业专家 2 名），对外联络人员 2 人，产业联络人员 5 人（包括行业企业 2 人），会计 1 人，行政管理员 1 人，企业管理人员 2 人，专利申请人员 1 人，总计 19 人，这应该是一个基本的"技术转移"机构阵容。没有足够的愿做事、能做事、敢做事、做成事的工作班子，想把技术转移工作做大做强几乎是不可能的。第三，明确机构内部工作人员的工作职责，分工明确，实行主任负责制。

（二）创新技术转移管理制度

由于我国应用型本科高校"技术转移"机构成立时间较短，相应的管理制度不健全，极不利于工作的开展。第一，建议应用型本科高校借鉴国内外高校"技术转移"管理经验，"制定与完善先进技术的转移、应用和创新的管理制度，进行科学化管理"①。第二，建议实行各县（包括重要工业镇）设立高校技术转移分支机构制度，通过校地互动、校企合作，与县（镇）级政府机构合作，建立高校技术转移分支机构，及时了解基层应用技术、技术转移和承接的需求信息。

（三）试行技术转移经理管理制度

欧洲应用技术型大学及部分美国的大学大多实行"技术转移经理管理制度"，即外聘校外政府、企业、金融等行业退休的社会关系较广、社会影响较大、个人能力较强的资深技术专家担任高校"技术转移"经理（正主任），该项制度对高校"技术转移"工作极为有利。目前我国应用型本科高校技术转移经理管理制度相对滞后，"一定程度上阻碍了高校技术转移工作的开展"②。第一，建议应用型本科高校聘请一位行业资深技术专家担任机构主任或副主任，最好担任正主任，年薪不低于高校正教授的 2 倍；第二，明确"技术转移"机构所有外聘人员的工作职责、主要任务，制定相应的管理、考核、评价、奖励及约束制度，实行外聘人员科学化管理。

（四）实施应用型本科高校和地方（区域）企业科技成果转化联合制度

地方（区域）企业是应用型本科高校深化产教融合教育教学改革的天然同盟军，也是应用型本科高校"技术转移"工作的主要对象。基于此，建议应用型本科高校实行高校和地方（区域）企业科技成果转化联合制度，充分利用高校"校企合作发展联盟"的既有优势，遴选一批重点企业作为"技术转移"的主要合作伙伴，"提高企业和高校之间的关联，形成一种强关系，从而发展出一种有效的社会资本，推动高校和企业长久合作"③。

---

① 谭贞，刘海峰，等. 新建本科院校转型发展模式研究[M]. 北京：科学出版社，2017：172.

② 陈骏阳. 面向技术转移能力提升的高校技术经纪人队伍建设策略研究[D]. 杭州：浙江工业大学，2017：1.

③ 刘艳. 高校科技成果服务地方经济发展的现状及转化途径分析[J]. 高教学刊，2019（6）：64.

（五）实施科技成果转化机构"淘汰制度"

应用型本科高校应有长远发展的战略眼光，尽早实行科技成果转化机构淘汰制度。"对高校技术转移机构进行绩效考核是我国高校技术转移机构管理当中一项基础性的工作，淘汰机制使科技成果转移中心充满活力"①。我国应用型本科高校目前往往只成立一家科技成果转化机构，极不利于科技成果转化的推广与应用。一方面，应高起点设立两家或以上的科技成果转化机构（一家校级层面、一家二级院系层面），互相竞争，实行优胜劣汰；另一方面，对机构管理人员按照工作业绩、真实能力与实际贡献进行评价，实行优胜劣汰，避免人浮于事、庸才挡路。

八 创新科研评价制度

加强应用型本科高校科研评价制度改革与创新，关键是建立健全应用型科研管理的约束机制、激励机制、赏罚机制，奖优罚劣，逐渐杜绝高校教师在应用型科研方面做与不做一个样、做多做少一个样、做好做坏一个样。"大学教师做不做科研、做好做不好科研，一要看个人科研态度，二要看学校科研制度。个人科研态度是主观的，而学校科研制度是可以客观管控的。只要学校科研制度健全、措施得力、引导正确，人人皆可为专家。"②我国应用型本科高校当前的科研绩效评价体系主要沿袭老牌大学的科研评价体系，评价指标突出各级各类"纵向"科研项目、著作、论文和成果奖，而服务地方的"横向"应用型科研几乎被边缘化。诚如一些学者指出的那样，"在目前一些高校的科技评价中普遍存在评价简单化的弊端：唯数量，轻质量；唯立项评奖，轻实际的社会效益。"③应用型本科高校欲达到转型发展和深化产教融合教育教学改革的战略目标，"应对专业教师的聘任、考核从侧重评价科研项目和发表论文为主，转向评价工程项目设计、专利、产学研合作和技术服务等方面为主"④。创新科研评价制度，关键应做好以下工作。

（一）完善科研绩效评价指标体系

应用型本科高校完善科研绩效评价指标体系，至少应在原有科研绩效评价指标体系基础上，增加产学研合作创新评价指标内容，把产学研合作创新项目的数量和质量、科研成果的转化率和服务地方产业经济与社会发展的实施效果作为科研绩效评价的重要指标。逐步建立和完善与深化产教融合教育教学改革相适应的科研激励、约束等运行机制，实现科研评价从"以纵向科研评价为主"向"纵横科研并重"的转变。

---

① 高江宁. 高校技术转移机构建设路径与发展策略研究[J]. 中国科技产业, 2018（10）：77.
② 谭贞, 刘海峰, 等. 新建本科院校转型发展模式研究[M]. 北京：科学出版社, 2017：181.
③ 周海萍. 新建本科院校科学研究特色的养成[J]. 中国成人教育, 2013（22）：14.
④ 张兄武, 许庆豫. 关于地方本科院校转型发展的思考[J]. 中国高教研究, 2014（10）：96.

（二）创新产学研合作科研项目资金投入管理制度

资金缺乏是制约应用型本科高校深化产教融合教育教学改革的瓶颈。有学者研究 2015 年地方本科高校科研经费总体情况后得出结论：地方本科高校科研经费占学校总支出的比例仅为 0.83%，"校均科研经费收入 0.02 亿元，表明地方高校可获得的科研经费较少"[①]。应用型本科高校要想提高学校科研水平，必须创新科研经费投入机制。第一，建议应用型本科高校实行产学研合作科研项目资金投入管理制度，从制度上保障高校每年不少于 1000 万元的财政预算，该项制度可以与"地方产业创新发展研究院"合并。第二，建议设立专项基金支持教师和学生产学研科研创新项目和创业孵化项目，每年不少于 400 万元，列入 1000 万元产学研合作科研项目资金之内进行年度预算，培养教师和学生的创新创业能力及服务地方产业经济和社会发展的能力。

（三）创新产学研合作项目的管理机制

目前，我国应用型本科高校开展应用技术研究与推广项目工作之所以发展缓慢，就是高校内部校级领导、中层干部中有不同声音。本项目组进行正面访谈时，一位中层干部坦言："把那么多的钱交给老师，他们做不出来成果怎么办？他们敷衍了事怎么办？最后出了问题谁负责？"理由听起来很充分，但这是一种典型的对本校教师不信任的态度。事实上，每年重金支持 40 个左右的产学研社会服务专项合作项目，纵使大部分教师不能按时完成研究任务也属于正常现象（应该允许教师创新过程中的"失败"），只要其中有 5～6 个产学研社会服务合作科研项目达到预期目的就足够了。试想，每年 5～6 个成功的项目，连续 10 年就是 50～60 个可能对地方（区域）产业经济和社会发展产生重大影响的项目，这是一个了不起的成绩，学校的专业硕士点、重点学科、特色专业都会随之发展。战略性投资应有战略性眼光，美国硅谷每季度都有新的公司诞生，但每季度都有公司倒闭，只要英特尔、惠普、苹果等几家大公司活下来就成功了。本研究基于此，提出如下建议。第一，建议应用型本科高校少建一些高楼，多投资一些产学研合作项目。第二，相信本校的教师，信任本校的教师，同时允许教师科研失败。第三，校级领导要明白：学校真正的人才就在本校之内。没有不称职的士兵，只有不称职的将军，本校普通教师能否成为著名的技术专家，关键在于培养，尤其在于用制度培养。第四，应组织专家制定周密详细、相对科学的奖罚机制，既要有组织奖励、科研奖励、目标奖励、评价奖励、职称职务奖励，也要有组织惩罚、科研惩罚、目标惩罚、评价惩罚、职称职务惩罚[②]。

---

① 吴海江，楼世洲. "入围或突围"："双一流"建设背景下地方高校学科发展的挑战与应对[J]. 教育发展研究，2018（13）：25.

② 谭贞，刘海峰，等. 新建本科院校转型发展模式研究[M]. 北京：科学出版社，2017：169.

应用型本科高校学生管理制度的创新

>>

　　2017 年，教育部发布的《普通高等学校学生管理规定》明确指出："要坚持依法治校，科学管理，健全和完善管理制度，规范管理行为，将管理与育人相结合，不断提高管理和服务水平"①。管理是手段，育人是目的。我国应用型本科高校强调校地或校企"合作育人"，而目前的学生管理制度主要还是"校内管理型"，与"合作育人"尚存在一定距离。因此，创新学生管理制度，是应用型本科高校深化产教融合、校企合作教育教学改革的现实诉求。

第一节　创新应用型本科高校学生管理制度的必要性 ✍

　　高校管理实质上是对学生和教师两大群体的管理，创新学生管理制度，构建以学生为本的应用型学生管理制度，既有利于提高大学生思想政治素质和应用型人才培养质量，也有利于提高应用型本科高校学生管理效率。

一　创新应用型高校学生管理制度的现实意义

（一）有利于提高大学生思想政治素质

　　教育部《普通高等学校学生管理规定》（2017 版）第三条、第四条都是针对大学生思

---

① 教育部. 普通高等学校学生管理规定（中华人民共和国教育部令第41 号）[R]. 2017-02-04

想政治素质的具体规定[①]，也是对大学生思想政治素质的基本要求。《普通高等学校学生管理规定》对大学生思想政治素质的相关规定是宏观性的，而《普通高等学校学生管理规定》以外的其他学生管理制度则对提高大学生思想政治素质具有辅助作用，如"大学生科技创新项目管理办法""大学生第二课堂实践教学实施方案"等管理制度，促使学生通过参与各种创新项目锻炼进而更直观地培养学生的社会责任感、创新精神和实践能力。再如"大学生校外实践基地活动管理办法""大学生公派出国留学交流管理办法"等管理制度，可使学生进一步接触社会、感触中华人民共和国成立以来中国所发生的翻天覆地的巨大变化并通过中外比较进而坚定中国特色社会主义的道路自信、理论自信、制度自信、文化自信，树立中国特色社会主义共同理想。

（二）有利于提高应用型人才培养质量

学生管理制度是应用型本科高校学生管理工作有效运转的基本保障。宏观而言，学生管理制度维护高校的校园稳定；微观而言，学生管理制度维护高校教学秩序。当代大学生，尤其是"00 后"大学生，思想多样化，个性独立，不少教师感叹："现在的大学生太难管了，有些学生让老师根本就没辙"[②]。创新学生管理制度，构建"以生为主"的应用型学生管理制度体系，有利于提高应用型人才培养质量，如完善"学生课堂秩序管理办法"，增加学生参与课堂管理、课堂研讨等内容，激发学生学习热情，可培育学生自主学习的主动性；再如完善"本科生学分制管理规定"，增加学生参与应用技术研发与推广项目或其他创新成果可以直接转换成专业课程学分等内容，可培养学生发现问题、分析问题、解决问题的实践能力和创新能力。

（三）有利于提高应用型本科高校学生管理效率

我国应用型本科高校的学生管理制度，主要是依据教育部颁布的《普通高等学校学生管理规定》制定的，该《普通高等学校学生管理规定》的适用对象具有普遍性，既包括研究型大学学生管理，也包括应用型本科高校和职业技能型学院的学生管理。而问题是应用

[①] 教育部《普通高等学校学生管理规定》（2017 版）第三条规定：学校要坚持社会主义办学方向，坚持马克思主义的指导地位，全面贯彻国家教育方针；要坚持以立德树人为根本，以理想信念教育为核心，培育和践行社会主义核心价值观，弘扬中华优秀传统文化和革命文化、社会主义先进文化，培养学生的社会责任感、创新精神和实践能力；要坚持依法治校，科学管理，健全和完善管理制度，规范管理行为，将管理与育人相结合，不断提高管理和服务水平。第四条规定：学生应当拥护中国共产党领导，努力学习马克思列宁主义、毛泽东思想、中国特色社会主义理论体系，深入学习习近平总书记系列重要讲话精神和治国理政新理念、新思想、新战略，坚定中国特色社会主义道路自信、理论自信、制度自信、文化自信，树立中国特色社会主义共同理想；应当树立爱国主义思想，具有团结统一、爱好和平、勤劳勇敢、自强不息的精神；应当增强法治观念，遵守宪法、法律、法规，遵守公民道德规范，遵守学校管理制度，具有良好的道德品质和行为习惯；应当刻苦学习，勇于探索，积极实践，努力掌握现代科学文化知识和专业技能；应当积极锻炼身体，增进身心健康，提高个人修养，培养审美情趣。

[②] 曹雕. 现在学生难管过在谁[EB/OL]. http://www.360doc.com/content/16/1125/09/33047991_609342480.shtml.

型本科高校的学生在学习与生活诸方面与研究型重点大学的学生有差别，既要注重校园学生管理，也要注重校外学生实践活动管理。

科学的管理制度，有利于提高管理效率，反之，则降低管理效率。学生管理制度具有导向功能、整合功能、优化功能和保障功能，导向功能强调"引导、指导"，整合功能强调"纠偏、纠错"，优化功能强调"丰富、完善"，保障功能强调"执行、维护"。创新学生管理制度，构建具有中国特色应用型高等教育学生管理制度体系，突出"产教融合、校企合作"应用型学生管理制度特点，才能更好地引导学生积极参与行业企业应用技术研发与推广项目等社会实践活动，更好地纠正旧有学生管理制度的缺点和不足，更好地完善学生管理制度，更好地提高学生管理制度的执行力，一言以蔽之，创新学生管理制度，有利于提高应用型本科高校的学生管理效率。

二　应用型高校学生管理制度存在的主要问题

应用型本科高校的学生管理，不同于研究型大学的学生管理，相比较而言，应用型本科高校的学生相对基础差、纪律差，学习动力不足，无疑会增加管理的难度。同时，由于更注重校企实践教学活动，"校外管理"又给应用型本科高校学生管理增加了一层难度。近年来，尽管我国应用型本科高校先后出台了"大学生参与校外实践教学活动管理办法"等管理制度，但由于"应用型学生管理制度"尚在探索阶段，还存在很多问题有待进一步解决。

（一）应用型高校学生管理制度体系不完善

应用型本科高校的学生管理制度存在"缺项"问题。例如，新时代一定要有加强大学生思想政治教育及"三观"教育的管理制度，但纵观各个应用型本科高校的学生管理制度体系，都没有相关的校内管理制度；再如，应用型人才培养必须让学生实质性参与地方行业企业的应用技术研发与推广项目或社会调研项目，但目前各个应用型本科高校还都没有制定"大学生参与地方行业企业应用技术研发与推广项目管理办法"；又如，学分制改革，适应产教融合、校企合作应用型人才培养的需要，学生参与的应用技术研发与推广项目、调研报告、发明专利、文学创新成果、艺术创新成果等都应转化为一定的学分，但我国应用型本科高校目前还没有出台专门性的相应管理制度。

（二）学生管理职责权限不清

学生管理是一项综合性系统工程，涉及很多管理部门。学生管理"复杂性"这一特性，往往造成教务处、学生处、学校团委、二级院系各相关职能部门之间管理责任不清，存在交叉管理现象，有时也时常出现真空管理地带。以大学生创新创业活动管理为例，"一部分由校团委分管，一部分由教务处分管，一部分由创新学院负责，很多活动没有明确的主管部门，多半靠约定俗成"[①]。

---

① 苏雅楠，韩娣. 创新能力培养背景下第二课堂管理优化策略[J]. 教育现代化，2019（6）：216.

（三）有些学生管理制度不够科学

应用型本科高校学生管理制度最大的问题就是很多现有的管理制度落后，不适应产教融合、校企合作学生管理需要，客观需要进一步完善。例如，现有的"学生第二课堂实践活动管理办法"主要涉及的内容还是"校内实践活动"，对"校外实践活动"没有明确的管理规定。再如，学生社团活动，学校目前的"学生社团活动管理办法"主要涉及的内容仍然是"校内活动"，对"校外社团活动"没有明确的管理规定，导致学生社团出现了校外"地下活动增多、非法社团增多"等新问题[①]。又如，学生"转专业"问题，有些高校为了避免学生转专业制定了缺乏法理的"土政策"，或限制学生转专业的次数，或限制学生转专业的学期（规定大二或大三不能转专业）；有些"转出"的二级学院为了避免学生流失，制定了苛刻的"转出"条件；有些"转入"的二级学院为了避免学生过多，制定了更为苛刻的"转入"条件。

（四）有些管理制度执行不到位

学生管理制度执行不到位问题在很多方面都有体现，以"学生课堂秩序管理"为例，其规定学生进教室不得吃东西、不得迟到、不得课堂说话、不得玩手机、不得玩游戏、不得课堂睡觉、不得早退等，但就是有部分学生违反课堂秩序规定，授课老师主要精力放在讲授专业知识上，不可能一再维持课堂秩序。再以"学生期终考试"为例，尽管"考生违纪处理办法"明确规定，考生"进考场不得带小抄、不得带手机、不得带书本"，但每次考试还是有学生进考场带小抄。对于这样的问题，学校相关管理部门并未严格按照学校管理规定严格要求或对违规违纪者进行严肃处理。

（五）学生实践活动评价机制不全面

由于目前我国应用型本科高校对学生参与行业企业实践活动的管理制度比较粗放，学生参与行业企业实践活动的相应评价标准不够完善，导致部分学生钻制度的空子，有的学生根本不去实践单位，实践日志造假，最后自己胡乱撰写一个"实践报告"，让实践单位加盖一个公章；有些学生是人去实践单位，但没有认真参与实践活动，"实习完成之后只需要交一份实践报告就可以完成任务，导致很多学生在实习中滥竽充数，为了应付实习而实践，不是发自内心地提高实践能力"[②]。

---

① 陈竞泽，胡正东. 大学生社团管理思考[J]. 合作经济与科技，2019（8）：156.
② 周虹. 大学生校外实践基地管理制度的反思与重构[J]. 教育现代化，2019（6）：164.

第二节　国内外高校学生管理经验

学生管理是高校管理的两大对象之一。应用型本科高校学生有自身的特色，与研究型重点大学相比，我国应用型本科高校的学生总体上基础差、底子薄、纪律差、自律弱，学习动力相对不足，再加上校内、校外实践教学，更增加了学生管理的难度。新时代，我国应用型本科高校应借鉴国外应用技术型大学学生管理经验和国内办学较好的应用型本科高校学生管理经验，积极探索基于产教融合、校企合作的应用型学生管理制度体系。

一　国外高校学生管理经验

（一）充分利用第二课堂，加强学生实践能力训练

欧洲应用技术型大学和美国的相互作用大学都非常重视旨在加强学生实践能力训练的第二课堂教学管理，一些国外大学也对学生参与课外学习或参加实践活动做了一系列激励性的规定。例如，芬兰应用技术型大学要求学生必须参加 1 项或以上来自行业企业的应用技术研发与推广项目或产品创新项目，创新成果计入课程学分并作为学生就业推荐的必要条件。再如，美国康涅狄格大学（University of Connecticut）利用第二课堂重点开展"荣誉项目"，学校开设"荣誉社区"，每年挑选优秀学生参加"荣誉项目"，通过挑战高难度的荣誉项目（很多是国际热点、难点问题，或行业企业应用技术研发项目），培养学生的创新能力和服务社会意识。康涅狄格大学"荣誉项目"管理严格，参与学生的淘汰率较高。坚持到最后并获得"荣誉学者"称号的学生，学校会把"荣誉学者"称号印在他们的毕业证书上[1]，该举措可极大地提高大学生创新能力和就业能力，其经验值得学习借鉴。

（二）实行弹性学制，鼓励学生就业创业

应用型本科高校教学上需要理论和实践相结合，学生管理上也应该突破传统的学校管理模式，探索弹性学制，鼓励学生先就业、再学习，或者边就业、边学习。中国教育科学研究院课题组在 2013 年 12 月 10 日发表的《欧洲应用技术型大学国别研究报告》中指出，爱尔兰的理工学院对国家社会经济发展及产业结构的转型做出了基础性的贡献，其学生在进入理工学院系统接受高等教育时，可以根据自己的实际情况选择不同路径，直接或者逐步获得自己想取得的学位或证书，甚至可以工作几年后再回到学校继续学业。

① Austin Grey C. Fostering Academic Excellence Through Honors Programs[M]. San Francisco：Jossey-Bass, 1986：5.

（三）注重学生学业管理，为学生成长成才服务

西方发达国家大学的学生管理凸显了以学生的发展为中心、以学生的成长成才为中心的管理理念，突出了学生管理服务于教学的理念。在德国，高等院校的学生管理工作内容分为学术研究管理工作与学生事务管理工作，前者主要包括教学管理、科研管理、专业课程、人才培养、教学计划等，后者主要包括学生社团活动、心理咨询事务、就业指导事项等内容[1]。

（四）实行学分管理，强化学生学习的质和量

国外大学对学生学习修业管理主要采用学分制，我国大多数高校的学分管理事实上仅仅是形式而已，还是以课程管理为主。英国本科高校学制通常为 3 年，3 年内至少修满 360 个学分才能申请学士学位。英国高校对学分的定义是："学分是对不同时间、不同地点、不同情境下所获得的学习成果的认可与量化，这种量化也是对学习成果进行比较和衡量的一种有效工具"[2]。学习成果或学习效果的考察是质的考察，学习时间是量的考察。

二 国内高校学生管理经验

2005 版的《普通高等学校学生管理规定》（第十八条）、2017 版《普通高等学校学生管理规定》（第六十七条）都规定："学校应当根据本规定制定或修改学校的学生管理规定或者纪律处分规定，报主管教育行政部门备案，并及时向学生公布"[3]。正是本着这一精神，我国应用型本科高校根据时代变化和学校实际先后出台了旨在提高应用型人才培养质量的各种学生管理制度。

中南林业科技大学结合本校实际，出台《关于进一步加强大学生思想政治教育的意见》管理制度，进一步明确了大学生思想政治教育的重要意义、工作理念、主要任务、管理方式、管理主体、有效途径、组织保障、资金保障、平台保障等，突出了大学生思想政治教育贯穿于课堂教学和实践教学的主导作用，效果良好，经验值得其他应用型本科高校借鉴。

常熟理工学院完善《大学生社会实践管理办法》，每年设立学生社会实践创新活动专项经费，研制出台《大学生暑期社会实践评比表彰制度》《大学生社会实践经费开支执行办法》《大学生社会实践团队管理办法》《大学生社会实践基地管理办法》《大学生社会实践校级重点团队遴选办法》《大学生毕业设计（论文）优秀团队评选管理办法》《大学生社会实践宣传报道奖励细则》等辅助性管理制度，重点支持学生参与苏南地区行业企业社会调研、科技服务、文化服务、公益劳动和社会服务、技术技能培训和应用技术研发与推广项目，而且每年评选社会实践优秀团队、社会实践优秀班集体、社会实践优秀院系、社会实践先

---

① 李霞，畅雅. 德国高校学生管理的特色及其启示[J]. 江苏高教，2015（1）：153-155.
② 刘昕. 完全学分制条件下大学生教育管理研究[D]. 济南：山东大学，2016：69.
③ 教育部. 普通高等学校学生管理规定（中华人民共和国教育部令第 41 号）[R]. 2017-02-04.

进个人、社会实践优秀调研报告、社会实践先进教师、社会实践先进基地、本科优秀毕业设计团队。其系统化的大学生社会实践管理经验，值得其他应用型本科高校认真学习。

成都大学实行高校与合作单位共建"大学生实践基地监督委员会"，校企双导师指导学生开展大学生校外实践基地活动，双方共同参与实践方案设计、具体实践项目、实践大纲和指导书等文件制定，双方共建共享实践基地软硬件设施，双方共同开展行业企业应用技术研发与推广项目，共同监督合作过程，共同督察合作成效，效果良好。

宿州学院为提高学生管理水平实行"学生校长助理团"学生管理制度，每届评选出若干名优秀学生代表组成"学生校长助理团"，校长颁发聘书，"助理团"每月召开一次例会，负责了解学生需求信息、收集学生管理和教育教学的改革意见，及时向校长提出建议，同时协助学校领导和教师处理学生一般性偶发事件，做好学生日常思想工作和教学调研、督察工作。该项学生管理制度，畅通了学校与学生的联系通道，构建了领导与学生信息的反馈机制，体现了以学生为本的高校治理新观念。

（三）经验启示

校企双导师管理是应用型本科高校学生管理的现实需要。

引导学生自觉参与应用技术研发等创新项目是提高应用型本科高校学生管理水平的有效手段，也是激发学生学习动力、提高大学生就业率的有效手段。

我国应用型本科高校尤其要重视学生校外实践教学的管理，而应用技术研发或社会调研项目式管理模式是学生校外实践教学管理的最佳方式。

我国应用型高等教育学生管理制度应着重构建适应产教融合、校企合作教育教学改革的应用型学生管理制度体系。

社会实践性是应用型高等教育学生管理的显著特色。

"学生应用技术研究项目经理制"是一种值得探讨的我国应用型本科高校大学生实践活动管理模式。

以学生为本，注重培养学生创新创业能力是应用型高等教育学生管理的内在要求。

最好的学生管理是学生自我管理，最好的学生学习是学生自我学习，最好的学生监督是学生自我监督。

完善应用型学生管理制度是手段，提高应用型人才培养质量是目的。

激发学生学习动力、加强学生献身中国崛起和中华民族伟大复兴的思想政治教育是我国应用型本科高校学生管理的一项重要任务。

（四）应用型本科高校学生管理制度体系

目前，我国应用型本科高校学生管理制度系统有待完善。有些管理制度需要增补，如适应产教融合、校企合作应用型人才培养需要，应增加"大学生科技创新项目管理办法"等；而更多的学生管理制度则需要进一步完善，如"大学生实践教学管理办法""大学生社团管理办法"等。我国应用型本科高校应以深化产教融合教育教学改革为契机，重点加强如表 6-1 所示的学生管理制度的改革与创新。

表 6-1 应用型本科高校主要学生管理制度

序　号	制度名称
1	《普通高校学生管理规定》
2	《高等学校学生行为准则》
3	《学生学籍管理办法》
4	《在校生转专业管理办法》
5	《本科生转学管理细则》
6	《本科生学业预警及帮扶实施办法》
7	《加强大学生学风建设的实施意见》
8	《大学生校外实践基地活动管理办法》
9	《加强大学生"四创"教育的实施意见》
10	《大学生创新创业项目孵化实施办法》
11	《大学生科技创新项目管理办法》
12	《保持良好教学秩序的若干意见》
13	《大学生第二课堂实践教学实施方案》
14	《本科生学分制管理规定》
15	《学生考试纪律管理规定》
16	《大学生考试违规处理办法》
17	《学生伤害事故处理办法》
18	《大学生社会实践实施办法》
19	《学生文明督导实施办法》
20	《大学生班级心理委员管理办法》
21	《大学生心理危机预警及干预实施方案》
22	《大学生参与"挑战杯""创青春"大赛奖励管理办法》
23	《大学生参与"互联网+"大赛奖励管理办法》
24	《大学生参与各级"大学生创新创业大赛"奖励管理办法》
25	《大学生学科竞赛活动管理办法》
26	《学生国家级奖学金评定办法》
27	《学生实验实习实训安全管理办法》
28	《大学生社团管理办法》
29	《学生举办社团活动管理办法》
30	《大学生基本医疗保险门诊统筹基金管理办法》
31	《大学生创新创业园工作方案》
32	《优秀学生干部评选办法》
33	《学生先进个人评选办法》

（续表）

序　号	制度名称
34	《三好学生评选办法》
35	《先进班级评选办法》
36	《大学生国家助学贷款管理实施细则》
37	《家庭困难学生认定及助学金管理细则》
38	《大学生勤工助学管理细则》
39	《学生申诉处理办法》
40	《学生请销假管理办法》
41	《辅导员工作条例》
42	《班主任管理办法》
43	《学生公寓管理办法》
44	《大学生校外住宿管理规定》
45	《辅导员学生公寓夜间值班管理办法》
46	《辅导员考核实施细则》
47	《班主任考核实施细则》
48	《优秀辅导员班主任评选办法》
49	《班主任岗位津贴补贴管理办法》
50	《学生工作创新奖评选办法》
51	《专职辅导员担任课程教学任务管理办法》
52	《大学生综合素质测评管理办法》
53	《大学生阳光体育运动实施方案》
54	《学生早操及加强体育锻炼的管理规定》
55	《学生学术不端行为处理办法》
56	《学生校长助理（团）管理办法》
57	《大学生应征入伍管理办法》
58	《大学生公派出国留学交流管理办法》
59	《毕业生跟踪调查和信息反馈管理办法》

第三节　应用型本科高校学生管理制度创新的对策与建议

　　高层次人才是国家核心竞争力，高水平应用型人才是行业企业核心竞争力。学生管理工作是应用型本科高校管理工作的重要组成部分，直接关乎应用型人才培养质量的高低。

新时代，应用型本科高校加强校内外实践教学、注重学生创新能力培养，必然导致学生管理工作更加复杂、难度加大，因此创新学生管理制度势在必行。

一　加强大学生思想政治教育

"培养德智体美劳全面发展的社会主义建设者和接班人，加快推进教育现代化、建设教育强国、办好人民满意的教育"[①]是新时代背景下的现实需要。中国高等教育是培养中国特色社会主义合格建设者和可靠接班人的高等教育，这是中国高等教育不同于西方国家高等教育的一个显著标志。当今大学生中的唯金钱论、信仰迷失、道德滑坡、精致利己主义等不良现象值得高度关注。大学生是祖国的未来，大学生的思想政治状况关乎祖国未来的发展，故应用型本科高校也应和其他大学一样加强新时代大学生思想政治教育的管理工作。

目前，我国应用型本科高校与大学生思想政治教育相关的管理制度主要体现在三个方面：一是 2014 年中共中央、国务院出台的《关于进一步加强和改进大学生思想政治教育的意见》，二是 2016 年中共中央、国务院出台的《关于加强和改进新形势下高校思想政治工作的意见》，三是 2016 年中华人民共和国教育部令第 41 号《普通高等学校学生管理规定》（第四条）。此外，应用型本科高校还应该加强大学生思想政治教育的管理制度建设工作，如东南林学院编制的《关于进一步加强和改善大学生思想政治教育的意见》，实施效果良好。

新时代，应用型本科高校创新大学生思想政治教育管理制度：一是明确党对高校大学生思想政治教育的领导；二是明确高校思想政治教育应贯穿于专业课堂教学等人才培养全过程；三是推进高校思想政治教育工作改革与创新；四是加强《毛泽东思想及中国特色社会主义理论体系》《中国近代史纲要》等高校思想政治教育课程建设；五是加强高校思想政治教育的教师队伍和专门力量建设；六是加强中国传统优秀文化教育；七是加强新时代以爱国主义为核心的红色文化教育；八是加强大学生世界观、人生观、价值观教育。通过大学生思想政治教育，提高大学生思想政治素质，坚定大学生中国特色社会主义的道路自信、理论自信、制度自信、文化自信，坚定维护党中央权威和党中央集中统一领导，引导学生树立正确的世界观、人生观、价值观。

二　学生学籍管理制度的创新

大学生学籍管理制度主要包括学生入学管理制度、注册管理制度、在校生转专业管理制度、转学管理制度、考核与成绩记载管理制度、休学复学管理制度、退学管理制度、学生毕业结业管理制度及学位证书管理制度等。在众多学生学籍管理制度中，转专业管理制度和休学管理制度最为学生关注。

[①] 习近平. 坚持中国特色社会主义教育发展道路 培养德智体美劳全面发展的社会主义建设者和接班人[N]. 人民日报，2018-09-11.

（一）在校生转专业管理制度的创新

近年来，我国应用型本科高校学生"转专业"成为一个热门问题。按照《普通高等学校学生管理规定》第二十一条规定，"学生在学习期间对其他专业有兴趣和专长的，可以申请转专业"。学生转专业的原因很多，有的因高考而未能选择理想的专业而转专业，有的因对本专业失去学习兴趣而转专业，有的因本专业就业前景不好而转专业，有的则因学习环境而转专业。转专业在国外高校是一个很常见的现象，我国应用型本科高校也都制定有"学生转专业实施办法"，并按照自愿选择原则、双向选择原则开展学生转专业工作。然而，由于部分二级院系中层领导（或教师）对学生转专业有抵触情绪，或对学生转专业设置门槛过高、条件过多甚至过于苛刻，致使一半以上的有转专业意愿的学生无法转专业。

创新在校生转专业管理制度，一是应明确转专业的基本条件。如入学半年后（即一学期后）才可以提出转专业申请，艺术类申请转入非艺术类专业、专转本、中外合作办学的学生不可以提出转专业申请。二是适当放宽转专业条件。高校对学生转专业不要设置额外过多限制条件，让学生学习自己理想的专业，可提高学生学习的自觉性和积极性。三是取消学院私自设置的学生转专业条件。有些二级学院设置"拟转专业先修课程"，没有提前选修"先修课程"的大一新生不能申请转专业，该项条件貌似合理但缺乏法理依据。目前我国应用型本科高校在学生转专业问题上，主要是"做减法"而不是"做加法"。四是做好学生转专业指导工作。既要原则上同意学生转专业，也要做好学生思想工作，既要向学生讲明专业就业前景的"热门"与"冷门"变化，也要向学生讲明转专业给学生带来的学业压力。尽量避免学生盲目转专业、跟风式转专业。五是做好学生转专业的后续工作。对于转专业的学生，教务管理部门应及时认定转专业学生的学分，尽量减轻学生的学业压力，并正确指导学生按照接收学院的培养方案补修相关课程，此外，"遵从学生意愿，做好变动、学费办理、更换宿舍等工作，为学生解决后顾之忧"[①]。

（二）学生休学就业、创业管理制度的创新

比尔·盖茨从哈佛大学休学创业的故事成为大学生休学创业的典范。我国大学允许学生休学创业始于 1999 年，是年，清华大学在国内高校中率先允许在校大学生休学创业。2015年，国务院办公厅印发《关于深化高等学校创新创业教育改革的实施意见》，正式提出了"允许学生休学创业"政策。2017 年，教育部《普通高等学校学生管理规定》第二十五条、第二十六条、第二十七条、第二十八条、第二十九条详细规定了高校学生"可以分阶段完成学业，除另有规定外，应当在学校规定的最长学习年限内完成学业；学生申请休学或者学校认为应当休学的，经学校批准，可以休学，休学次数和期限由学校规定；对休学创业的学生，可以单独规定最长学习年限，并简化休学批准程序；学生休学期间，学校应为其保留学籍，但不享受在校学习学生待遇；学生休学期满前应当在学校规定的期限内提出复学申请，经学校复查合格，方可复学"[②]。由此可知，教育部是通过政府行政命令的形式规

---

① 吉久阳，皋春．高校本科生转专业问题与对策研究[J]．教育教学论坛，2019（33）：11.
② 教育部．普通高等学校学生管理规定（中华人民共和国教育部令第 41 号）[R]．2017-02-04.

定在校大学生可以休学就业、创业、参军等活动。

创新在校大学生休学就业创业管理制度，一是应同意在校大学生休学就业。目前我国应用型本科高校只同意在校学生"有病休学""创业休学"而一般不同意"就业休学"，这是一种比较死板的管理模式。国外高校允许学生多次长期休学，我国很多就业单位在招聘条件中明确要求"有工作经验者优先"或"须有 2 年及以上相关行业工作经历"。对于交不起学费的家庭困难学生、对于提前找到理想工作的学生、对于参与行业企业应用技术研发与推广项目的学生及对于出国留学的学生等，学校应该允许在校生休学就业。二是适度延长在校生休学就业创业的次数和期限。《普通高等学校学生管理规定》把在校生休学次数和期限的权限下放给高校，即"由学校规定"。我国不少应用型本科高校把"期限"定在 1～2 年，休学时间期限太短。适应在校大学生提前就业和创业的实际需要，我国应用型本科高校可适当增加休学次数、适当展缓休学期限 10～15 年,休学次数的增加与休学期限延长，可解除休学就业创业学生的后顾之忧，可避免休学就业创业学生遭遇"被动性开除学籍"处分。我国高校早已实行学分制度，学生只要严格办理休学手续并在最长休学限期内完成学位规定的学分即可。三是完善休学创业指导与帮扶机制。对于休学创业的学生，学校应做好必要的创业培训指导、创业进度跟踪辅导和创业帮扶工作，如指派创业导师、进行创业风险评估、提供创业扶助资金等[①]。四是完善大学生休学创业的管理机制。学校应增开网络专业课程，方便休学创业的学生通过网络学习专业课程；学生创业项目可折算一定的学分，方便学生一边开展创业活动一边开展学业活动。

三　校园秩序与课外活动管理制度的创新

（一）大学生维护校园秩序管理制度的创新

1. 大学生维护课堂教学秩序管理制度的创新

目前，我国应用型本科高校课堂教学秩序亟待整顿，小班上课时课堂教学秩序相对较好，但诸如形势与政策等公选课大班上课时，逃课者有之，上课迟到者有之，上课吃东西者有之，上课说话者有之，上课玩游戏者有之，上课睡觉者有之，课堂顶撞老师者有之，中途逃课者有之，而最大问题就是上课看手机不专心听课。过去大学生课堂认真听课、认真做笔记、认真学习、认真回答问题、认真讨论问题等生动活泼的课堂局面难得一见。不少教师须一边讲课一边维持课堂纪律，以致有些教师感叹:现在的大学教师越来越难做了，课越来越难教了！

创新课堂教学秩序管理办法，一是加强对学生的课堂纪律教育。二级院系学工部应针对当前大学生课堂秩序失范问题，通过专题讲座等形式，加强对学生的纪律教育。二是果断实行大学课堂去手机化制度。目前，高教界对大学生课堂带手机问题还存在颇多争议，有些人认为国外高校允许学生课堂带手机，有些人甚至认为学生课堂上使用手机可以"丰

---

① 廖康礼，王玉勤. 大学生休学创业管理机制探讨[J]. 科技广场，2019（4）：17.

富学生课堂活动"①。我国大学课堂上百年来学生无手机，课堂教学秩序相对较好。可以说，不实行课堂去手机化，想维持好大学课堂教学纪律几乎是不可能的。教育部目前已经出台中小学课堂去手机化政策，同样应该出台大学课堂去手机化政策。只有教育部出台大学课堂去手机化政策，地方应用型本科高校才会认真执行。三是发挥学生干部维持课堂秩序的作用。当代地方普通高校普遍存在大学生纪律散漫、学习动力不足问题，客观需要学生干部帮助教师维持课堂纪律。四是提高教师课堂教学水平。教师应积极改进教学方式、不断更新教学内容，使知识性和趣味性相结合，活跃课堂气氛，提高大学生课堂学习的积极性。

2. 文明宿舍管理制度的创新

高校宿舍是大学生生活、学习的重要场所，也是大学文化建设的重要组成部分；大学生有 1/3 的时间生活在宿舍，高校宿舍被学生亲切比喻为个人的"第一息所""第二家庭""第三课堂""第四空间"。但目前部分高校的宿舍依然存在脏乱差现象，还有部分学生在宿舍"热衷网聊、网络游戏，更有甚者浏览不健康、不利于青年学生思想成长的污秽信息和接收不法分子散发的扭曲事实的煽动性信息"②。这些问题值得重视。

创新学生宿舍管理办法，一是应制定文明宿舍的评价标准。制定整洁、干净、卫生、安全、和谐等文明宿舍标准，让学生对照文明宿舍评价条件，见贤思齐，积极创建文明宿舍。二是应实施刚柔相济的管理办法。过于刚性化管理，会引起学生反感；过于松懈化管理，会导致宿舍脏乱差。应注重宿舍管理过程中的人文关怀，宽严结合，及时解决学生宿舍问题，改善宿舍生活条件，引导学生积极参与创建文明宿舍活动。三是应提升宿舍信息网络管理水平。一方面，更新宿舍信息网络软硬件设备，为学生在宿舍进行网上学习、活动提供便利条件；另一方面，加强对宿舍信息网络安全的管控，加强对学生宿舍上网安全教育和网上不良信息甄别能力教育。四是应实行先进宿舍管理员评选制度，学校每年评比"先进宿舍管理员"活动，并给予物质奖励，形成宿舍管理员激励机制，提高宿舍管理员工作积极性。

3. 大学生心理危机预警及干预管理制度的创新

目前的大学生尤其是"00 后"大学生，没有经历过较大的社会磨难，抗击打能力较弱，娇生惯养，心理脆弱，一遇人生挫折就易引发各种心理危机。诸如失恋、考试不及格、家庭离异和同学矛盾等一般性问题就可能导致经常性失眠、神经衰弱、情绪低落及焦虑症、抑郁症等严重精神疾病。2018 年，教育部印发《高等学校学生心理健康教育指导纲要》，明确要求"重视心理问题的及时疏导，加强心理危机预防干预，最大限度预防和减少严重心理危机个案的发生"。近年来，我国应用型本科高校都制定了《大学生心理危机预警及干预实施方案》等管理办法，也加强了大学生心理健康中心等机构建设，但学生各种心理疾病仍有增高趋势，学生自杀现象不时发生，说明相应的管理制度尚有改进完善之处。

---

① 张洪秀，周春淼. 大学生手机依赖现象对高校课堂教学的影响及对策[J]. 新课程研究，2019（6）：126.

② 郭勇. 创建高校文明宿舍提升校园文化育人软实力[J]. 中国轻工教育，2017（1）：38.

创新大学生心理危机预警及干预管理制度，一是完善大学生心理危机日常干预制度。落实大学生心理健康普查制度、大学生心理健康状况汇报制度、大学生心理危机评估制度和大学生心理健康信息反馈制度，早发现、早治疗。二是完善大学生心理危机干预运行机制。建立健全大学生心理危机阻控体系、救助体系、帮扶体系、社会支持体系和心理治疗体系，"快速控制危机事件的干预工作体系来降低学生心理危机事件的发生率"①。三是提高学校心理教师业务水平。班级心理委员、班干部、班主任、辅导员、学校心理教师共同构成学生心理干预与治疗的帮助群体。由于对学生心理疾病处理经验不足，心理疏导效果并不显著。有些心理教师不能有效区分神经衰弱、焦虑症、精神分裂、抑郁症之间的细微差别，错把神经衰弱看成是抑郁症，导致学生过度紧张。其实，现代医疗技术发达，诸如神经衰弱、焦虑症、精神分裂、抑郁症等通过医药治疗，辅之以心理疏导和锻炼均可以康复，关键是将学生的注意力转移到人生的奋斗目标上。四是实行严重心理疾病休学制度。对患有重度失眠症、严重神经衰弱、焦虑症和抑郁症的学生，应及时与家长沟通，安排休学。一方面，这可以减掉学业压力，让患病学生松弛下来；另一方面，使患病学生提高运动量和睡眠时间，以逐渐提高睡眠质量进而逐渐摆脱心理问题的困扰，待身体基本康复后再继续完成学业。五是注重团体式体育锻炼对治疗学生心理危机的作用。患有神经衰弱等心理疾病的学生每天坚持参加团体式体育（如篮球、足球、排球、羽毛球、游泳等运动的任何一项）锻炼至少 1 个小时。一方面，可增强身体体质，提高免疫力；另一方面，通过团队体育活动，可使学生融入集体，使性情开朗，坚持不懈有助于心理疾病的治疗。

（二）大学生课外活动管理制度的创新

1. 大学生社团及其活动管理制度的创新

大学生社团具有文艺活动、体育运动、专业学习、科学研究、社会服务等社会功能，在学生自我服务、自我管理、自我教育及素质教育中发挥着难以替代的作用，是高校学生工作的主要组成部分，也是校园文化建设的重要组成部分。近年来，我国应用型本科高校尽管出台了"大学生社团管理规定""大学生社团活动规范"等管理制度，但大学生社团及其活动仍存在"管理过于死板、活动过于泛滥"问题，极少部分学生社团甚至出现为获得赞助经费为外围不良组织开展活动的严重问题。

创新大学生社团及其活动管理制度，一是应加强对学生社团及其活动的领导。校团委应争取学校更多的学生社团活动经费，积极开展健康向上的大学生社团活动。二是加强对大学生社团及其活动的指导。建立健全大学生社团指导教师制度，实行指导教师根据工作量折算课时量制度，对指导大学生社团活动成绩优异者实行奖励制度。三是完善大学生社团及其活动管理制度体系。除原有的管理制度外，还应与时俱进，推进大学生社团及其活动的信息化建设等。四是校企合作共建大学生社团及其活动管理制度。引导大学生社团围绕地方行业企业应用技术研发与推广项目及行业企业其他社会需求，积极开展学生服务地

---

① 姚琼丽，等. 大学生心理危机预防与干预机制的实践与探讨[J]. 当代教育实践与教学研究，2020（9）：234.

方行业企业活动。

2. 大学生第二课堂实践活动管理制度的创新

第二课堂是指为提高大学生创新能力和综合素质而进行的各类课外活动，是第一课堂的补充和延伸，是培养学生创新能力和综合素质的重要渠道。与第一课堂学生被动接受知识不同，第二课堂以学生为主开展活动，形式鲜活，方式多样，更具实践性，更有利于学科碰撞、专业碰撞、社会碰撞、产业碰撞、新意碰撞，从而更有利于培养学生的创新思维、创新意识和创新能力及调查问题、分析问题和解决问题的能力。

创新第二课堂管理制度，一是应梳理第二课堂管理体制。学生处和学校团委是管理部门，教务处是协助部门，二级学院是执行部门，二级学院学工部是具体承办部门。二是应增加第二课堂活动内容的趣味性、竞赛性、挑战性和实用性。只有增加第二课堂活动内容的趣味性、竞赛性、挑战性和实用性，才能吸引更多学生积极参与第二课堂活动。三是校地互动、校企合作共同开展第二课堂实践教学活动。与地方政府、地方行业企业合作，尽可能多地开展应用技术研发、社会问题调研、技术竞赛等创新活动，才能有效提高大学生的创新能力。四是建立第二课堂与第一课堂融合机制。鼓励"学中做、做中学"教学改革，根据教学内容的实际需要，实现第一课堂与第二课堂的融会贯通；把学生参与第二课堂创新活动列入学分制管理范畴，将学生第二课堂实践创新成果直接转化为专业课程成绩。

3. 大学生校外行业企业实践活动管理制度的创新

大学生参与校外行业企业实践活动是应用型高等教育的必然要求，是培养高水平、高素质应用型人才的重要途径。近年来，我国应用型本科高校尽管很重视大学生校外行业企业实践教学，并且出台了"大学生参与校外实践活动的管理办法"等规章制度，但总体上效果不是太理想，学生"走过场"现象及管理松懈等问题较为突出。

创新大学生校外行业企业实践活动管理制度，一是明确校外实践基地活动的宗旨。主要是参与行业企业应用技术研发与推广项目，或社会调研等服务项目，帮助地方行业企业解决实际问题，而不是为了获得实践教学的学分。二是明确双导师制。学生到校外行业企业参与实践活动，带着需要解决的问题去，带着解决问题的方案回，真题真做，实质性参与行业企业急需的应用技术研发与推广项目或社会调研等服务项目，校地或校企双导师指导，高质量完成应用型研究项目。三是明确行业企业管理为主、学校管理为辅的管理模式。不论是学生学习职业技术技能还是参与应用技术研发与推广项目，都应以行业企业管理为主，按照用人单位的严格要求开展实践项目获得。四是采用实践项目责任制。依托具体的实践项目，明确校外指导教师、校内指导教师和学生本人的权利和义务，如果学生能够独立完成项目，就任命学生为项目经理，真正让学生在实践活动中提高创新能力。五是完善校外实践活动监控机制。加强过程管理，利用现代便利的信息通信手段及时掌握学生实践活动的动态。六是完善校外实践活动的评价标准。既要体现高校评价标准，也要体现用人单位评价标准，尤其要强调学生实质性参与校外实践活动的应用性和创新性。

四　学生奖励与处分管理制度的创新

对于优秀学生及优秀班集体，既要有精神奖励，也要有物质奖励。同样，对于违纪违法的学生，也应依规依法做出相应的处分。

（一）应用型本科高校学生奖励管理制度的创新

1. 先进个人和先进班集体评选管理制度的创新

对大学生三好学生评选办法进行创新。"三好学生"是表彰各级先进学生的常用方式，大学生也不例外。我国应用型本科高校近年来有"淡化三好学生"评选的倾向，个别高校甚至取消了"三好学生"评选活动。新时代，应用型本科高校不但不应取消"三好学生"评选，而且应完善"三好学生"管理制度，一是增加"三好学生"的名额数量。原有的 10% 的名额比例太小，提高到 15% 比较合适，比例的提高、名额的增加，会让更多的学生看到获得"三好学生"的希望，并对照评选标准积极创造"三好学生"条件，吸引更多学生加入评选"三好学生"的活动中来。二是建立科学的 "三好学生"评价标准。应改变以学生学习考试成绩为主的评价标准，突出学生的思想表现，增加学生的实践能力和创新能力分值，建立"思想进步+学习成绩+实践能力+创新能力+身体健康"五位一体的评价标准。三是建立公开公正的"三好学生"评选监控机制。按照新标准，客观公正进行评选，让数据说话，初选结果要进行公示，确保评选过程的公开、公正、公平。

对优秀学生干部评选办法进行创新。"优秀学生干部"是对积极工作的学生干部的肯定，对激励学生干部工作主动性和积极性影响较大。我国应用型本科高校目前的"优秀学生干部"评选基本上还是沿用以往的标准，主要强调五点，即思想进步、学习成绩突出、工作认真负责、工作满一年、在同学中威信高，其实还是一种"校内型"优秀学生干部评选标准体系。创新应用型本科高校优秀学生干部评选办法，应构建"校内校外兼顾型"的优秀学生干部评价体系，学生校外实践活动的组织协调能力及工作创新能力应作为优秀学生干部评选的重要条件,学生参与校外行业企业各种实践活动,管理与协调工作更为复杂,学生干部与班级同学关系密切，应充分发挥"桥梁"作用，协助校内指导教师和行业企业指导教师做好学生校外各种实践活动的计划、组织、管控、协调工作，并争取班级学生实践活动有实效、有创新、有特色。

对先进班集体评选办法进行创新。先进班集体（也称为"模范班集体"或"文明班集体"）评选活动是培养大学生集体主义和团结精神的重要手段。创新应用型本科高校先进班集体评选办法，一是重新设置先进班集体评选标准体系。把"创建文明教室""创建文明宿舍""创建协同创新团队"等列入先进班集体评选内容，最好增加"特色项目"栏目，把学生集体参与实践创新活动及其荣誉作为重要的评选标准。二是改革"评选程序"。先"创"后"评"、重"创"轻"评"，即强调"先进班集体创建过程"而淡化"先进班集体评选过程"。改变以往每年年终一次性先进班集体评选程序，而是提前一年遴选一批"候选先进班集体"，鼓励"候选先进班集体"对照新标准争创上游，强调先进班集体的"创建过程"。三是利用新媒体促进先进班集体建设。充分利用 QQ 群、微博、微信等大学生喜闻乐见的方式参与先进班集体的创建。四是设立"特色班级奖"。学校设立"特色班级奖"及其评选标准，鼓励学生积极参与诸如新技术研发团队、新作品创作团队等实践性较强的创新创业团队，借助团队力量做出高水平、高质量、有显著影响力、有较大市场开发潜力的创新成果。以"特色班级奖"促进"先进班集体"创建活动是一种有效的激励措施，既可推动省级、国家级"先进班级标兵"建设，也可提高"工作尚有差距"后进班级参加先进班集体创建活动的积极性①。

2. 大学生奖学金评选管理制度的创新

高校设立奖学金的根本宗旨是激励优秀学生努力学习取得更大的成绩，是调动学生学习积极性的一项制度安排。我国应用型本科高校奖学金主要包括国家奖学金、国家励志奖学金、院级奖学金、企业和个人设立的奖学金等。近年来，学生各种奖学金评选总体上是客观公正的，但仍然存在潜在的"唯考试成绩"和"恶性竞争"两种现象。"唯考试成绩"，即只按照专业考试成绩评选，这容易导致"应试教育"，忽视大学生的实践创新能力等；"恶性竞争"，即竞争者为获取奖学金，通过不正当手段暗中操作，获得加分，致使不该获得奖学金的学生获得奖学金，而应该获得奖学金的学生不能获得奖学金。创新大学生奖学金评选管理制度，一是应采取公开竞争的评选机制。让参评者进行现场答辩，由评委们根据参评标准，现场答辩现场打分，做到客观公正，避免暗箱操作。二是应完善监督机制。学院学工部、学院领导、学校教务处、学校学生处层层关口要把严，严格审查；参评者要做到信息公开透明，公开信息不能只公示学生姓名，而应公示参评者获奖的各种条件。三是应完善奖学金评选量化标准。目前的评选管理办法采用定量与定性相结合的方式，问题大都出在"定性"上，定性的东西容易模糊，模糊容易出现偏差，应制定更详细的量化评定指标，让自动生成的数据去说话，尽量避免人情因素的影响。四是应设立多样的励志奖学金。国家奖学金、国家励志奖学金名额有限，受众面小。应用型本科高校应通过校企合作多方筹措企业或个人奖学金，重点支持思想健康、品德好、学习好但家庭困难的学生。

3. 大学生"挑战杯"等大奖赛管理办法的创新

政府或行业举办大学生"大奖赛"的主要目的是提高大学生创新创业能力，最初来源于 20 世纪 90 年代的"大学生研究训练计划"。近年来，大学生机器人大奖赛、大学生文艺大奖赛等各级、各类大奖赛日渐增多，尤以大学生"互联网+"创新创业大奖赛和"创青春"挑战杯创业大奖赛最为瞩目，学校不但给予获奖者高额现金等物质奖励，而且把大奖赛视为大学生创新创业教育的重要模式，"历届参与挑战杯的获奖学生，不少人后来成为行业的领军人物或单位的优秀员工代表"②。我国应用型本科高校尽管对各级各类大学生大奖赛很重视，但管理制度有待改善。创新大学生各级、各类大奖赛管理制度，一是建立

① 范晴岚. 略论高校先进班集体创评模式——以苏州科技大学为例[J]. 高教论坛，2016（7）：105.
② 秦荣廷. 大学生竞赛活动精准指导研究——以"挑战杯"为例[J]. 教育现代化，2018（5）：195.

"政一校一企"大学生大奖赛合作机制。我国中西部应用型本科高校在全国性大奖赛中获奖数量远低于广东、江苏等经济相对发达地区的地方本科高校，缺乏"政一校一企"大学生大奖赛合作机制是重要原因之一。学生的参赛项目来自行业企业急需的应用技术研发与推广项目，而且校企合作并较早开展项目研发活动，其创新成果在大奖赛中自然而然脱颖而出。二是强化专业团队建设。大奖赛客观需要有一个拥有共同理想、学科结构合理、富有朝气、富有激情、团结合作的创新团队。三是实行校企双指导制。学生大奖赛指导教师的水平至关重要，高水平、有特色的大奖赛创新成果离不开高水平、有特色的指导教师，创新项目来源于行业企业，指导教师来源于高校企业，无疑是应用型本科高校大学生大奖赛指导教师建设的最好选择。四是建立大学生创新创业园与大学生大奖赛合作机制。借助大学生创新创业园平台，组建应用技术研发团队，校企合作开展应用技术研发与推广，提前孵化大奖赛项目。大奖赛反过来也会推动创新创业项目工作的开展。

4. 大学生学科竞赛管理制度的创新

大学生学科竞赛是提高大学生实践创新能力的重要方式，也是应用型本科高校推动应用型学科、应用型专业乃至应用型课程教育教学改革的工作抓手之一，即通过学科竞赛，及时发现学科建设存在的问题和学科未来发展方向，以应用型学科建设带动应用型专业建设、应用型课程建设。与研究型大学相比，我国应用型本科高校在省级尤其是国家级学科竞赛中获得的成绩总体上不理想，国家级特等奖、一等奖基本上被研究型大学包揽，说明我国应用型本科高校学科竞赛管理制度有待完善。创新大学生学科竞赛管理制度，一是校企联合精准选择学科竞赛项目。把"学科创新链"与"产业创新链"紧密联系在一起，参赛项目直接来源于行业企业急需的应用技术研发项目，使参赛项目具有服务地方经济社会发展的特色性、应用型。二是校企合作建立赛事总负责人制度。最好选择产学研合作项目作为学科竞赛备选项目，学校教师为赛事总负责人，企业技术人员为赛事第二负责人，实行校企双导师制。三是跨学科组建高水平学科竞赛团队。赛事总负责人应打破学科界限，在多个学科中挑选专业成绩较好、工作有热情、上进心较强的学生组建精干的学科竞赛团队，不同学科学生之间可以优势互补。四是完善学科竞赛的过程管理。竞赛前，竞赛项目已开展研究至少半年以上，已有初步的研究创新成果，通过"院选""校选"不断提出优化方案，直至产生具备较大竞争优势的竞赛项目。竞赛中，要鼓励参赛学生沉着应战、发挥出应有的竞赛水平。竞赛后，要及时总结经验和教训，把参赛成果再及时转化为应用型学科建设项目。五是加大学科竞赛支持力度。国家级学科竞赛特等奖奖励可以调至 4 万~5 万元，一等奖奖励可以调至 2 万~3 万元，二等奖、三等奖奖励也随之调高；省级学科竞赛特等奖的奖励可以调至 1 万~2 万元，一等奖奖励可以调至 5000~10000 元，二等奖、三等奖随之调高。六是完善参赛教师和学生的激励机制。指导学生参加学科竞赛是一件费时费力的事情，指导教师的指导过程应折算合理的教学工作量并换算绩效津贴；参赛学生的参赛项目直接转化为校级或省级大学生创新专项项目，给予相应的资金支持。此外，"对于参赛获奖的学生在奖学金评定和学分等效换算上都给予倾向性奖励"[①]。

---

① 冯永政，潘继强. 大学生学科竞赛组织管理模式探索与研究[J]. 陕西教育，2020（1）：54.

（二）应用型本科高校学生处分管理制度的创新

1. 大学生考试违规处理办法

大学生考试违规是我国应用型本科高校中学生"被处分"最多的行为，与研究型重点大学不同，我国应用型本科高校的生源质量、生源自律性相对都差一些，考试作弊的学生也多一些。目前，我国应用型本科高校对学生考试违纪的处理过于简单，一般情况下，监考老师一旦发现学生有作弊行为，就直接在"考场记录"上注明违纪情况且学生本科试卷成绩为 0 分，同时视其情节轻重分别给予"记过""留校察看""开除学籍"三大处分。这种处理方法明显不合理。创新大学生考试违规处理办法，应增加"警告""严重警告"处分。对学生违纪处理必须依照法律法规进行，教育部《普通高等学校学生管理规定》（第 41 号令）对违纪学生的处理分别是警告、严重警告、记过、留校察看、开除学籍 5 类，应用型本科高校在"学生考试违纪处理"上，对那些"有作弊行为而未得逞"者，应给予"警告"处分；对"作弊行为情节较轻者"或"在考场内左顾右盼、交头接耳、互打暗号或手势者及无理取闹、大声喧哗、影响考试秩序者"，应给予"严重警告"处分。二是应明确二级学院在处理考生违纪问题中的权利和义务。有些监考老师一旦发现学生有考试违纪行为，直接在"考场记录"内注明情况，考试后直接将处分结果送交教务处，其实这是一种越权行为。监考老师应把考生违纪情况首先反映到学生所在的二级院系，二级院系考务委员会才有权对违纪学生提出不同的处理意见，然后再提交教务处。二级院系及其教师对本院学生最为了解、最为熟悉，二级院系考务委员会根据违纪学生的平时表现、违纪情节、心理素质、个性差异综合得出处理意见。特别对那些心理素质较差学生，应谨慎小心，避免严重后果[①]。《普通高等学校学生管理规定》（教育部第 41 号令）一再强调，处分学生要坚持教育与惩戒相结合，处分不是目的，教育学生知错必改、遵守纪律并顺利完成学业才是目的。三是改革专业课程考试方式。对学生学习情况的判断不以一次期末考试为依据，学生平时的应用技术研发与推广项目、发明专利、创新成果、调研报告等均可作为大学生专业课程考试的成绩。

2. 大学生学术不端处理办法

我国应用型本科高校学生在学术论文、实验报告、毕业设计（论文）等学术创新方面普遍存在抄袭、篡改、伪造等学术不端行为，但高校对学生学术不端行为的处理也过于简单，"学术论文、公开发表的研究成果存在抄袭、篡改、伪造等学术不端行为，或者代写论文、买卖论文的，情节严重或造成严重后果者，给予开除学籍处分"。完善大学生学术不端行为处理办法，重点应区分教育、警告、严重警告、记过、留校察看、开除学籍。不能动辄就开除学籍。应用型本科高校的学生客观需要指导教师付出更多心血帮助学生纠正错误，因此，对绝大多数学术不端行为的学生应采取"教育"形式，帮助学生认识错误。对"屡教不改"并造成严重学术不良后果者采取警告、严重警告、记过、留校察看、开除学籍等处理措施。

---

① 何顺超，等. 因考试违纪受处分大学生的应激性心理问题干预一例[J]. 校园心理，2016（3）：211.

3. 大学生违纪违法处理办法

对于大学生违法者，由公检法部门视其情节轻重依法律进行处理，学校应给予"开除学籍"处分。大学生违纪问题涉及学生考试违纪、骂人打人、酗酒斗殴、校外住宿、偷盗赌博、参与传销、吸食毒品、校园霸凌、顶撞老师、不服管教等，违纪情节有轻有重，处理起来比较麻烦。完善大学生违纪处理办法，一是应详细规定不同情节对应的警告、严重警告、记过、留校察看、开除学籍处理结果。例如，对不服从学校教育与管理并无理取闹者，视其干扰管理秩序、影响正常工作秩序情节的轻重，给予警告或严重警告处分；再如，对违反宪法，反对四项基本原则、破坏安定团结、扰乱社会秩序者，必须给予开除学籍处分等。违纪处理办法内容规定得愈详细，预防学生违纪的效果就愈好。二是应建立学生申诉三级管理机制。目前，我国应用型本科高校实行的是二级学生申诉管理机制，即学校级学生申诉和省教育厅级学生申诉，应实行二级学院级申诉、学校级申诉、教育厅级申诉三级学生申诉制度。二级学院对自己的学生及其违纪行为最为熟悉，在二级学院通过学生申诉能够解决的问题，尽量在二级学院内部解决；二级学院解决不了的学生申诉问题，应及时转为校级学生申诉；学校通过学生申诉可以解决的问题，尽量在学校内部解决；学校内部解决不了的学生申诉问题，应及时转为省教育厅级学生申诉。

第七章

应用型本科高校社会服务管理制度的创新

>>

2019 年 9 月，教育部印发了《教育部关于深化本科教育教学改革 全面提高人才培养质量的意见》（教高（2019）6 号），文件：明确要求"深化产教融合、校企合作，建成一批对区域和产业发展具有较强支撑作用的高水平应用型高等学校"。从"管理制度"视角观察，与教学管理制度和科研管理制度建设相比较，我国应用型本科高校"服务管理制度"的建设成效最为落后。目前我国应用型本科高校与地方行业企业的产教融合、校企合作仍处于"初级阶段"，服务地方经济社会建设成效多属于"自报家门"，科研成果转化"乏善可陈"，支撑地方产业经济发展"无足轻重"，距离实质性、密切型社会服务尚存在较大距离，甚至有学者呼吁高校对地方经济社会发展的贡献度应该"过过秤"[①]。我国应用型本科高校应积极创新"社会服务管理制度"，弥补"服务水平低、服务效果差"[②]短板，以科学高效的管理制度推动产教融合教育教学综合改革，以及提高服务区域经济社会发展能力和高校竞争力。

第一节　创新应用型本科高校社会服务管理制度的必要性　✍

在新时代，应紧跟中华民族伟大复兴的时代步伐，地方应用型本科高校应担负起创新驱动地方产业经济和社会发展的伟大使命，与以往任何历史时期相比，高校的"社会

---

① 刘海明. 高校的社会贡献度也该"过过秤"[N]. 中国教育报，2018-11-20.
② 吴继军. 转型发展背景下地方本科院校服务社会能力提升策略探究[J]. 高教学刊，2017（7）：63.

服务"职能更重要。地方高校应"树立强烈的意识、服务精神，走向地方、融入地方、服务地方，不断开辟新的路径"①。在服务方面的国家相关法律法规完善之前，地方应用型本科高校率先创新社会服务管理制度是地方高校服务国家及地方创新驱动发展战略的必然选择。

一　创新应用型高校社会服务管理制度的现实意义

（一）有利于应用型本科高校践行"初心与使命"

地方应用型本科高校的"初心与使命"是什么？这是地方应用型本科高校应关注与思考的一个问题。地方本科高校"升本但不能忘本"。1999 年，从促进地方经济社会发展的角度考虑，部分专科学校升为"本科高校"，国家设置地方本科高校的"初心"就是"提升高等教育为地方经济社会发展服务的能力"②。1998 年 3 月，原国家教育委员会在《关于同意襄阳师范高等专科学校等三所学校合并组建襄樊学院的通知》（教计（1998）17 号）文件中对新建本科高校提出明确要求，即"努力提高教育质量和办学效益，为区域经济建设和社会发展做出贡献"。2013 年 4 月，教育部高等教育教学评估中心发布《全国新建本科院校教学质量检测报告》，该报告的表述语是"2000 年以来，我国新建了一批面向地方和行业发展服务的普通本科院校"。2015 年，教育部等三部委发布的《关于引导部分地方普通本科高校向应用型转变的指导意见》（教发（2015）7 号）明确指出，"推动转型发展高校把办学思路真正转到服务地方经济发展，转到产教融合、校企合作"。由此可知，地方应用型本科高校的"初心与使命"是"为地方经济社会发展服务"的。

由于我国地方新建本科高校只有短短 20 年的发展历史，办学理念多沿袭老牌本科高校，习惯关起门来在高校"红墙"之内自建自为，与地方政府、地方行业、地方企业之间的距离越来越远。潘懋元先生曾谆谆告诫，"高校必须为当时当地的社会服务，才能扎根于地方"③。新时代，地方企业迫切希望地方本科高校跟上产业转型升级的时代步伐。地方本科高校是人才、技术的供给端，地方行业企业是人才、技术的需求端。当今社会，随着制造强国战略、"互联网+"行动、创新驱动等发展战略的深入实施，地方行业企业不再需要大量"纯理论型"人才，不再需要大量"纯理论型"科研成果，地方企业特别是中小型企业缺人才、缺资金、缺技术，迫切需要地方本科高校为地方行业企业提供高素质高水平应用型人才及能够给行业企业带来实实在在经济效益的应用技术。而地方本科高校对地方产业经济和社会发展变化的敏感度不够高，长期习惯于"关门办学"，并逐渐弱化了地方本科高校对地方或区域经济社会服务的作用，这种局面必须改变。

---

① 余东升，魏曙光. 中国院校研究案例（第五辑）[M]. 武汉：华中科技大学出版社，2016：5.

② 王凡. 新建本科院校社会服务能力提升研究[D]. 武汉：华中科技大学，2018：9.

③ 徐绪卿. 教学服务型大学：理论研究与制度框架 [M]. 北京：中国社会科学出版社，2014：2.

（二）有利于推动应用型本科高校的内涵建设和特色发展

伯顿·克拉克在其《高等教育系统——学术组织的跨国研究》一书中指出，"实施高等教育的最差办法就是把所有的鸡蛋都往一个篮子里装"[①]。每一所高校都需要特色发展，我国地方本科高校转型发展及产教融合发展，客观需要加强基于"产教融合、校企合作"的应用型教学改革、应用型科研改革、应用型学科专业结构性改革、双师双能型师资队伍建设等内涵建设和特色发展。应用型本科高校的内涵建设和特色发展的着力点在哪里？答案就隐藏在高校所在地方或区域的主导产业、特色产业中，即通过产教融合教育教学改革，逐渐建设高校的特色学科、特色专业、特色师资、特色人才、特色技术、特色文化等，舍此则别无二途。

在服务中求发展，在服务中增效益，在服务中拓空间，应用型本科高校服务社会做得愈好，高校的发展速度就愈快，这是应用型高等教育实践中一再被证明的结论。

（三）有利于促进地方产业经济和社会发展

21 世纪是科技创新的时代，科技创新水平决定一个国家的发展命运，更决定一个地区的发展命运。地方产业经济发展往往决定着一个地区的综合实力，而地方企业数量的多寡和实力的强弱往往决定着一个地区的产业经济发展实力。企业的产品研发和生产一直遵循着"生产一代、研发一代、储存一代，确保企业的产品一直在同领域保持领先地位"的经营规则。

与地方高校相比，地方企业的生存忧患意识要强烈得多，"优胜劣汰"的自然法则倒逼企业不断地进行"产品创新"活动，而仅仅依靠地方企业自身的"创新"是远远不够的，客观上需要地方本科高校为地方企业提供创新型人才、创新型成果，以及需要地方应用型本科高校与地方或区域行业企业在创新活动中同频共振、协同发展。目前，我国应用型本科高校科研创新能力不强，科研成果转化率低，满足不了地方行业企业发展的迫切需求，这种局面也必须改变。

（二）应用型高校社会服务管理制度存在的主要问题

我国地方应用型本科高校社会服务能力差、社会服务水平低是不容忽视的客观事实，即：地方高校在社会服务上存在"观念意识偏差、学科专业设置不合理、科技创新效率低、社会服务机制不完善等方面的问题"[②]。

---

① 伯顿·克拉克. 高等教育系统——学术组织的跨国研究[M]. 杭州：杭州大学出版社，1994：307.
② 贺兰. 转型发展时期地方本科院校社会服务能力提升研究[J]. 吉林工程技术师范学院学报，2019（1）：8.

（一）观念缺薄

近年来，我国应用型本科高校虽然取得了快速发展，但发展主要集中在人才培养和科学研究上，"对地方经济社会新发展的服务能力却没有能够及时提升，对于地方经济社会的跨越发展和创新发展的支撑力不强"[①]。长期以来，我国应用型本科高校基本上把"社会服务职能"当作学校的"副业"，甚或当作"累赘"。持此观念者不在少数，学校领导有之，学校教师有之。课题组在访谈时，有位教师直言道："二本高校教师的主要任务是教学，科研尚且做不好，遑论社会服务"。这种观点，其实是经不起推敲的。大学教师毕竟不是中学教师，大学教师有人才培养、科学研究、社会服务三种基本职能，而中学教师的主要职能是教学。可以说，不参与科学研究和社会服务的大学教师不是完全称职的大学教师。仔细观察我国应用型本科高校目前的科研与服务现状，具有硕士、博士学位的高学历教师正成为各个应用型本科高校科学研究和社会服务的主力军，而各个应用型本科高校的校级领导和中层领导主要来自原专科学校的教师群体，他们在学校各项决策工作中具有较大的话语权，"重教学、轻科研、藐服务"观念根深蒂固。与此同时，作为学校科研中坚力量的硕士、博士教师群体，科研上也热衷于发表 CSI 论文、申报各种纵向科研项目、晋升职称和申报成果奖，对"科研成果转化"重视不够，对"高校教师参与社会服务的义务"重视不够。

综合而言，我国应用型本科高校在社会服务方面目前有六种不当论调值得关注。第一，社会服务边缘论，认为地方本科高校的主要任务是人才培养和科学研究，社会服务暂时可有可无，等将来学校人才培养和科学研究水平提高后再开展社会服务活动。第二，社会服务缺钱论，认为地方本科高校基础差、底子薄，资金缺乏，各方面建设都需要钱，学校无财力开展社会服务活动。第三，社会服务无关论，认为地方本科高校教师的主要任务是校园教学，社会服务、地方经济发展、地方企业发展与己无关。第四，社会服务无能力论，认为地方本科教师科研能力弱，实验设备落后，无法完成行业企业委托的技术研发项目。第五，社会服务无品位论，认为自己是大学教师，主动与地方中小型企业合作会"掉架子""丢面子"。第六，社会服务甩锅论，认为地方企业合作积极性不高，高校没必要自讨没趣。

上述六种论调的实质是给自己"社会服务无能论"寻找借口，掩盖的是应用型本科高校教师"应用科研能力较差"的事实真相，与高校教师本应履行的人才培养、科学研究、社会服务三大基本职能相悖。应用型人才培养、科学研究、社会服务三者之间的关系如图7-1所示。

图 7-1 地方高校三大基本职能关系

---

① 王凡. 新建本科院校社会服务能力提升研究[D]. 武汉：华中科技大学，2018：1.

（二）制度缺失

2014 年，刘献君在《论高等学校社会服务的体系化》一文中强调，中国大学"社会服务功能距离体系化尚且相距甚远"[①]，可谓一语中的。中国研究型重点大学社会服务管理制度体系尚且"相距甚远"，遑论地方应用型本科高校社会服务管理制度体系化。

目前，地方应用型本科高校深化产教融合教育教学改革难以落地生根、社会服务水平较差的最重要原因就是与"社会服务"相关的管理制度"碎片化"和"空缺化"。具体表现在以下几个方面。一是社会服务管理制度"碎片化"。目前，部分应用型本科高校与"社会服务"相关的管理制度大都隐藏在《高校横向科研项目管理办法》《高校科研成果奖励办法》《高校产学研合作项目管理办法》《高校教师挂职锻炼管理办法》等高校管理制度中，不成体系。二是社会服务管理制度缺失化。截至目前，我国应用型本科高校社会服务管理制度尚处于"探索阶段"。不只没有学校层面宏观的《高校社会服务管理条例》《高校理工类服务社会成效评估标准》《高校文科类服务社会成效评估标准》《高校社会服务指导委员会管理办法》等管理制度，而且没有中观的《高校社会服务专项项目管理办法》《高校地方产业创新发展研究院管理办法》《高校校地校企共建研发中心管理办法》《高校社会职业技术培训管理办法》等管理制度，还没有微观的《高校人才服务管理办法》《高校科技服务管理办法》《高校智库服务管理办法》《高校文化传承与创新服务管理办法》《高校资源服务管理办法》等管理制度。众多高校社会服务制度亟待创新、研制、调试、修正与完善。

制度不完善也直接导致应用型本科高校在各类社会服务活动中出现"领导没法管、教师没法做"的严重后果，甚至会出现"服务社会就是个别老师不务正业，在外头赚快钱"[②]的言论。

制度不完善直接导致应用型本科高校在各类社会服务活动上出现"服务偏差"现象，如缺乏"文科、理工科社会服务分类评估制度"。这一方面导致学校在社会服务建设成效评价评估上出现"过分重视横向项目的级别高低与经费多少、发表论文的数量多少及发表刊物等级高低"，而忽视横向科研项目所产生的经济效益或社会效益，进而导致高校科研人员"重项目、重论文、重职称"等短视行为。另一方面不利于文科教师开展社会服务活动。相对而言，理工科教师获得自然科学的纵向高层次项目和高额经费产学研横向合作项目比较容易，发表相关学术论文比较容易，发表高层次学术论文的成本也较低，而文科教师则相反。缺乏"文科、理工科社会服务分类评估制度"，用一把尺子无差别评价评估文科、理工科所有社会服务项目建设成效，严重挫伤文科教师参加社会服务活动的积极性。

（三）执行缺位

目前，我国绝大多数应用型本科高校在社会服务方面出现一种怪现象——高校社会服务工作自上而下好像都在管又都管不好，好像都在做又都做不好。学校领导号召广大教师积极参与社会服务活动，而中层干部也是摇旗呐喊，但具体落实起来是"雷声大雨点小"。

① 刘献君. 论高等学校社会服务的体系化[J]. 高等教育研究，2014（12）：1-6.
② 王学通，等. 地方高校服务区域经济建设的问题与探索[J]. 工程经济，2018（4）：50.

正如有学者指出的那样：学校尽管提倡广大教师下基层、下企业加强校企合作，"但缺乏工作量减免、交通费补贴等具体配套政策"，教师的积极性难以调动起来①。

究其原因，还是高校社会服务管理执行制度缺失，尤其是缺失社会服务管理过程中的奖惩制度。目前，我国应用型本科高校在社会服务管理制度方面，"无奖无罚、有奖无罚"现象很普遍，造成很多教师不做服务地方科研活动或少做服务地方科研活动。原则上，社会服务是高校的三大基本职能之一，参与"社会服务"活动是每一位高校管理人员和每一位高校教师应尽的义务。但由于管理制度缺失，造成中层干部和众多教师在只关心教学与科研，存在社会服务活动可做可不做、可管可不管，以及多一事不如少一事的心态。

（四）导向缺略

目前，我国绝大多数应用型本科高校在社会服务上存在"导向缺略"，宏观上，学校没有制定"社会服务长远发展规划"，没有"把办学真正转到服务地方经济社会发展上来"；微观上，学校的科研导向、职称评审导向存在"重学术、轻应用"问题，不论是学校的科研奖励政策还是学校的高层次人才奖励政策，都鼓励教师积极申报并获取省部级及以上的纵向科研项目、发表 CSI 等高水平学术研究成果、争取获得省部级及以上的成果奖，并以此来提高学校的综合实力和"排名榜"。也因为这种导向，应用型本科高校的教师们普遍热衷追求省部级及以上的纵向科研项目，想尽各种办法发表 CSI 期刊论文，至于科研成果的后续问题（如是否能为地方或区域行业企业采用，是否能实现科研成果转化，是否能变成现实生产力，是否能提振地方产业经济和社会发展）都很少被考虑。政策不完善直接导致的后果是：应用型本科高校每年尽管产出数量不菲的科研成果，但大部分科研成果都是学术性成果、理论型成果，这些成果最终的命运是停留在"项目结项"或"争报成果奖"上，被放置在图书馆或资料室里，应用性成果产出数量极少，转化率极低，对地方产业经济和社会发展的引领作用、支撑作用难以显现。因此，应用型本科高校办学导向、科研导向、高层次人才引进导向、职称评审导向等所存在的"重学术研究、轻应用研究"政策导向性问题，"是学校服务水平低、服务效果差的主要原因"②。

（五）力量缺口

由于应用型本科高校大都脱胎于新建本科高校，发展历史短、师资力量弱，导致应用型本科高校在人才服务、科技服务、智库服务、文化服务、资源服务诸方面均存在"学术带头人缺乏、研究团队实力薄弱"的普遍问题。

以"文化传承与创新服务"为例，"文化"是一个宏观概念，高校服务地方或区域文化传承与创新，客观需要考古学、哲学、文学、历史学、民俗学、艺术学、旅游学、经济学、影视学、管理学、工学多学科组建协同创新团队。而我国应用型本科高校学科残缺不

---

① 谭静芬，等. 地方高校科研人员服务地方的激励机制研究——以五邑大学为例[J]. 五邑大学学报，2018（2）：90.

② 吴继军. 转型发展背景下地方本科院校服务社会能力提升策略探究[J]. 高教学刊，2017（7）：63.

全（历史学专业多被"砍掉"，民俗学、考古学极少开设），多学科协同创新能力差（文科与计算机等工科共建协同创新团队很少），导致服务地方或区域文化传承与创新的能力相对较低、科研成果的转化率更低。应用型本科高校履行服务地方文化传承与创新及智库职能，绝不是文科专业教师去唱独角戏，而是文科类专业教师与理工类专业教师之间的大合唱。同样，理工科专业教师参与地方或区域行业企业技术研发与推广项目也需要与文学、历史学、企业管理学、市场营销学等相关专业教师共建协同创新团队。

（六）资金缺乏

地方应用型本科高校财力体量弱小是制约学校社会服务发展的重要瓶颈。由于高校社会服务是一个系统工程，开展社会服务活动客观需要学校投入大量人力、物力、财力，在自身办学经费捉襟见肘的情况下，很多地方应用型本科高校在社会服务上裹足不前或小步跟进。以广东省高校为例，2015 年，广东省财政厅准备连续 3 年共投入 50 亿元专项资金用于建设"高水平大学"，专项资金入围的大学基本是教育部部属高校、省属重点高校，地方性应用型本科高校只有东莞理工学院等极个别高校入选。地方应用型本科高校又因所在市级财政投入经费较少，导致应用型本科高校与研究型重点大学之间的财力差距越来越大。目前，我国地方应用型本科高校年度财政预算平均约为 4.5 亿元，而清华大学 2018 年度财政预算为 269.45 亿元，约是地方应用型本科高校的 60 倍，各省 211 大学年度财政预算一般是地方应用型本科高校年度财政预算的 10 倍左右。

第二节　国内外高校社会服务管理经验

美国著名教育家阿尔特巴赫认为，"大学的价值在于关注现实、服务社会，将研究应用于现实世界"[①]。国外不论是研究型大学还是应用技术型大学都极为重视社会服务。近年来，我国应用型本科高校也探索了很多社会服务的有益经验。这些宝贵经验为我国应用型本科高校创新社会服务管理制度奠定了基础。

一　国外高校社会服务管理经验

（一）美国高校经验

美国高校有服务社会的传统，1819 年，美国第三任总统托马斯·杰斐逊创办弗吉尼亚

---

① Altbach P G. The Past, Present, and Future of the Research University[M] //The Road to Academic Excellence: the Making of World-Class Research Universities. Washington, DC: The World Bank,2011:11-18.

大学，明确要求大学应成为政府的智库。斯坦福大学、麻省理工学院等美国知名大学建校伊始都是只有几百名学生的应用技术型学院，后来通过应用技术研发和服务社会活动增强办学实力并逐渐演变成世界一流高等教育学府。

美国与我国应用型本科高校相对应的本科高校群体是相互作用大学（Interactive University），或称之为都市大学（Metropolitan University）。该类本科高校诞生于 20 世纪 90 年代，美国一些地方性本科高校为了适应各州市经济发展的需要，继承"威斯康星思想"，主动加强大学社会服务职能，强调地方本科高校与当地政府、地方行业企业合作共建，服务本州或本市人才培养和应用技术研发。乔治梅森大学原副校长韦德·吉利曾指出，相互作用大学的发展战略是"使学校与所在社区建立密切的、积极的、具有学校和社区双向发展支持作用的伙伴关系，为实现社区经济繁荣和社会公正的目标而共同努力"。1990 年，49 位美国相互作用大学校长联合签署了《都市大学宣言》，明确了相互作用大学的办学定位，即"增强服务所在社区的责任感，利用大学所拥有的知识性和学术性功能优势来满足都市社区的各种需要"[①]。

以美国北卡罗来纳州立大学为例，该校是一所典型的相互作用大学，该校通过校内管理制度改革，鼓励本校教职工直接参与北卡罗来纳州产业经济和社会发展活动，鼓励教职工积极参与本州应用技术研发与推广项目，同时也大力支持本校教职工发挥各自的专业技术优势，在本州积极开展科技成果转化和产业化及引导学生就业、创业活动。通过此类管理制度，极大地推动了学校的创新发展。目前，该校"拥有的专利数量在全美排名第 3 位，来自产业界的科研经费在全美排名第 7 位"[②]。

肯塔基州立大学也是一所著名的相互作用大学，20 世纪 70 年代，肯塔基州主要支柱产业是烟草种植业，由于该州最大烟草公司打官司败诉，致使烟草收购量大为降低。肯塔基州立大学积极参与该州社会服务活动，帮助并指导该州烟农摆脱单一烟草种植局面，尝试种植大豆等新作物，及时提供大豆种植人才和技术，以至于当今的肯塔基州成为美国第一大豆产区。

美国相互作用大学不但鼓励教职工积极参与"校企合作创办应用技术研发中心"等社会服务活动，而且鼓励学生积极参与地方创新活动。教学管理制度明确规定：本科学生在毕业前工作时间不少于 18 个月[③]，重点参与职业技术技能培训和应用技术研发与推广项目。

为地方产业经济和社会发展提供智库服务是美国高校的一贯做法。美国是一个独立智库相对发达的国家，其智库有政府智库、民间智库和高校智库 3 类。截至目前，美国高校各类智库机构有 2000 余家。美国高校智库研究经费比较充裕，有来自政府的支持经费，有来自企业的支持经费，有来自基金会和社会组织的赞助经费，有来自智库自身研究成果的收益经费。高校智库与政府、企业、媒体关系密切，智库一般"选聘一批媒体公关精英，以扩大智库的话语权"[④]。不同的高校智库，服务对象各有侧重点，分布于各州的高校智

① Daniel M Johnson, David A Bell, et al. Metropolitan Universities: An Emerging Model in American Higher Education. Piii, University of North Texas Press,1995.
② 周永俊. 地方高校社会服务能力建设研究[D]. 福州：福建师范大学，2018：30.
③ 赵绎琳. 加拿大滑铁卢大学产学合作教育研究[D]. 大连：辽宁师范大学，2016：44.
④ 李硕. 中美高校智库的比较研究[D]. 济南：山东大学，2019：32.

库主要为各州提供决策咨询服务。

美国大学也很重视文化传承和创新活动。好莱坞的非凡成就离不开南加州大学电影艺术学院的支持,事实上,是先有南加州大学电影艺术学院,后有好莱坞电影之都,南加州大学电影艺术学院是"好莱坞的后备人才基地"和"影视作品创新基地"。自 1965 年以来,南加州大学电影艺术学院平均每两年就有一位校友获得奥斯卡奖的提名。《阿甘正传》的导演罗伯特·泽米吉斯(Robert Zemeckis)、《达芬奇密码》的导演朗·霍华德(Ron Howard)、《星球大战》的导演乔治·卢卡斯(George Lucas)等均来自南加州大学电影艺术学院,该学院培养的知名演员更是无计其数。南加州大学造就的好莱坞与斯坦福大学造就的硅谷有异曲同工之妙。

(二)德国高校经验

德国是欧洲制造业比较发达的国家,也是应用技术型大学比较发达的国家。分布在全国各地的应用技术型大学都十分重视高校的社会服务职能,均把服务本州经济社会发展作为本校的使命。德国应用技术型大学明确规定,"政府、企业、学校及学生和家长多主体共同参与,对学校与企业合作办学的各个环节进行监督和管理"[①]。应用技术型大学的学生参与"企业职业技术技能培训和应用技术研发与推广项目"的资金由州政府、合作企业和高校三方联合提供,每一位实质性参与应用技术研发与推广项目的实习学生,实习企业和实习学生可获得最高 6000 欧元的资金支持。

德国应用技术型大学主要由原来的"技术学院"或"工程学院"合并升格而成。目前德国各州有 200 余所应用技术型大学,主要采取"双元制"人才培养模式(即产教融合、校企合作人才培养模式),有些专业直接设置在企业之内,企业教师最高可占 50%,学生企业实践时间高者可达全部课程学习时间的 46%。由于实行"双元制"培养模式,德国应用技术型大学的就业率和就业质量普遍高于研究型重点大学[②]。

德国不来梅应用科技大学明确规定,学校教育咨询委员会由来自校外的政府人员、企业人员和校内的教师、学生两方的等量代表共同组成。学校代表没有决议权,决议权来自校外行业企业代表。

莱茵兰-普法尔茨州、石荷州等的应用技术型大学为参与企业活动的学生购买意外保险。学生社会服务意外保险范围覆盖上学路上、学校里或参加企业参观、企业实习、项目研发等方面,时间上不但包括学生大四阶段 6~8 个月的年度实践时间,也包括大一、大二、大三日常教学实践周、实践月等活动时间。

(三)日本高校经验

日本是一个资源贫乏的亚洲国家,第二次世界大战后,日本实行 "技术立国"政策,

---

① 刘璐. 德国应用科学大学与企业合作办学的运行机制研究[D]. 石家庄:河北大学,2017:31.

② M Schramm, C Kerst. Berufseinmündung und Enverbstätigkeit in den Ingenieur-und Naturwissen-schaften. Hannover: HIS, Projektbericht, 2009:37-38.

逐步实现由"拿来主义"向"自主创新"的转变，曾一度成为世界第二大经济体，"日本的经济奇迹主要靠的是企业职业培训"[①]。1958 年，日本政府颁布《职业训练法》，详细规定了政府、企业、学校在职业技术教育中的责任与义务，对参与职业技术培训的企业给予资金、信息、项目的鼓励，对不参与职业技术教育的企业也做出了明确的处罚规定[②]。日本政府 1998 年颁布的《关于促进大学等的研究成果向民间企业转让法》、2000 年颁布的《产业技术强化法》、2003 年颁布的《国立大学法人法》、2005 年颁布的《大学技术转换促进法》、2009 年颁布的《产业活力再生法》等法律都明确规定：促进研究成果的应用、技术转移是大学的重要"职能"之一。

受政府法律法规影响，日本各地高校都十分重视高校的社会服务职能，如东京电机大学将本校的应用技术研究成果全部交付给地方政府组建的"产官学交流中心"进行专利申请、市场化开发和产业化活动，从而获得更多相关政府、地方公共团体和其他合作组织的研究资金和技术支援[③]。

二　国内高校社会服务管理经验

（一）人才服务经验

为地方产业经济和社会发展提供各类高素质应用型人才是应用型本科高校社会服务的核心任务。近年来，我国各地应用型本科高校都在围绕"提高应用型人才培养质量"加强转型发展和产教融合教育教学活动。最突出的表现是围绕地方主导产业调整优化高校专业结构，为地方培养技术研发、生产、管理、服务一线的高素质应用型人才。例如，上海工程技术大学与上海地铁运营有限公司合作共建城市轨道交通学院，该学院设置 4 个专业，分别与上海地铁运营有限公司的 4 个主要工作部门对接。这种以行业为依托、以行业人才需求为导向的专业设置能更好地服务地方经济的发展。广西贺州学院"以地方特色农业资源为主要方向，开展马蹄果、大果山楂等贺州特色果蔬资源开发利用研究，形成了马蹄果、山楂开发产业链"[④]。河北科技师范学院根据精准扶贫、乡村振兴战略等时代特点，完善《科技特派员管理制度》，实行科技特派员动态监管和淘汰机制，该校针对区域青龙县的资源优势，按照"学科链对接产业链，学科群服务产业群"基本原则，择优选派 43 名科技特派员，组建了 10 个科技特派团队，"精准对接区域优势特色产业及产前、产中、产后等产业链条各个环节的技术需求，开展技术研发、新技术新品种示范推广及技术服务和技术培训等"[⑤]，服务内容涉及当地安梨、板栗、苹果、山楂、生猪、食用菌、中药材等 10 多个地方特色产业，对提振地方产业经济起到了巨大的促进作用。

---

① 杨红荃. 职业教育校企合作中的法律制度建设研究[D]. 武汉：武汉大学，2013：43.
② 喻忠恩，姚楚英. 企业参与职业教育：日本的经验及启示[J]. 职教论坛，2012（36）：95.
③ 郭庆. 日本高校技术转移模式及其对中国的启示[D]. 湘潭：湘潭大学，2013：24.
④ 吴继军. 转型发展背景下地方本科院校服务社会能力提升策略探究[J]. 高教学刊，2017（7）：62.
⑤ 郑桂茹，等. 高校科技特派员精准扶贫管理模式及实现路径——以河北科技师范学院为例[J]. 河北科技师范学院学报，2018（2）：22.

广州大学是 2000 年合并组建的新建本科高校，也是发展较快的应用型本科高校，该校提出了"打广州牌、吃广州饭、做广州事"的办学口号，不但成立了广州大学服务地方经济社会工作领导小组、"服务经济社会工作处"等组织领导机构，而且先后制定了《广州大学加强社会服务工作意见》《广州大学关于政产学研平台建设管理暂行办法》《广州大学横向（服务社会）项目管理办法》《广州大学科技人员创办科技企业管理暂行办法》《广州大学科技创业岗管理暂行办法》《广州大学社会服务工作量考核暂行办法》等社会服务管理制度，"2016 年以来，学校与地方政府和企事业单位签署产学研合作协议 154 项……共建研发中心 50 多个、实习基地 300 多个，社会服务项目经费总计 8.91 亿元"[①]。

（二）科技服务经验

近年来，随着我国地方高校转型发展教育教学活动的深入开展，科技服务已成为我国地方应用型本科高校社会服务的主流。

建立与地方行业企业开展产学研活动合作机制。近年来，我国应用型本科高校在教育部本科教学评估合格以后，基本确立了学校的"服务对象定位"，即服务本市经济社会发展。如昆明学院的服务定位是"立足地方、研究地方、服务地方"。其他高校大抵如此，绝大多数高校把"立足地方"置于"服务定位"的首位。在服务本市经济社会发展指导思想下，与地方政府机构、地方行业、地方企业合作，积极开展产学研活动，甚至有的高校将产学研活动拓展为"政产学研用"合作服务活动。例如，宁波工程学院与当地政府和企业合作"成功开发了 FXS 废旧电子线路板回收处理技术及成套设备"[②]，该技术获得国家发明专利授权并获得省级科技进步二等奖。又如五邑大学积极与粤南地区企事业单位广泛开展产学研合作，2018 年产学研合作项目经费已经"占学校总科研经费的半壁江山"[③]。再如常熟理工学院制定《校企合作奖励实施意见》，鼓励各专业教师积极与苏南地区各类企业开展产学研合作项目，加大奖励力度，极大地推动学校服务地方活动，仅 2018 年学校就与企业签订横向项目 218 项，合同经费为 4725.8314 万元[④]。

建立以服务地方企业为宗旨的实体公司。例如，成都工业学院制定《产教融合实施方案》，学校创办成工富创实体公司，建立"股权共持、利益共享、风险共担、优势互补"的校企合作机制，积极与地方或区域企事业单位发展应用技术研发、职业技术培训等高校服务活动。

建立高校与企业应用技术联合发布制度。高校可以在学校"合作发展处"网页上定期（一般每月 2 次）发布地方企业技术研发需求信息、高校科研成果信息，实现企业技术与高校成果（即企业产业链、技术链与高校人才链、科技链）的快速对接。截至目前，江苏省应用型本科高校（如常熟理工学院、淮阴工学院、盐城工学院、徐州工程学院等）在"应

---

① 广州大学简介[EB/OL]. http://www.gzhu.edu.cn/xxgk/xxjj.htm.
② 任君庆. 服务型区域教育体系的校企合作研究[M]. 北京：高等教育出版社，2016：157.
③ 谭静芬，等. 地方高校科研人员服务地方的激励机制研究——以五邑大学为例[J]. 五邑大学学报，2018，（2）：89.
④ 常熟理工学院学校简介[EB/OL]. http://www.cslg.edu.cn/html/article_list_4.html.

用技术联合发布制度"方面走在全国的前列。

完善高校科研成果转化制度。淮阴工学院制定《横向科研经费管理办法》规定：在项目支出方面，项目负责人可在预算范围内自主安排经费开支；购买通用物资与服务，可不受自行采购限额标准限制；急需设备和耗材，采取特事特办、随到随办的采购机制；3 万元及以下的支出由项目负责人负责审批；3 万元以上的支出或经办人为项目负责人时由二级学院审批；采取转让/许可方式进行成果转化的，取得转化收入后三年内发放的现金奖励，减半计入其当月个人工资薪金；横向科研项目完成后获得的净收入，如合同约定分配事项，则按合同约定提取报酬；如无合同约定，允许全部留归项目组成员自主分配。管理制度之灵活，非常值得其他应用型本科高校学习借鉴。

建立社会服务项目奖励制度，如《金陵科技学院科技成果奖励办法》规定，"一年内主持完成横向科研项目经费总和达 20 万元的，可以申请一学年的科研岗"，以此保证科研人员参与服务社会时间；同时，对产学研合作项目，视到账经费的多少分别给予 5 万元、3 万元的奖励。

建立社会服务年度专项项目经费管理制度。许昌学院每年设立直接服务许昌地域的协同创新发展项目专项资金，制定《专项资金管理办法》，重点支持本地区校企协同发展项目，校企合作支持地方产业经济发展。同时，许昌学院还制定了《许昌学院科技成果转化管理办法》，其中规定，"将科技成果转化净收益的 70%奖励给科技成果完成人"。黄淮学院制定《科研项目配套资助办法》和《高水平科研成果奖励办法》，对横向产学研合作科研项目按项目到账经费给予 30%的资助。东莞理工学院设立服务社会项目专项经费（年度 600 万元），制定《专项经费管理办法》，保证服务社会落到实处，2016—2017 年度，学校共向所在区域派出 37 支科技产业创新服务队，对接服务 1300 余家企业，启动 60 余项应用技术研发与推广项目，与合作单位联合申报 100 余项发明专利[①]。同时，学校还设立"东莞理工学院科技成果转化专项发展资金"，制定《东莞理工学院科技成果转化管理办法》，其中规定，"将转化净收益的 80%奖励给科技成果完成人（团队）……科技成果以作价入股方式转化的，作价入股所得股权的 80%奖励给科技成果完成人（团队）"。

（三）文化传承与创新服务经验

由于"地方特色文化研究"很容易纳入地方应用型本科高校的哲学、文学、历史学、民俗学、艺术学的科研范畴，故而我国各地应用型本科高校已经成为各地特色文化传承与创新的主力军。广西百色学院围绕百色市 9 项国家级非物质文化遗产（壮剧、壮族嘹歌、布洛陀民歌、那坡壮族民歌、壮族织锦技艺、田阳舞狮技艺、凌云七十二巫调音乐、田林瑶族铜鼓舞、田东瑶族金锣舞）及百色红色文化积极展开资料搜集、文献整理、文化研究及文化传承与创新服务。学校设立了专项资金，制定了相关的奖励制度，建立了 14 个与非物质文化遗产研究相关的科学研究机构，涌现出一大批科研成果，为地方文化繁荣与发展、旅游产业发展奠定了坚实的基础。河南黄淮学院基于所在区域驻马店市的"重阳文化之乡"

"嫘祖文化之乡""梁祝文化之乡""盘古圣地""车舆文化之乡"等地方特色文化，每年设立"地方文化研究专项资金"20万元并制定相应管理办法，对地方特色文化传承与创新给予重点支持。河南南阳理工学院基于南阳市"南阳玉""张仲景中医药""东汉文化"等地方特色文化，每年设立专项资金并制定管理办法，对地方特色文化的传承、创新、产业化予以重点资助。我国地方应用型本科高校服务地方特色文化传承与创新，案例不胜枚举，成效卓著。

（四）智库服务经验

近年来，随着应用型本科高校产教融合教育教学改革的深入发展，学校利用文科人才和科研优势，围绕地方或区域产业经济和社会发展的热点、难点问题，积极开展社会调研、经验介绍、科学研究，为地方政府、地方行业、地方企业提供决策咨询、政策制定等高校智库服务，如广西百色学院"每年为当地市政府提供一份区域非物质文化遗产保护和开发的研究报告"[①]。其他应用型本科高校智库服务案例，多之又多，这里不再赘述。

（五）高校资源服务经验

利用图书馆、实验室等现有高校资源服务所在市县经济社会发展是我国应用型本科高校近年来比较流行的做法。该种做法投资少、见效快。以河南黄淮学院为例，该校处于豫南工业经济欠发达地区，学校主动为所在城市驻马店市分忧解难，校城合作、共同出资、共建共享共管黄淮学院图书馆（驻马店市图书馆）、黄淮学院体育馆（驻马店市体育馆），仅此2项为本市节约城市基础建设资金至少9亿元，驻马店市民享有与高校师生相同的图书借阅、信息查询、体育活动等便利条件；同时，学校的大学生创新创业园、重点实验室实训室、云计算中心等高校资源对地方企业技术研发人员实行免费开放，该校为驻马店市评为"全国文明城市"做出了突出贡献。

三 经验启示

（一）应用型本科高校应把"为地方经济社会发展服务"作为自身的使命

美国的州立本科高校一般都把"服务所在州经济社会发展"作为自身的使命，欧洲国家、日本等应用技术大学一般都把"服务所在市域经济社会发展"作为自身的使命。我国东南沿海经济相对发达地区的新建本科高校，大都围绕各地的主导产业进行校地互动、校企合作，积极开展服务社会活动，以加快自身的内涵建设和特色发展。我国应用型本科高校一般处在地级市，"以服务求贡献、以贡献求发展"不能停留在口号上，应落实在具体行动上。

---

① 凌春辉. 高校服务地方非物质文化遗产保护传承工作实证研究 [J]. 沿海企业与科技，2018（6）：70.

（二）从国家法律法规层面推动应用型本科高校履行服务社会职能

纵观国外地方本科高校落实"服务社会"职能，一般都有国家层面的相应法律法规作为保障，如美国的《莫里尔法案》、日本的《关于产学合作的教育制度》等。我国应加强相关的法律法规建设，以此推动地方应用型本科高校认真履行"社会服务"的法定义务。

（三）应用型本科高校应逐步完善"服务社会"管理制度体系

造成我国应用型本科高校"服务社会"干与不干一个样、干多干少一个样的主因就是管理制度缺失，我国应用型本科高校很有必要组织实施"社会服务管理制度创新工程"，查缺补漏，逐步建立相对完善的"服务社会"管理制度体系，让服务社会突出贡献者得好处、得实惠，逐渐形成广大教师积极参与服务社会的新局面。

（四）产教融合、校企合作是应用型本科高校服务社会的主要路径

产教融合、校企合作是应用型本科高校的人才培养模式，也是应用型本科高校社会服务模式。应用型本科高校应围绕所在区域的主导产业、特色产业，通过产教融合、校企合作基本路径，设立社会服务项目专项资金，完善专项资金管理办法，大力开展服务地方经济社会发展活动。

（五）全员参与社会服务

一花独放不是春，百花齐放春满园。应用型本科高校服务社会仅仅依靠理工类教师服务地方行业企业应用技术研发是远远不够的，各学科、各专业、各院系、各部门均应根据自身的学科专业特点，发挥各自的人才、技术、资源优势，全方位为地方经济和社会发展提供服务。

（六）服务社会与应用型人才培养、应用型科学研究一体化发展

提高应用型人才培养质量是高校服务社会的终极目的。任何服务社会项目都应及时转化为应用型教学项目、应用型科学研究项目、应用型人才培养项目，把服务社会融入应用型科学研究、应用型人才培养全过程。

四　应用型本科高校社会服务管理制度体系

目前，我国应用型本科高校社会服务管理制度体系存在巨大漏洞，有些管理制度需要补缺，如《高校社会服务专项项目管理办法》《高校智库服务管理办法》等；有些管理制度需要完善，如《高校横向科研项目管理办法》《高校科技成果转化管理办法》等。应用型本

科高校应以研制"十四五"规划为契机，重点补缺和完善如表 7-1 所示的社会服务主要的管理制度。

表 7-1　应用型本科高校主要社会服务管理制度

序　号	制度名称
1	《高校社会服务发展规划》
2	《高校社会服务工程实施方案》
3	《高校社会服务专项项目管理办法》
4	《高校横向科研项目管理办法》
5	《高校地方产业创新发展研究院管理办法》
6	《跨学科、跨专业、跨产业、跨校际协同创新团队建设管理办法》
7	《高校科研成果奖励管理办法》
8	《高校科技成果转化管理办法》
9	《高校人才服务管理办法》
10	《高校科技特派员管理办法》
11	《高校社会职业技术培训管理办法》
12	《高校科技服务管理办法》
13	《高校校地校企共建研发中心管理办法》
14	《高校理工类服务社会成效评估标准》
15	《高校智库服务管理办法》
16	《高校人文社科重点研究基地管理办法》
17	《高校人文社科重点项目专项资金管理办法》
18	《高校文科类服务社会成效评估标准》
19	《高校文化传承与创新服务管理办法》
20	《高校资源服务管理办法》
21	《高校推动地方产业经济和社会发展特别贡献奖评选与管理办法》

第三节　应用型本科高校社会服务管理制度创新的对策与建议

　　造成我国应用型本科高校"服务社会"发展缓慢、效率低下、实力不强、成效不显诸多问题的重要原因之一就是与"服务社会"相关的管理制度不健全、管理制度落后，学校没有完善的社会服务管理体制和运行机制，也没有与社会服务相关的配套管理制度体系。应用型本科高校应以"服务社会"管理制度创新为着力点，创新社会服务管理制度，推动学校服务社会活动，进而提高学校对地方经济社会发展的贡献度。

一 制定校级社会服务管理制度

（一）加强社会服务的组织保障

"服务社会"是衡量应用型本科高校办学水平和存在价值的重要因素和核心指标，应用型本科高校应充分利用地缘、人缘优势，开展服务地方活动，以此提高自身的高校竞争力。应用型本科高校提高社会服务水平，必须拥有强有力的组织保障。应建立由校长为第一责任人的"社会服务专家指导委员会"，且委员会中来自地方政府、行业企业的成员比率不应低于50%。如果有学校层面的产教融合型"理事会"（董事会），那么"社会服务专家指导委员会"可与理事会合并，以学校层面的理事会代替"社会服务专家指导委员会"。关键是要制定内容详细并具有执行力的"委员会章程"，明确校外成员的权利和义务，特别要明确校外成员拥有"社会服务专项项目评审权、项目经费审批权和项目监督权"。

（二）加大社会服务的财力保障

截至目前，我国绝大多数应用型本科高校既没有设立"服务地方专项资金"，也没有制定《社会服务专项项目管理办法》，这是导致应用型本科高校"深化产教融合教育教学改革"和"社会服务"推进缓慢的主因。

与研究型重点大学相比，地方应用型本科高校既没有国家顶级人才优势，也没有国家顶级技术优势，这是应用型本科高校获得地方行业企业合作项目较少的重要原因。理论上讲，高校社会服务项目经费应该由地方政府或地方企业承担，但现实却是由地方高校承担（能够争取到支持经费则更好）。对于任何一所地方应用型本科高校而言，"社会服务专项项目经费"都不是太大的负担，关键是高校领导者是否具有社会服务改革的气魄。芬兰应用技术型大学年度科研经费占学校年度总支出的3.75%，我国绝大多数应用型本科高校年度科研经费占学校年度总支出的只有2.7%[①]。设立社会服务专项资金，有利于保证合作项目顺利实施，同时以此可以争取配套资金。学校每年投资1000万元重点支持40个社会服务专项项目，实际上就是学校每年建立40个产教融合型协同创新团队，以10年计，学校可逐步建立350～400个协同创新团队,学校绝大部分教师能够进入协同创新团队并实质性参与"转型发展、产教融合教育教学改革和社会服务"。从高校长期发展来看，应用型本科高校"先行一步"投资社会服务专项项目是一种战略性行为，以"资金—项目—制度"三位一体的社会服务手段持续推进高校社会服务专项项目的发展，应用型本科高校的社会服务水平必将逐步提升,地方政府、地方企业对地方高校的认可度亦必将逐步提高。假以时日，来自地方的合作项目、合作资金也会源源不断。

---

① 刘海峰，等．我国应用技术大学建设与科研工作的转型[J]．中国高教研究，2015（7）：69-70.

（三）编制学校《服务地方社会发展规划》

目前，我国应用型本科高校大力提倡"提升社会服务水平"，之所以效果不显，重要原因就是缺乏顶层设计。仔细考察数十所应用型本科高校"十三五"发展规划，绝大多数高校缺失《社会服务分规划》，即没有把"社会服务分规划"单列一项，而是分散在"师资队伍建设分规划""学科发展分规划""科学研究分规划"等分规划之中。应用型本科高校应该彻底改变"自我中心论"的传统教育观念，树立"地方中心论与自我中心论并重"的新观念，以"十四五"发展规划编制为契机，认真调研地方或区域主导产业、特色产业、支柱产业、战略性新兴产业的结构布局和发展趋势，校地互动、校企合作共同制定《社会服务分规划》，明确指导思想、发展目标、主要任务、保障措施。制定《社会服务分规划》应兼顾高校人才服务、科技服务、智库服务、文化传承与创新服务、高校资源服务 5 类不同的服务特点，避免顾此失彼，应用型本科高校社会服务结构如图 7-2 所示。

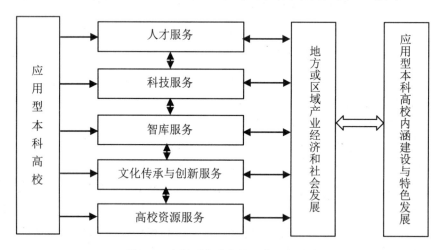

图 7-2　应用型本科高校社会服务结构

（四）制定校级层面的"服务地方社会"管理制度

完善《大学章程》，应用型本科高校的"大学章程"应体现"应用型"高校特质。在"总则"中，应修改"普通本科高校"为"应用型本科高校"；在"办学宗旨"上，应明确"为地方或区域（或行业）经济社会发展服务"的高校使命；在"服务定位"上，应明确"立足地方，辐射区域"；在"人才培养模式"上，应明确"产教融合、校企合作"；在"办学理念"上，应明确"为地方经济社会发展培养高素质应用型人才"；在"发展战略"上，应明确"产教融合"；在"教育形式"上，应明确"以本科生教育为主、以专业硕士生为辅"；在"学科专业设置"上，应明确"校地互动、校企合作共同建设与地方主导产业、特色产业密切相关的应用型学科和应用型专业"；在"管理体制"上，应增加"高校理事会管理"一项，并明确其权利和义务；在"学校义务"上，应明确"为地方或区域产业经济和社会发展提供人才和技术服务"；在"教职工义务"上，应增加"结合各自专业，为地方经济社会发展提供社会服务"；在"学校经费"上，应增加"通过社会服务项目积极争取合作资金"一项；在"附则"中，应增加"自动接受地方社会监督"一项。

建立校级层面统领性的社会服务管理制度。地方本科院校应设立专门的社会服务管理机构，加强对社会服务工作的规划与统筹管理。同时，制定校级层面的《社会服务实施方案》及《高校社会服务专项项目管理办法》等管理制度，从学校层面推动学校社会服务工作。在校级层面社会服务管理制度中，一方面，要明确激励政策。"有效的激励机制是有效推动学科科研向服务地方发展目标前进的有力措施"[①]，对积极参与社会服务并取得一定成效的教师和科研人员在职称晋升、职务晋升、高层次人才评选、年终评优评先、岗位调整等方面给予政策倾斜。另一方面，完善科技成果评价机制。制定《高校科研成果服务社会成效评价标准》。在评估考核标准体系中，应将参与社会服务及对地方经济社会产生的效益与影响、科研成果转化为现实生产力的多寡作为最重要考核标准。评价主体由原有的高校自身评价主体转向高校、行业企业联合评价甚至社会第三方机构参与评价，通过科学的社会服务绩效评价体系对高校科研成果的投入、产出、转化效益、科研过程的效率和成果产业化进行评价[②]。

制定"地方产业创新发展研究院管理制度"。近年来，我国各个应用型本科高校相继成立"地方产业发展研究院"，成为学校最大的社会服务工作平台。应逐步探索并丰富完善"地方产业发展研究院"的各种规章制度，以科学、高效的管理制度推进"地方产业发展研究院"各项工作。在相关管理制度中，激发科研人员的工作积极性是重点。管理的实质是"服务于人"，加大"研究院"科研人员的激励力度，以此"释放高校教师创新创业的潜力"[③]。例如，南阳理工学院不仅成立了"南阳协同创新研究院"，内设 12 个研究中心，而且制定了相应的管理制度，社会服务成果大幅度增加，经验值得借鉴。

二 创新人才服务管理制度

为地方或区域培养高素质应用型人才是应用型本科高校社会服务的核心内容和首要任务。目前，地方行业企业出于市场激烈竞争的需要，都在实施创新驱动发展战略，客观上需要大量创新型应用技术人才，也需要大批具有广阔市场前景的、更具市场竞争力的应用技术，而创新型人才和先进应用技术主要依赖高校的供给。基于此，应用型本科高校应建立健全基于"产教融合、校企合作"的人才培养管理制度。

完善与应用型人才培养相关的管理制度。提高应用型人才培养质量，客观需要加强应用型教学管理制度创新、应用型师资队伍建设管理制度创新、应用型科学研究管理制度创新、应用型学科专业管理制度创新、应用型学生管理制度创新、应用型后勤管理制度创新，各种制度相互配套，形成合力、协同发力，才能为地方或区域经济社会发展提供高水平应用型人才和先进应用技术。建立完善的、具有鲜明中国特色的应用型人才培养管理制度体

---

① 徐绪卿. 教学服务型大学：理论研究与制度框架 [M]. 北京：中国社会科学出版社，2014：188.
② 吴继军. 转型发展背景下地方本科院校服务社会能力提升策略探究[J]. 高教学刊，2017（7）：73.
③ 牛建强. 市属高校服务地方创新驱动发展制约机制改革研究[J]. 教育科学论坛，2018（5）：27.

系不可能一蹴而就，至少需要数十年的艰苦探索。不间断地激发应用型本科高校的改革动力，不间断地激发应用型本科高校的开放活力，将是我国应用型本科高校未来数十年不间断的改革活动。

创新高校科技特派员管理制度。"高校科技特派员"制度是具有中国特色的地方本科高校社会服务的一种制度安排。尽管该项制度执行多年，但特派员到企业中难于参与技术研发等现象屡见不鲜，很多人都不希望被选派到中小型企业作技术研发人员，此种局面与"教师下基层锻炼、熟悉产业发展最新前沿技术、推动地方经济社会发展、反哺应用型教学和科研"的目标不符，说明现有的科技特派员管理制度尚有待丰富完善之处。2020 年 4 月，科技部办公厅发布《关于开展科技人员服务企业专项行动的通知》再次指出，支持科研院所和高校面向企业选派"科技专员"[①]。完善《科技特派员管理制度》，第一，在"总则"中，应明确"高校服务地方经济社会发展"的建设目标；第二，在"选派对象"上，应把"科级及以上干部"修改为"具有科研服务积极性的硕博士"，坚决避免科技特派员"行政功利化"；第三，在"选派条件"上，应增加"具有科研团队者优先"内容，一名科技特派员自身的能力和水平都是有限的，"科技特派员+跨学科、跨专业团队式服务"才能真正起到提振地方经济社会发展的作用；第四，在"挂职形式"上，尽量少向地方政府选派科技特派员，多向地方企业选派科技特派员；第五，在"特派任务"上，应明确"建立校地或校企协同创新团队"内容，争取每一个科技特派员带出一个产教融合型协同创新团队；第六，实行科技特派员评价评估制度，把科技特派员对地方行业企业的经济效益或社会效益作为科技特派员工作成效的主要评价标准；第七，健全具有可操作性的科技特派员问责制度，对照原定任务，严格责任追究，避免滥竽充数、尸位素餐的现象发生。

创新职业技术技能培训制度。向地方行业企业职工及下岗职工再就业提供"职业技术技能培训"是应用型本科高校人才服务的重要方面。"职业技术技能培训"不能仅限于向"企事业单位"提供职业技术技能培训。一要"全开放"向地方社会提供职业技术技能培训服务。地方政府、地方行业、地方企业、社会组织、农民工、企业家等都是高校的服务对象。二要"全方位"向地方社会提供职业技术技能培训服务。产业新技术、产业新技能、管理新知识、科技普及、文化普及、政策宣讲、音乐技艺、舞蹈技艺、绘画技艺、体育技艺等都是高校职业技术培训的内容。三要"全员性"向地方社会提供职业技术技能培训服务。高校所有专业教师均应根据专业特长开展专业性职业技术技能培训服务，如历史学专业教师开展"地方特色传统文化知识宣传"、计算机专业教师开展"电商营销技巧培训"、艺术学专业教师开展"艺术管理培训"、管理学专业教师开展"企业管理培训"等。

三 创新科技服务管理制度

目前，向地方行业企业提供科技服务是应用型本科高校社会服务的主流形式。实际上，高校服务地方经济社会发展有一个"助推—支撑—引领"的渐进过程，"助推"是应用型本科高校服务社会的最低层次，"支撑"是应用型本科高校服务社会的中间层次，"引领"是

---

① 科技部办公厅. 关于开展科技人员服务企业专项行动的通知[R]. 2020-04-08.

应用型本科高校服务社会的最高层次。截至目前,我国应用型本科高校大都尚处于"助推"层次。换言之,我国应用型本科高校目前对地方产业经济和社会发展的科技服务尚处于"初级阶段",而"引领地方经济社会发展"才是应用型本科高校社会服务的终极目标。

修改完善《高校横向科研管理办法》。在教育部本科教学合格评估过程中,我国应用型本科高校基本上都制定了《高校横向科研管理办法》,但由于该制度多为"急就之章",存在"无奖无罚、有奖无罚"诸多问题。一项"无奖无罚"的制度不能称之为制度。适应深化产教融合教育教学改革需要,应制定基于"产教融合、校企合作"的《高校横向科研管理办法》,明确产教融合、校企合作运行机制,完善激励机制,明确约束机制,制定相应的考核评价标准,使新的管理制度真正起到鼓励先进、鞭策后进的作用。

建立高校帮扶民营小微型企业的管理制度。欧洲应用技术型大学特别注重帮扶小微型企业,投资少,见效快。我国应用型本科高校往往忽视县镇小微型民营企业,忘记了任何大中型企业都是从小微型企业发展而来的企业成长规律。民营小微型企业底子薄、资金少、人才少、技术少,对于民营小微型企业来说,高校人才、技术、信息等优质资源"对这类企业的发展有着关键的作用"[1]。

建立校企合作共建应用技术研发等产教融合平台管理制度。近年来,我国地方应用型本科高校与所在市县镇政府、区域企业合作共建的应用技术研发中心、研发机构、实训实践基地等研发平台越来越多,客观上需要尽快研制出台《校地校企共建应用技术研发平台管理办法》,以指导各级各类应用技术研发中心等产教融合平台的具体工作。

完善高校科技成果转化制度。科技成果转化将成为我国应用型本科高校社会服务水平最重要的衡量标准。目前,我国应用型本科高校都制定了《科技成果转化管理办法》,但一般都是十多年前(即20世纪初)制定的。总体而言,科研成果在研发、中试和成果转化三者之间的资金投入比例一般为1:10:100[2]。应用型本科高校应根据当今社会的发展实际,制定更加优越、更有利于科研人员获得经济效益的科技成果转化制度。应"赋予高校发明人优先受让权、优先履行实施权、知情权和利益获得权,完善发明人的权利保障机制,以提高高校发明人转化的积极性"[3]。完善《科技成果转化管理办法》,一是应明确科技成果转化的各方收益率。以技术转让方式转化科技成果的,按成果完成者(成果完成团队)85%、成果完成院(部、所)10%、学校5%实施分配。二是应明确主要科技人员的奖励率。奖励分配时,在研究开发和成果转化中起关键性作用的(一般为1~2人)所得奖励应不低于课题组奖励总额的70%。三是应做好成果转化全链条服务,包括提供应用技术转化交易综合服务,展示推介科技成果,帮助科技人员寻找最佳转化企业,开展基于合作双赢的应用技术转化交易活动。四是应完善利益与风险共担的责任制度,特别是重大应用技术成果转化,高校相关职能部门须提早介入,让合作企业直接参与技术研发项目,让合作企业"为高校承担一部分研发费用和风险"[4],进而构建"高校—研发者—企业"共同分担成果转化的利益与风险机制,避免把风险完全留给科研人员,减轻科研人员的成果转化压力。五是应

① 石玥,等. 高校教育资源为民营企业服务的可行性分析[J]. 科技经济导刊,2019(4):446.
② 申云凤. 高校科研成果为地方经济服务存在问题及对策研究[J]. 科技经济导刊,2019(4):1.
③ 孟牟俨俨. 高校科技成果转化制度的完善研究[D]. 成都:西南交通大学,2018:39.
④ 郭丽君,等. 地方高校产学研合作研究[M]. 北京:中国社会科学出版社,2016:93.

鼓励科技人员离岗开展科技成果转化活动，离岗创办科技企业或到其他企业兼职转化科技成果的，必须与学校签订合同，其离岗兼职期间的基本工资、职务津贴及"五险一金"仍由学校负责且保持 3 年，解除科技成果转化人员的后顾之忧。

完善《高校科研成果奖励办法》。在奖励导向上，应强调"注重应用型科学研究和科研成果转化"等内容；在奖励对象上，除学术论文、著作、项目、专利、成果奖之外，应增加"社会服务"一项；在科研项目奖励上，应明确"根据社会服务项目成效给予重点奖励"等内容；在奖励力度上，应大幅度增加社会服务成果的奖励额度；在"科研成果考核评估"上，应强调对"为地方或区域产业经济和社会发展带来显著经济效益或社会效益者予以重奖"。

（四）创新智库服务管理制度

智库服务是我国应用型本科高校文科社会服务的重要任务。保罗·迪克森（Paul Dickson）是美国研究智库的早期著名学者，他在其《智库》（1971）一书中的观点认为：智库的"主要功能为面向包括政府、企业在内的公众及组织，运用多样化的科学研究方法，多学科结合进行政策性研究并提供决策咨询服务机构"[1]。迪克森《智库》为我国应用型本科高校智库建设提供了基本的建设路径——产教融合、校企合作（即与地方政府企业合作共建），提供了基本的建设方法——跨学科、跨专业（即组建跨学科、跨专业、跨产业、跨校际智库团队）。

我国应用型本科高校拥有组建地方智库（Think Tank）的天然优势。然而，由于地方高校智库存在规模小、数量少、质量低、唯批示论等诸多问题，因此我国应用型本科高校智库建设"关键在体制机制创新，难点也在体制机制创新"[2]。与研究型大学智库相比，我国应用型本科高校智库建设起步较晚、水平低，但不能妄自菲薄，应看到自身的自然区位优势、地缘人缘熟悉优势、文科力量优势、应用型特色学科专业优势、产教融合灵活办学优势，奋起直追，加快高校特色智库建设。

研制《应用型本科高校智库建设管理办法》。第一，在"总则"中，应明确高校智库的建设宗旨，应明确"为地方经济社会发展提供决策咨询服务"。第二，在"建设目标"上，应明确"发挥学校高层次人才密集、应用型学科专业齐全、创新体系完备的优势，与地方政府、地方行业、地方企业合作共建，打造一批具有应用实力、具有地方特色的新型智库"。第三，在"建设路径"上，应明确"校地互动、校企合作共建产教融合型高校特色智库"。第四，在"建设模式"上，应与地方政府、地方行业企业共建高校智库，形成"政府主导、高校主体、社会参与"的高校智库建构模式。第五，在"团队建设"上，应明确"跨学科、跨专业、跨产业、跨校际合作共建高校智库"，应避免单一学院、单一专业组建"单打独斗式"高校智库，"多领域专业协同"是应用型本科高校智库团队的基本特征。实行政府退休官员、行业退休技术人员聘任制。退休的政府官员和行业专业技术人员有丰富的从政经历

---

① Paul Dickson. Think Tanks[M]. New York: Atheneum,1971：15.
② 靳诺. 中国特色新型高校智库的建设和发展[J]. 中国高等教育，2019（20）：5.

和行业背景，吸收他们充实高校智库队伍，"既能保证智库研究方向符合政府需要，又能将智库成果及时传送至政府以供决策"①。高校智库团队一般应由专职研究人员、校外聘用研究人员和管理辅助人员三部分构成。校外聘用人员主要是行业企业管理人员（或技术人员）、其他外聘人员等；管理辅助人员是智库聘任的从事行政管理、图书档案、信息技术、媒体沟通等工作的人员，保障和支援研究工作的有效开展，是智库人才不可或缺的组成部分。第六，在"建设任务"上，应鼓励文科教师"主动开展调查研究、咨询论证，围绕地方或区域出现的热点难点问题，加强战略性、前瞻性问题研究，在理论创新、资政建言、舆论引导等方面发挥创新作用"②。第七，健全对外合作机制。应用型本科高校智库应该强化与各级政府、各种媒体、行业企业社会的交往力度，与之形成长期稳定的交流机制，共同构建智库成果发布平台，逐步完善智库的成果转化和反馈机制，有效对接政府和社会需求。第八，在"智库管理"上，应"创新项目竞争机制、成果转化机制和智库交流合作机制"③。第九，在"经费支持"上，应实行"多元化激励机制"。应用型本科高校智库的买方不单单是各级政府，还有行业企业等社会组织。基于此，对高校智库的评价不能仅仅看"省级领导批示""市长批示"，高校智库成果评价既要"唯上"也要"唯下"，地方行业企业使用的智库成果、会议报告、研究报告、成功转化为各级企事业单位的政策文件、带有前瞻性的科研成果、"两会"提案等均应纳入学校总体智库科研奖励范畴。最后，在"考核评价"上，应不断完善智库考核评价机制，制定相对科学合理的智库量化考核标准，"社会效益"不同于"经济效益"，量化难度较大，考核标准应实行定量与定性相结合。此外，还应将智库成果纳入教师职称职务晋级、评优评先评价体系，逐步提高应用型本科高校智库发展的内驱动力，"促使高校智库建设从自我封闭状态向自我驱动状态转变"④。

（五）创新文化服务管理制度

习近平总书记曾强调，"优秀传统文化是一个国家、一个民族传承和发展的根本，如果丢掉了，就割断了精神命脉。"文化传承与创新被认为是高校的第四大基本职能，地方应用型本科高校不但是地方特色文化的挖掘、整理与传承高地，而且还是地方特色文化的研究、创新与引领高地。

从近年来我国地方本科高校"转型发展"的实践来看，理工类专业教师向"应用型"转变相对容易接受，而文科类教师对向"应用型"转变分歧比较大，甚至少部分文科教师认为"文科不需要转型""文科没办法转型"，在此理念下，很多应用型本科高校的"文科服务社会"进展缓慢，"文化传承与创新服务"作为"服务社会"的一种，多局限于历史学和艺术学专业教师，而应用型本科高校历史学专业由于多半被取消，专业教师队伍大为萎缩，甚至是青黄不接，这是造成我国应用型本科高校服务地方文化传承与创新力量弱、成果少、水平低等问题的重要原因。

① 黄海波. 我国高校智库人才管理中的问题与对策[J]. 西部经济管理论坛，2019（5）：90.
② 易静. 高校服务地方工作的融合发展路径[J]. 中国高校科技，2017（10）：88.
③ 孙战伟. 高校智库建设：具体标准、运行机制及实现路径[J]. 智库理论与实践，2018（2）：62.
④ 徐文. 大数据背景下高校智库建设的困境与策略[J]. 吉林工商学院学报，2019（6）：105.

制定《地方特色文化传承与创新实施方案》和《地方特色文化传承与创新专项项目管理办法》。目前我国应用型本科高校大都没有制定文化传承与创新的管理制度，不利于高校开展文化服务活动。不论是"实施方案"还是"管理办法"都应有明确的指导思想、基本原则、长期目标、短期目标、主要任务、保障措施。同时，还要制定以文化服务数量、质量、成效为核心的考核评价评估体系，激励广大师生投身到基层文化建设中去。

建立"政府主导、行业指导、高校和企业共同参与"的地方特色文化传承创新机制。各地都有丰富多彩的地域特色和民族特色文化，这是地方文化繁荣发展的基础。由于文化建设属于公益事业范畴，客观上需要建立"政府主导、行业指导、高校和企业共同参与"的文化建设机制。地方应用型本科高校应发挥自身文科人才与科研优势，辅助地方政府、协助地方企业共同做好地方特色文化传承与创新工作。

应用型本科高校应大力开展"地方文化传承与创新服务工程"工作。高校应研制"地方文化传承与创新服务工程"标准，设立专项资金，制定《地方特色文化传承与创新专项项目管理办法》，引导师生关注地方特色文化、学习地方特色文化、研究地方特色文化、创新地方特色文化，为地方落实文化产业化提供智力支撑。鼓励广大师生围绕地方特色文化创作更多具有时代特点、地方特色的文学作品、影视作品、戏曲作品、美术作品、游戏作品、动漫作品、工艺作品等。

建立开放型地方特色文化建设团队制度。地方本科高校是地方文化高地，为推动地方特色文化建设，应用型本科高校不但应与所属市县文化部门建立互动交流机制，而且应与地方基层文化站、民间文化杰出传承人建立互动交流机制。

建立多科性"高校教师—民间文化杰出传承人"互动交流机制。俗语云：高手在民间。我国各地皆有民间文化杰出传承人，涉及民间文学、民间歌曲、民间曲艺、民间戏剧、民间舞蹈、民间杂技、民间体育、民间游艺、民间武术、民间美术、民间剪纸、民间雕艺、民间陶艺、民间布艺、民间酒艺、民间茶艺、民间竹艺、民间医学、民间节日、民间杂俗等。应用型本科高校文化传承与创新服务，不能局限于文科专业，应根据民间传统文化建设需求，组建不同类型的小型服务团队，收集民间文化素材，研究民间文化内涵，提高民间文化品位，打造民间文化品牌。

建立与地方文化产业园合作共建机制。高校文化研究有余，但文化产业化不足。地方文化创意产业园是产业化有余，而文化研究不足。高校文化研究与地方文化产业园脱离，导致高校很多文化研究成果无法实现成果转移转化，自然也就无法实现高校文化研究成果的经济效益和社会效益的最大化。基于此，高校应建立与地方文化产业园合作共建机制，增加地方特色文化建设的聚集效应。

建立地方特色文化建设奖励制度。学校应设立地方特色文化传承与创新专门基金，制定相关管理制度，主要用于广大师生进行地方特色文化传承与创新及文化产业化相关研究的前期工作或奖励为文化产业发展做出突出贡献的人员。

建立校地校企合办文化艺术节制度。地方应用型本科高校每年都要举办文化艺术节，地方政府每年也往往举办文化艺术节。建立"政府—高校—企业"合办文化艺术节机制，不但可以丰富文化艺术节的内容和形式，也可以提高地方文化艺术节的品牌效应和水平。因此，不论是参与地方文化艺术节，还是高校自身举办的校内文化艺术节，都应该实行"政府—高校—企业一体化"联动机制。

六　创新高校资源服务管理制度

　　近年来，高校资源服务在地方应用型本科高校社会服务中扮演着越来越重要的角色。高校资源有广义和狭义之分：广义上的高校资源既包括高校图书馆等物质性资源，也包括高校科技成果等非物质性资源，是高校所有资源的总称；狭义上的高校资源主要是高校图书馆、体育馆、实验室等物质性资源。本书所述高校资源，概指狭义上的高校资源。

　　目前，高校资源服务客观存在服务观念落后、服务不到位、管理制度建设滞后、有偿服务无偿服务不清、资源服务受限、服务形式单一等诸多现实问题。欧美大学对所在城市也提供体育馆、图书馆、科技信息、科研成果、实验室、实训中心等高等教育资源服务，但大多数都是有偿服务。这一点，不是我国应用型本科高校应该模仿的，正确的选择应该是"部分有偿服务、部分无偿服务"。诸如具有损耗性质的实验设备及研发技术成果等应该是有偿服务，而具有公益性质的体育馆、图书馆、科技信息情报、部分实验室和实训室中心等应该是无偿服务。利用高校优质资源为地方市民提供资源服务，既有利于高校深化产教融合教育教学综合改革，也有利于推动产教融合型城市建设。

　　创新应用型本科高校图书、情报、信息服务管理制度。应用型本科高校是各地图书、情报、信息资源高地，免费对城市市民提供图书、情报服务极受市民欢迎。对所在城市市民免费提供图书、情报、信息服务，势必增加图书情报管理人员的工作量，应用型本科高校应通过管理制度创新，尽可能地为市民提供服务。例如，下载"中国知网"的期刊文献是有偿的，而地方高校都按年度购买了"中国知网"使用权，地方政府机构及企业专业技术人员、管理人员可以借助地方本科高校免费获取"中国知网"的各种期刊论文等情报信息。再如，高校图书馆特藏文献库（地方古文献库）对地方特色传统优秀文化的传承与创新具有重要意义。事实上，各地市民对高校图书情报服务需求呈现个性化、专业化、多元化趋势，传统的以图书借阅服务为主模式难以满足广大市民对各种信息情报的快速需求，"亟待推进高校数字资源社会化服务与互联网的深度融合"[①]。高校图书馆、信息中心等部门应通过文献借阅、文献传递、代查代检、决策咨询、信息咨询、科学普及、教育培训等多种服务方式线上线下及时传递给不同的用户，以提高地方高校图书情报信息对地方经济社会发展的贡献度。

　　建立地方高校与地方政府、行业企业之间优质资源互补共享机制。地方应用型本科高校应充分利用大数据等现代科技手段，为地方政府、行业企业提供网络服务、信息服务、微信服务、电商服务等。不论是地方企业还是地方政府对于各种技术问题、管理问题、社会问题的需求是动态性的、临时性的甚至可能是应急性的，作为地方的人才高地、技术高地，地方应用型本科高校应及时回应地方政府、地方企事业单位对各种问题的需求，并及时给予解难答疑、解决方案。同时，"地方经济社会发展水平为高等教育的内涵式发展提供

---

① 周效章. 高校数字资源社会化服务的内涵嬗变与模式构建[J]. 图书与情报，2019（2）：107.

了物质基础"①，通过资源互动互补服务，以合作共赢为原则，高校可以利用地方政府、行业企业的优质资源加强应用型人才培养、应用型科学研究、双师双能型师资队伍建设等活动。

创新应用型本科高校艺术资源服务管理制度②。我国应用型本科高校是我国各地的音乐、舞蹈、美术等艺术研究与创新高地，高校拥有优秀的艺术专业师资、先进的音乐厅、画院等硬件设施。然而，我国高校艺术资源主要应用于艺术人才培养和校园文化建设，服务社会效益有限，完全可以通过服务区域中小学、市域社区、地方行业、地方企业、市域市民文化艺术活动，实现高校艺术"教育资源对校园文化建设的提质增效"③。高校有"民间艺术进课堂""艺术生参与社会实践""高校艺术成果走向社会表演舞台"等人才培养需求，社会有"高校专家提高民间艺术水平""高校资源帮扶民间艺术""校地合作开展文化艺术活动"的需求，高校与社会有合作的基础。加强高校艺术资源服务，势必增加高校艺术资源消耗和劳动成本。鉴于此，高校应通过管理制度创新，通过"服务外包"有偿或无偿等形式开展服务社会活动，建立"互利共赢"的合作机制，增加支持和奖励力度，充分调动高校艺术教师和管理者参与地方文化艺术建设的积极性、主动性，进而促进高校和地方文化艺术事业的共同繁荣、协同发展。

创新应用型本科高校体育资源服务管理制度。把高校体育资源纳入市域全民健身公共服务体系。新时代，"健康中国"背景下民众对健康生活的需求比以往任何时期都更加强烈，地方应用型本科高校体育馆及其体育设施，正好可以满足部分市民的健身活动需求。学校还应充分利用体育教师资源及其先进的健身科学理论知识投入到市民健康、社会健康活动之中，为区域市民"全民健康"活动提供人力、智力支持，进而提高学校"全民健康"服务贡献度。

① 储著斌. 现代大学治理的地方高校实践研究[M]. 成都：西南交通大学出版社，2018：135.
② 关于加快构建现代公共文化服务体系的意见（2015年第3号）[R]. 中华人民共和国国务院公报，2015-01-19.
③ 甘露. 高校音乐教育资源服务中小学校园文化建设探析[J]. 现代交际，2019（23）：28.

参考文选

>>>>>>>>>>>>>>>>>>>

一 政策类

[1] 教育部. 关于"十三五"时期高等学校设置工作的意见（教发〔2017〕3号）[R]. 2017-01-25.

[2] 教育部，国家发展改革委，财政部. 关于引导部分地方普通本科高校向应用型转变的指导意见（教发〔2015〕7号）[R]. 2015-10-21.

[3] 教育部. 关于深化本科教育教学改革全面提高人才培养质量的意见（教高〔2019〕6号）[R]. 2019-10-12.

[4] 国务院办公厅. 关于深化产教融合的若干意见（国办发〔2017〕95号）[R]. 2017-12-19.

[5] 国务院. 关于印发国家教育事业发展"十三五"规划的通知（国发〔2017〕4号）[R]. 2017-01-10.

[6] 国务院办公厅. 关于深化高等学校创新创业教育改革的实施意见（国办发〔2015〕36号）[R]. 2015-05-04.

[7] 教育部. 关于进一步加强高等学校本科教学工作的若干意见（教高〔2005〕1号）[R]. 2005-01-07.

[8] 教育部. 关于全面提高高等教育质量的若干意见（教高〔2012〕4号）[R]. 2012-04-20.

[9] 教育部. 关于加强和规范普通本科高校实习管理工作的意见（教高函〔2019〕12号）[R]. 2019-07-10.

[10] 中共中央办公厅，国务院办公厅. 关于深化职称制度改革的意见（中办发〔2016〕77号）[R]. 2017-01-08.

[11] 国务院学位委员会. 关于开展2017年博士硕士学位授权审核工作的通知（学位〔2017〕12号）[R]. 2017-03-17.

[12] 人力资源和社会保障部. 关于支持和鼓励事业单位专业技术人员创新创业的指导意见（人社部规〔2017〕4号）[R]. 2017-03-10.

[13] 科技部办公厅. 关于开展科技人员服务企业专项行动的通知（国科办函智〔2020〕59号）[R]. 2020-04-07.

[14] 中华人民共和国国务院. 事业单位人事管理条例（第652号）[R]. 2014-04-25.

[15] 教育部. 新时代高校教师职业行为十项准则（教师〔2018〕16号）[R]. 2018-11-08.

[16] 中共中央办公厅，国务院办公厅. 关于进一步完善中央财政科研项目资金管理等政策的若干意见（2016年第23号）[R]. 2016-09-13.

[17] 中共中央办公厅，国务院办公厅.关于加快构建现代公共文化服务体系的意见（2015年第3号）[R]. 2015-01-19.

[18] 教育部.普通高等学校学生管理规定（中华人民共和国教育部令第41号）[R]. 2017-02-04

[19] 教育部办公厅. 关于加强普通高等学校毕业设计（论文）工作的通知（教高厅（2004）14号）[R]. 2004-04-08.

（二）著作类

[20] 邓小平. 邓小平文选[M]. 第2卷. 北京：人民出版社，1994.

[21] 习近平. 习近平谈治国理政[M]. 第二卷. 北京：外文出版社，2017.

[22] 中共中央宣传部.习近平新时代中国特色社会主义思想学习纲要 [M]. 北京：人民出版社，2019.

[23] 中共中央宣传部. 习近平总书记系列重要讲话读本[M]. 北京：人民出版社，2016.

[24] 潘懋元. 潘懋元文集[M]. 广州：广东教育出版社，2010.

[25] 谭贞，刘海峰，等. 新建本科院校转型发展模式研究[M]. 北京：科学出版社，2017.

[26] 顾永安，刘海峰，等. 新建本科院校转型发展论[M]. 北京：中国社会科学出版社，2012.

[27] 孙霄兵. 中国特色现代大学制度建设研究[M]. 北京：教育科学出版社，2014.

[28] 唐世刚. 大学制度价值论[M]. 青岛：中国海洋大学出版社，2017.

[29] 张茂聪，李松玉. 现代大学管理制度改革与创新：国际比较的视野[M]. 济南：山东教育出版社，2013.

[30] 王洪才. 中国大学模式探索：中国特色的现代大学制度构建[M]. 北京：教育科学出版社，2013.

[31] 储著斌. 现代大学治理的地方高校实践研究[M]. 成都：西南交通大学出版社，2018.

[32] 彭俊. 现代大学制度研究——以学术自由权为核心[M]. 北京：中国政法大学出版社，2018.

[33] 吴献新. 现代学校制度与管理实践[M]. 北京：高等教育出版社，2017.

[34] 邓泽民，董慧超. 德国应用科学大学研究[M]. 北京：科学出版社，2017.

[35] 郑邦山. 新建本科院校发展道路探索[M]. 开封：河南大学出版社，2010.

[36] 史秋衡，等. 高等教育大众化阶段质量保障与评价体系研究[M]. 广州：广东高等教育出版社，2012.

[37] 刘克宽. 应用型本科教育质量规范化管理机制研究[M]. 北京：教育科学出版社，2014.

[38] 房敏. 规制与引领：地方新建本科高校教学管理制度研究[M]. 北京：中国社会科学出版社，2018.

[39] 和震，李玉珠，等. 职业教育产教融合制度创新[M]. 北京：科学出版社，2018.

[40] 王前新，刘欣. 新建本科院校运行机制研究[M]. 北京：科学出版社，2001.

[41] 徐绪卿. 教学服务型大学：理论研究与制度框架[M]. 北京：中国社会科学出版社，2014.

[42] 郭丽君，等. 地方高校产学研合作研究[M]. 北京：中国社会科学出版社，2016.

[43] 朱爱青. 素质教育背景下高校教学管理制度改革研究[M]. 北京：中国纺织出版社，2019.

[44] 王家忠. 改造我们的大学：地方本科高校综合改革探论[M]. 北京：光明日报出版社，2019.

[45] 马周琴. 新建本科院校教学管理创新研究[M]. 北京：团结出版社，2017.

[46] 李兴华. 高校内部管理体制改革新论：自主创新的研究视角[M]. 北京：教育科学出版社，2018.

[47] 贺星岳，等. 现代高职的产教融合范式[M]. 杭州：浙江大学出版社，2015.

[48] 盛正发. 新建本科院校科研能力建设[M]. 长沙：湖南师范大学出版社，2012.

[49] 余东升，魏曙光. 中国院校研究案例（第五辑）[M]. 武汉：华中科技大学出版社，2016.

[50] （美）伯顿·克拉克. 高等教育系统——学术组织的跨国研究[M]. 杭州：杭州大学出版社，1994.

[51] （美）道格拉斯. 制度、制度变迁与经济绩效[M]. 上海：上海人民出版社，2008.

[52] （德）卡尔·雅斯贝尔斯. 大学之理念[M]. 邱立波，译. 上海：上海人民出版社，2007.

[53] （英）卡尔·波普尔. 猜想与反驳：科学知识的增长[M]. 傅季重，等译. 上海：上海译文出版社，1986.

[54] （美）弗雷德里克·泰勒. 科学管理原理[M]. 北京：北京大学出版社，2013.

[55] （德）舒尔曼·哈肯. 协同学导论[M]. 凌复华，译. 上海：上海译文出版社，2005.

[56] （美）亨利·埃茨科威兹，勒特·雷得斯多夫. 三螺旋——大学·产业·政府三元一体的创新战略[M]. 周春彦，译. 北京：东方出版社，2005.

[57] （美）克拉克·克尔. 大学的功用[M]. 南昌：江西教育出版社，1993.

[58] 任君庆. 服务型区域教育体系的校企合作研究[M]. 北京：高等教育出版社，2016.

三 学位论文类

[59] 陈星. 应用型高校产教融合动力研究[D]. 重庆：西南大学，2017.

[60] 何淑通. 高校管理人员专业发展研究[D]. 南京：南京师范大学，2017.

[61] 许化荣. 治理视角下我国地方高校院（系）学术委员会运行模式研究[D]. 济南：山东师范大学，2017.

[62] 肖心茹. 高校制度反腐过程中的观念误区研究[D]. 长沙：湖南师范大学，2015.

[63] 吴华. 高校教师聘任制度理论与实践研究[D]. 福州：福建师范大学，2017.

[64] 张伟杰. 高校学科带头人聘任的研究[D]. 杭州：浙江大学，2003.

[65] 王征. 中美高校教师绩效考核制度比较研究[D]. 兰州：兰州大学，2016.

[66] 孙霖. 日本大学教授学术权利的制度保障[D]. 济南：山东大学，2017.

[67] 邓琳蕾. 地方高校服务区域经济发展研究[D]. 南充：西华师范大学，2018.

[68] 王凡. 建本科院校社会服务能力提升研究[D]. 武汉：华中科技大学，2018.

[69] 韩忠全. 大学生管理法制化研究[D]. 哈尔滨：哈尔滨师范大学，2017.

[70] 胡蕾蕾. 德国应用科技型大学的制度研究[D]. 南京：南京理工大学，2010.

[71] 张翠琴. 德国应用科技大学（FH）研究[D]. 重庆：西南大学，2008.

[72] 彭梦娇. 应用型本科高校产教融合的研究 [D]. 重庆：重庆师范大学，2016.

[73] 袁光敏. 基于法规视角的高校内部管例制度建设研究[D]. 长沙：湖南农业大学，2010.

[74] 郭达. 产业演进趋势下高等职业教育与产业协调发展研究 [D]. 天津：天津大学，2017.

[75] 王玉丰. 常规突破与转型跃迁——新建本科院校转型发展的自组织分析[D]. 武汉：华中科技大学，2008.

[76] 雷瑞瑞. 芬兰拉瑞尔应用科技大学 LbD 人才培养模式研究[D]. 兰州：西北师范大学，2014.

[77] 赵田英. 民办应用型本科院校"双师双能型"师资队伍建设研究[D]. 南宁：广西大学，2016.

[78] 赵石言. S高校绩效工资改革的问题与对策[D]. 苏州：苏州大学，2018.

[79] 杨亚斐. 地方高校青年教师专业发展实证研究——基于四所高校的调查分析[D]. 济南：山东财经大学，2018.

[80] 刘尚玉. 高校青年教师科研激励机制研究[D]. 重庆：西南大学，2016.

[81] 陈骏阳. 面向技术转移能力提升的高校技术经纪人队伍建设策略研究[D]. 杭州：浙江工业大学，2017.

[82] 周永俊. 地方高校社会服务能力建设研究[D]. 福州：福建师范大学，2018.

[83] 赵绎琳. 加拿大滑铁卢大学产学合作教育研究[D]. 大连：辽宁师范大学，2016.

[84] 李硕. 中美高校智库的比较研究[D]. 济南：山东大学，2019.

[85] 刘璐. 德国应用科学大学与企业合作办学的运行机制研究[D]. 保定：河北大学，2017.

[86] 杨红荃. 职业教育校企合作中的法律制度建设研究[D]. 武汉：武汉大学，2013.

[87] 郭庆. 日本高校技术转移模式及其对中国的启示[D]. 湘潭：湘潭大学，2013.

[88] 孟牟俪俪. 高校科技成果转化制度的完善研究[D]. 成都：西南交通大学，2018.

[89] 孟宪阳. 营口市高校创业教育管理研究[D]. 大连：大连理工大学，2016.

[90] 崔艳妮. 大学生就业管理研究[D]. 太原：山西大学，2014.

[91] 张文娇. 应用型本科院校专业课师资队伍建设研究——以河北省十所试点院校为例[D]. 石家庄：河北师范大学，2018.

四 期刊和报纸论文类

[92] 习近平. 坚持中国特色社会主义教育发展道路 培养德智体美劳全面发展的社会主义建设者和接班人[N]. 人民日报，2018-09-11.

[93] 潘懋元. 什么是应用型本科[J]. 高教探索，2010（1）.

[94] 潘懋元. 试论理论联系实际的教学方针[J]. 厦门大学学报，1956（1）.

[95] 潘懋元. 教学、生产劳动、科学研究的矛盾与统一[J]. 厦门大学学报，1959（1）.

[96] 潘懋元. 高等学校的社会职能[J]. 高等工程教育研究，1986（3）.

[97] 潘懋元. 中国高等教育的地方化与国际化[J]. 高教探索，1992（3）.

[98] 潘懋元. 分类、定位、特点、质量——当前中国高等教育发展中的若干问题[J]. 福建工程学院学报，1986（3）.

[99] 潘懋元. 我看应用型本科院校定位问题[J]. 教育发展研究，2007（7）.

[100] 刘献君. 论高等学校社会服务的体系化[J]. 高等教育研究，2014（12）.

[101] 杜玉波. 携手共建创新创业教育共同体[N]. 中国教育报，2019-11-29.

[102] 陈锋. 实施"大舰战略"：加快建设学科专业集群超级平台[J]. 中国高等教育，2016（23）.

[103] 袁新文. "最难就业年"如何破解[N]. 人民日报，2013-05-10.

[104] 沙森. 保障科研人员健康从制度入手[N]. 中国科学报，2018-06-04.

[105] 刘海明. 高校的社会贡献度也该"过过秤"[N]. 中国教育报，2018-11-20.

[106] 焦以璇. 东莞理工学院产教融合共育人才[N]. 中国教育报, 2018-07-20.

[107] 刘海峰, 白玉, 等. 我国应用技术大学建设与科研工作的转型[J]. 中国高教研究, 2015（7）.

[108] 刘海峰, 顾永安. 我国应用技术大学战略改革与人才培养要素转型[J]. 职业技术教育, 2014（10）.

[109] 顾永安, 刘海峰. 新建本科院校向应用技术大学转型的任务与举措[J]. 现代教育管理, 2014（11）.

[110] 夏霖, 刘海峰, 谭贞. 芬兰应用技术大学 RDI 科研范式及其启示[J]. 高教探索, 2019（4）.

[111] 刘海峰, 李娟. 应用技术型高校学科专业群建设研究[J]. 天中学刊, 2015（4）.

[112] 马陆亭. 应用技术大学建设的若干思考[J]. 中国高等教育, 2014（10）.

[113] 李建忠. 芬兰应用技术大学办学特色与经验[J]. 大学（学术版）, 2014（2）.

[114] 孙诚, 杜云英. 欧洲应用技术大学的发展思路[J]. 中国高等教育, 2014（12）.

[115] 王洪才. 中国该如何发展应用技术大学[J]. 高校教育管理, 2014（6）.

[116] 孙霄兵. 推进大学章程实施 提高高校治理水平[J]. 中国高等教育, 2016（19）.

[117] 范颖, 赵亚飞. 应用型本科院校大学章程比较研究[J]. 保山学院学报, 2017（4）.

[118] 鲍嵘, 朱华伟. 大学章程与高校内部治理结构之关系研究[J]. 现代教育管理, 2019（5）.

[119] 吴能武. 地方高校章程建设的问题分析与对策建议[J]. 上海教育评估研究, 2016（4）.

[120] 柳友荣. 新时代中国特色现代大学制度的学理阐释与实践理路[J]. 复旦教育论坛, 2018（4）.

[121] 罗昌勤, 韦春北. 新建本科院校贯彻党委领导下的校长负责制的困境和对策[J]. 高教论坛, 2014（1）.

[122] 杨科正, 张笑予. 论理事会在公立高校治理体系中的职责与建设[J]. 宝鸡文理学院学报, 2018（5）.

[123] 马凤岐, 等. 关于有效发挥我国高校理事会作用的几个问题 [J]. 复旦教育论坛, 2018（3）.

[124] 李延保, 张建林. 对新时代中国特色社会主义大学制度建设几个问题的讨论[J]. 高等教育研究, 2018（6）.

[125] 孙曙光. 高校理事会: 现代大学治理的制度创新[J]. 煤炭高等教育, 2015（3）.

[126] 谭光兴, 王祖霖. 新时代我国高校学术委员会制度探讨[J]. 江西师范大学学报, 2019（2）.

[127] 孙为, 刘焕礼. 对高校领导干部选拔任用现状与廉政风险防控的思考[J]. 黑龙江教育学院学报, 2018（6）.

[128] 谢宝富. 警惕披着"合法"外衣的高校腐败[J]. 人民论坛, 2019（3）.

[129] 孟庆国, 曹晔. 中国特色高技能人才培养体系与模式研究[J]. 职教论坛, 2016（13）.

[130] 洪求枝. 刍议应用型专业建设下的高校教务管理[J]. 湖北科技学院学报, 2015（6）.

[131] 贾雅琼, 俞斌. 浅谈开展创新性项目对应用型教学团队建设的促进作用[J]. 教育教学论坛, 2017（13）.

[132] 侯长林. 论应用型本科高校课堂教学的研究性[J]. 铜仁学院学报, 2019（1）.

[133] 李旭红. 应用型本科院校教师课堂教学方法使用现状调查[J]. 西部素质教育, 2019（7）.

[134] Achim Loewen. 应用科学大学实现应用型教学的基石[J]. 应用型高等教育研究, 2017（3）.

[135] 林芙蓉, 张学翎. 学分制下应用型本科院校第二课堂建设与管理对策[J]. 黑龙江教育学院学报, 2019（2）.

[136] 余雪，黄浩. 新建本科院校毕业论文质量管理体系研究[J]. 合肥学院学报，2019（1）.

[137] 龚兵丽. 应用型本科高校毕业论文（设计）分类管理模式[J]. 三明学院学报，2019（1）.

[138] 徐军伟. 地方本科院校转型要聚焦应用型学科建设[J]. 教育发展研究，2017（1）.

[139] 孙建京，吴智泉. 地方大学应用型学科专业建设探讨[J]. 北京教育，2015（5）.

[140] 张新婷. 地方本科院校应用型学科建设研究[J]. 铜仁学院学报，2017（11）.

[141] 王志蔚，王妍妍. 江苏应用型本科高校领先发展的政策建议[J]. 职业技术教育，2017（21）.

[142] 战锐，徐珊珊. 应用型本科院校学科建设的路径选择[J]. 职业技术教育，2017（29）.

[143] 陈刚，胡景乾. 高等教育内涵式发展背景下的一流学院和一流专业建设[J]. 安康学院学报，2017（6）.

[144] 邱竹，等. 基于区域性人才需求的应用型专业办学探讨[J]. 大学教育，2017（5）.

[145] 徐雁. 应用型专业教学质量评估与反馈机制存在的问题与对策[J]. 科技经济导刊，2018（36）.

[146] 朱涛. 地方高校应用型专业课程教学改革探讨[J]. 教育教学论坛，2018（4）.

[147] 冀宏，等. 基于校企合作教育的应用型课程建设理路[J]. 应用型高等教育研究，2017（1）.

[148] 张云霞. 基于校企合作的应用型教材建设探索[J]. 教育现代化，2017（2）.

[149] 王海峰，等. 新建高校应用型教材开发合作模式研究[J]. 宝鸡文理学院学报，2012（5）.

[150] 肖志雄，秦蓓. "双师型"教师专业化发展的管理策略研究[J]. 高教学刊，2016（9）.

[151] 李德建，周杰. "双师型"教师标准建构：逻辑起点、核心要素与路径选择[J]. 职教论坛，2017（25）.

[152] 古翠凤，胡相芳. "双师型"教师薪酬制度比较研究[J]. 教育观察，2018（17）.

[153] 言捷智，邹建国. 地方本科院校"双师型"教师队伍建设研究[J]. 学理论，2017（8）.

[154] 程莉萍，陶卫平. 应用型本科院校"双能型"师资队伍建设的探索与思考[J]. 黄山学院学报，2015（2）.

[155] 胡哲，等. 科研事业单位专业技术人员职称制度的改革与思考[J]. 人才资源开发，2018（12）.

[156] 李心沁，等. 高校中医药科研创新团队运行制度建设初探[J]. 人才研究，2017（1）.

[157] 蒋艳萍，吕建秋. 从制度建设谈广东高校横向科研项目管理现状与对策[J]. 科技管理研究，2015（5）.

[158] 杨晓刚，等. 高校横向科研项目管理的"放"与"收"[J]. 中国高校科技，2017（7）.

[159] 曹涛. 高校完善横向科研项目管理的几点建议[J]. 统计与管理，2016（3）.

[160] 李东生. 如何科学管理高校横向科研项目[J]. 中国高校科技，2018（1）.

[161] 李明镜，等. 对国家科研经费管理的再认识和制度重构[J]. 科技管理研究，2018（4）.

[162] 林学延. 高校科研财务助理的制度背景分析[J]. 金融经济，2019（4）.

[163] 张义芳. 美、英、德、日国立科研机构绩效评估制度探析[J]. 科技管理研究，2018（22）.

[164] 王岐. 科研人员流动的制度管理问题研究[J]. 辽宁经济，2019（1）.

[165] 苏洋洋，等. 论我国高校科研诚信教育制度之完善[J]. 山东科技大学学报，2019（2）.

[166] 王学通，等. 地方高校服务区域经济建设的问题与探索[J]. 工程经济，2018（4）.

[167] 谭静芬，等. 地方高校科研人员服务地方的激励机制研究[J]. 五邑大学学报，2018（2）.

[168] 孙锦礼. 河南应用型大学科研成果转化问题研究[J]. 智库时代，2019（5）.

[169] 高江宁. 高校技术转移机构建设路径与发展策略研究[J]. 中国科技产业，2018（10）.

[170] 凌春辉. 高校服务地方非物质文化遗产保护传承工作实证研究[J]. 沿海企业与科技, 2018（6）.

[171] 周辉. 地方高校如何提升服务区域发展能力[J]. 中国高校科技, 2018（8）.

[172] 罗文涵. 大学生管理的问题分析与机制创新研究[J]. 黑龙江高教研究, 2015（2）.

[173] 郑日辉. 大学生管理的问题分析与机制创新研究[J]. 科学大众, 2018（4）.

[174] 于永伟. 大学生管理由制度化向机制化变革研究[J]. 黑龙江高教研究, 2017（7）.

[175] 邵德福. 当代高校大学生管理工作存在的问题及解决措施[J]. 经济师, 2018（8）.

[176] 于大钊. 大学生校外实践基地管理制度的反思与重构[J]. 法制博览, 2017（10）.

[177] 黄梁. 青年辅导员在大学生管理工作中的优劣研究[J]. 高教学刊, 2016（20）.

[178] 常婉婷. 浅析我国高校学生会管理模式创新[J]. 智库时代, 2016（6）.

[179] 王钧永. 大学生社团管理机制创新与实践探索[J]. 现代交际, 2018（20）.

[180] 卿再花, 等. 大学生手机依赖对学业拖延的影响 [J]. 湖北第二师范学院学报, 2018（8）.

[181] 张红, 等. 大学生手机依赖程度与睡眠质量的相关性分析[J]. 当代护士, 2019（13）.

[182] 冯浩. 沈阳高校大学生创新创业管理制度构建[J]. 沈阳建筑大学学报, 2017（1）.

[183] 李琴, 等. 创业教育对大学生在校创业行为及毕业后创业意愿的影响[J]. 复旦教育论坛, 2018（4）.

[184] 宋柏红, 等. 大学生创业管理人才培养对接创业园区模式[J]. 当代青年研究, 2015（6）.

[185] 李盾. 湖北高校大学生创新创业管理体系构建及对策研究[J]. 湖北经济学院学报, 2018（12）.

[186] 郭婧. 高校就业创业指导师资队伍建设诉求与实现路径[J]. 黑龙江教育学院学报, 2019（4）.

[187] 江玲玲. 新时代下大学生就业服务保障体系研究[J]. 蚌埠学院学报, 2019（2）.

[188] 孙倩. 大学生就业指导制度国际化比较和中国选择[J]. 人民论坛, 2014（32）.

[189] 陆晓雨, 侯方. 大学生就业管理制度改革探析[J]. 教育管理, 2017（7）.

[190] 江小明, 张妙弟. 应用型大学有关概念和内涵问题的研究[J]. 北京教育, 2007（3）.

[191] 孙诚. 欧洲应用技术大学七大经验[J]. 瞭望, 2014（23）.

[192] 顾金良. 德国应用科技大学研究撷谈——兼论其对我国高职院校发展方向的启示[J]. 职教通讯, 2011（7）.

[193] 曹丹. 从"校企合作"到"产教融合"[J]. 天中学刊, 2015（1）.

[194] 王秋玉. 地方本科院校深化产教融合运行机制研究[J]. 中国成人教育, 2017（3）.

[195] 朱江. 高等职业教育研究概述[J]. 人力资源开发, 2016（7）.

[196] 黄洪强. 科学管理的建立[J]. 南方论坛, 2015（7）.

[197] 陈红喜. 基于三螺旋理论的政产学研合作模式与机制研究[J]. 科技进步与对策, 2009（24）.

[198] 黄东升. 应用型高校通识课程建设问题与优化路径[J]. 高教论坛, 2016（8）.

[199] 何燕, 等. 应用型本科高校外聘教师队伍建设及管理研究[J]. 教育现代化, 2017（10）.

[200] 别敦荣. 大学课堂革命的主要任务、重点、难点和突破口[J]. 中国高教研究, 2019（6）.

[201] 孙进. 培养高层次应用型人才[J]. 世界教育信息, 2012（12）.

[202] 王妍妍. 应用型本科高校优质课堂教学的基本特征[J]. 吉林工程技术师范学院学报, 2018（10）.

[203] 姚寿广. 德国两类技术型大学的比较与启示[J]. 中国大学教学, 2011（3）.

[204] 石金艳. 德国应用技术大学"项目研究"课程的教学实施及启示[J]. 职业技术教育, 2016（5）.

[205] 陈传锋, 等. 大学生参与科研活动与创新人才培养[J]. 大庆师范学院学报, 2009（5）.

[206] 熊涛. 地方应用型高校课程考试改革初探[J]. 现代企业教育，2014（14）.

[207] 刘英团. 本科毕业论文并非必不可少[J]. 甘肃教育，2012（11）.

[208] 姜朝晖. 德国应用技术大学人才培养模式探析[J]. 世界教育信息，2014（20）.

[209] 黄智铭. 项目导向的应用型本科毕业论文改革探析[J]. 改革与开放，2016（12）.

[210] 冯晓丽. 中美高校毕业设计比较及启示[J]. 佳木斯大学社会科学学报，2020（3）.

[211] 李娟. 我国应用技术型本科高校内部教学质量保障体系建设刍议[J]. 决策探索，2015（5）.

[212] 李晓玲. 应用型高校教学督导工作转型发展的路径[J]. 天津中德应用技术大学学报，2019(3).

[213] 曹惠民，等. 高校学生"评教"制度的风险及其矫正机制研究[J]. 辽宁教育行政学院学报，2017（6）.

[214] 黄莉. 新建本科院校应用型教学团队建设研究[J]. 宁波大学学报，2013（1）.

[215] 周志平，等. 高校教学考评工作的理论依据与实践导向[J]. 石家庄学院学报，2014（1）.

[216] 梁成艾，等. 德国高校教学管理之变革过程的创新与启示[J]. 学习与探索，2018（5）.

[217] 王欣艳，等. 地方新建本科院校重点特色学科建设理路[J]. 沧州师范学院学报，2019（2）.

[218] 贾汇亮. 美国高等学校专业设置与调整的市场机制分析[J]. 广东第二师范学院学报，2015(1).

[219] 林伦伦. 论地方本科高校重点特色学科建设[J]. 韩山师范学院学报，2013（4）.

[220] 张红艳，等. 地方高校学科建设的内涵、发展动力与竞争优势培养措施研究[J]. 河南科技学院学报，2018（12）.

[221] 王建华，朱青. 我国大学重点学科建设的制度特征[J]. 高等理工教育，2013（6）.

[222] 郭雷振. 我国高校校级重点学科建设管理体制探析[J]. 宁波大学学报，2015（3）.

[223] 张献. 地方普通高校高层次人才队伍建设研究[J]. 长春大学学报，2018（12）.

[224] 叶美兰，等. "中国制造2025"视域下的地方高校应用型学科建设[J]. 应用型高等教育研究，2019（1）.

[225] 严吉菲. 高校绩效拨款评估机制的比较研究：基于北美的视角[J]. 高教探索，2007（5）.

[226] 周建民，等. 新建本科院校转型发展中的应用型学科团队建设[J]. 江汉大学学报，2014（6）.

[227] 朱占峰. 应用型大学特色专业"123456"建设模式探索[J]. 高教学刊，2017（3）.

[228] 崔彦群，等. "双一流"背景下地方高校专业建设的突围与作为[J]. 浙江万里学院学报，2018（5）.

[229] 傅远佳，等. 地方应用型本科院校优势特色专业建设与改革探索——以钦州学院为例[J]. 教书育人，2018（21）.

[230] 顾永安. 应用本科专业集群：地方高校转型发展的重要突破口[J]. 中国高等教育，2016（22）.

[231] 张晞，等. 地方本科高校专业集群布局与建设的探索与思考[J]. 中国职业技术教育，2018(11).

[232] 吴仁华. 提升服务能力是地方新建本科高校加强学科专业建设的基本路径[J]. 中国大学教学，2015（1）.

[233] 孙旭. 地方本科高校应用型专业集群建设研究[J]. 商丘师范学院学报，2019（8）.

[234] 童昕，陈爱志. 专业集群化建设助推高校向应用型转变[J]. 教育评论，2017（11）.

[235] 何晓瑶，等. 地方本科高校应用型课程体系构建的路径与实践[J]. 高教学刊，2018（11）.

[236] 王丽霞. 地方应用型本科高校专业建设存在的问题及举措[J]. 吉林工程技术师范学院学报，2015（6）.

[237] 王小云，等. 应用型本科高校的应用型课程建设研究[J]. 金陵科技学院学报，2018（1）.

[238] 林年冬，等. 五个"三结合"：地方高校专业建设的有效途径[J]. 长春工业大学学报，2012（2）.

[239] 濮明月，等. 应用型本科院校教材建设问题研究[J]. 湖南工业职业技术学院学报，2014（6）.

[240] 王海峰，等. 苏北新建高校应用技术型教材建设策略研究[J]. 人民论坛，2015（1）.

[241] 安波. 应用型本科院校特色专业建设探析[J]. 黑龙江教育，2015（12）.

[242] 林静，等. 区域经济对应用型特色专业建设的影响与调适[J]. 赤峰学院学报，2015（7）.

[243] 汪一丁，等. 应用型高等院校的师资队伍建设研究[J]. 中国成人教育，2016（9）.

[244] 杜国民，等. 内蒙古应用型本科高校师资队伍转型的困境及对策研究[J]. 呼伦贝尔学院学报，2018（5）.

[245] 邢琦. 应用型本科高校师资队伍建设的方法与路径[J]. 教育探索，2018（2）.

[246] 李艳云. "互联网+"背景下教师研修模式探索与创新[J]. 教育实践与研究，2019（6）.

[247] 郭倩，等. 我国高校教师聘任制存在的问题及应对措施[J]. 中国电子教育，2014（1）.

[248] 李新辉，等. "双一流"建设背景下地方高校师资队伍建设途径[J]. 西部素质教育，2019（6）.

[249] 姜迎，等. "双一流"背景下高校师资队伍建设中的问题研究[J]. 中国校外教育，2019（5）.

[250] 夏建国. 在"变式"中寻找"协同路向"——技术本科院校产学合作特色化发展探索[J]. 天中学刊，2014（5）.

[251] 苏志刚，等. 科教产教融合建设高水平应用型本科师资队伍[J]. 中国高校科技，2018（11）.

[252] 朱旗. 转型高校"双师双能型"师资队伍构建[J]. 教育评论，2016（8）.

[253] 王敬涛. 坚持正确的政治方向推进高校教师队伍建设[J]. 新长征，2020（5）.

[254] 李育阳. 新时期高校教师队伍师德师风建设研究[J]. 教育教学论坛，2020（11）.

[255] 郑诚德. 转型发展背景下新建本科院校师资队伍建设的思考[J]. 闽江学院学报，2016（1）.

[256] 裴世保. 建立引才质量保证体系，促进一流师资队伍建设[J]. 大学教育，2020（4）.

[257] 王光远，等. 应用型地方本科高校的高层次人才引进策略[J]. 衡水学院学报，2020（1）.

[258] 苏洋. 世界一流大学如何平衡教师学术创业引发的冲突——斯坦福大学的经验与启示[J]. 比较教育研究，2020（4）.

[259] 章瑛. 法律解释结论的共同指向及其意义——以高校教师聘用合同约定违约金为分析对象[J]. 法律方法，2017（1）.

[260] 邵文龙. 高校教师聘用合同违约金问题探析[J]. 南京工程学院学报，2010（3）.

[261] 金伟娇. 基于 BP 神经网络的应用型本科院校教师业绩考核研究[J]. 经济师，2019（8）.

[262] 王淑娥. 基于个体优势的高校教师年度业绩考核方法设计探究[J]. 高教论坛，2014（2）.

[263] 陈斌. 建设应用技术大学的逻辑与困境[J]. 中国高教研究，2014（8）.

[264] 宁凯. 西方高校科学研究及其管理对我国新建本科院校的启示[J]. 黑龙江高教研究，2007（3）.

[265] 燕廷淼. 对高校科研经费管理制度及其未来走向的思考[J]. 财金研究，2013（6）.

[266] 匡瑛. 90年代以来境外科技大学现象及其对我国的启示[J]. 全球教育展望，2009（6）.

[267] 王斌锐，等. 教育国际化中学生交流[J]. 世界教育信息，2015（20）.

[268] 赵晶晶. 瑞士应用技术大学与社会发展的互动研究[J]. 大学（学术版），2013（9）.

[269] 杜云英. 荷兰应用技术大学：国家竞争力的助推器[J]. 大学（学术版），2013（9）.

[270] 洪成文. 企业家精神与沃里克大学的崛起[J]. 比较教育研究，2001（2）.

[271] 井美莹，等. 芬兰应用技术大学科研功能发展的制度分析[J]. 国家教育行政学院学报，2018（6）.

[272] 林芬芬，等. 美国国立科研院所和高校科研人员薪酬制度现状及启示[J]. 科技管理研究，2017（13）.

[273] 龙进，等. 以科研为牵引提升新建本科院校办学水平[J]. 中国高等教育，2011（22）.

[274] 宋旭璞，等. 高校科研经费管理制度实施中的问题及对策研究[J]. 高教探索，2019（4）.

[275] 高玮，等. 政府科研经费管理与效益研究[J]. 江西社会科学，2009（5）.

[276] 郭燕锋，等. 完善学科带头人工作机制，提升省属高校学科建设水平[J]. 中国成人教育，2017（22）.

[277] 潘彩霞，等. 德国科研机构管理体制研究及启发[J]. 机电信息，2016（33）.

[278] 刘艳. 高校科技成果服务地方经济发展的现状及转化途径分析[J]. 高教学刊，2019（6）.

[279] 周海萍. 新建本科院校科学研究特色的养成[J]. 中国成人教育，2013（22）.

[280] 张兄武，等. 关于地方本科院校转型发展的思考[J]. 中国高教研究，2014（10）.

[281] 吴海江，等. "入围或突围"："双一流"建设背景下地方高校学科发展的挑战与应对[J]. 教育发展研究，2018（13）.

[282] 苏雅楠，等. 创新能力培养背景下第二课堂管理优化策略[J]. 教育现代化，2019（6）.

[283] 陈竞泽，胡正东. 大学生社团管理思考[J]. 合作经济与科技，2019（8）.

[284] 周虹. 大学生校外实践基地管理制度的反思与重构[J]. 教育现代化，2019（6）.

[285] 吉久阳，等. 高校本科生转专业问题与对策研究[J]. 教育教学论坛，2019（33）.

[286] 廖康礼，王玉勤. 大学生休学创业管理机制探讨[J]. 科技广场，2019（4）.

[287] 张洪秀，等. 大学生手机依赖现象对高校课堂教学的影响及对策[J]. 新课程研究，2019（6）.

[288] 郭勇. 创建高校文明宿舍 提升校园文化育人软实力[J]. 中国轻工教育，2017（1）.

[289] 姚琼丽，等. 大学生心理危机预防与干预机制的实践与探讨[J]. 当代教育实践与教学研究，2020（9）.

[290] 范晴岚. 略论高校先进班集体创评模式——以苏州科技大学为例[J]. 高教论坛，2016（7）.

[291] 秦荣廷. 大学生竞赛活动精准指导研究——以"挑战杯"为例[J]. 教育现代化，2018（5）.

[292] 冯永政，潘继强. 大学生学科竞赛组织管理模式探索与研究[J]. 陕西教育，2020（1）.

[293] 何顺超，等. 因考试违纪受处分大学生的应激性心理问题干预一例[J]. 校园心理，2016（3）.

[294] 叶磊，等. 地方高校社会服务现状与对策——以盐城工学院为例[J]. 高教学刊，2019（4）.

[295] 贺兰. 转型发展时期地方本科院校社会服务能力提升研究[J]. 吉林工程技术师范学院学报，2019（1）.

[296] 喻忠恩，姚楚英. 企业参与职业教育：日本的经验及启示[J]. 职教论坛，2012（36）.

[297] 吴继军. 转型发展背景下地方本科院校服务社会能力提升策略探究[J]. 高教学刊，2017（7）.

[298] 郑桂茹，等. 高校科技特派员精准扶贫管理模式及实现路径——以河北科技师范学院为[J]. 河北科技师范学院学报，2018（2）.

[299] 牛建强. 市属高校服务地方创新驱动发展制约机制改革研究[J]. 教育科学论坛，2018（5）.

[300] 石玥，等. 高校教育资源为民营企业服务的可行性分析[J]. 科技经济导刊，2019（4）.

[301] 申云凤. 高校科研成果为地方经济服务存在问题及对策研究[J]. 科技经济导刊，2019（4）.

[302] 靳诺. 中国特色新型高校智库的建设和发展[J]. 中国高等教育，2019（20）.

[303] 黄海波. 我国高校智库人才管理中的问题与对策[J]. 西部经济管理论坛，2019（5）.

[304] 易静. 高校服务地方工作的融合发展路径[J]. 中国高校科技，2017（10）.

[305] 孙战伟. 高校智库建设：具体标准、运行机制及实现路径[J]. 智库理论与实践，2018（2）.

[306] 徐文. 大数据背景下高校智库建设的困境与策略[J]. 吉林工商学院学报，2019（6）.

[307] 周效章. 高校数字资源社会化服务的内涵嬗变与模式构建[J]. 图书与情报，2019（2）.

[308] 甘露. 高校音乐教育资源服务中小学校园文化建设探析[J]. 现代交际，2019（23）.

[309] 孙诚，等. 我国普通高等学校师资队伍结构现状分析[J]. 大学（学术版），2010（8）.

[310] 李丽娜. 应用型本科高校师资队伍组构与管理策略研究[J]. 福建工程学院学报，2015（2）.

[311] 徐志平，等. 我国高校专任教师博士率的结构特征及其成因分析[J]. 黑龙江高教研究，2019（2）.

[312] 纪灵军. 新建本科院校博士学位教师工作满意度调查研究[J]. 天水师范学院学报，2017（2）.

五 研究报告类

[313] 中国教育科学研究院课题组. 欧洲应用技术大学国别研究报告[R]. 2013-12-10.

六 外文类

[314] Altbach P G. The Past, Present, and Future of the Research University[M] //The Road to Academic Excellence: the Making of World-Class Research Universities Washington, DC: The World Bank, 2011.

[315] Paul Dickson. Think Tanks[M]. New York: Atheneum,1971.

[316] Mika J Kortelainen. The RDI Activities and Services of Laurea University of Applied Sciences[R]. 2018.

[317] Finnish Higher Education Evaluation Council. Quality Management in RDI Activities and Services of JAMK University of Applied Sciences[R]. Finnish Higher Education Evaluation Council，2011.

[318] Ali Taghi Poor Zahir, Leila Safaei Fakhri. Improve Faculty Effectiveness by Sabbatical Leave[J]. Procedia-Social and Behavioral Sciences , 2011.

[319] Jerry G Caff. Handbook of Undergraduate Curriculum: A Comprehensive Guide to Purposes, Structure, Practice, and Change. San Francisco: Jossey-Bass Publisher, 1997.

[320] Nevitt Sanford. The American College: A Psychological and Social Interpretation of the Higher Learning. New York. John Wiley & Sons, 1962.

[321] Daniel M Johnson, David A Bell, et al. Metropolitan Universities: An Emerging Model in American HigherEducation, Piii. University of North Texas Press,1995.

[322] M Schramm, C Kerst. Berufseinmundung und Enverbstatigkeit in den Ingenieur-und Naturwissen-schaften. Hannover: HIS, Projektbericht, 2009.

[323] Austin Grey C. Fostering Academic Excellence Through Honors Programs [M]. San Francisco: Jossey-Bass，1986.

后　记

>>>>>>>>>>>>>>

　　阳春三月，正是一年一度的花好季节，我们黄淮学院项目组历经三年的艰辛努力终于完成了《我国应用型本科高校管理制度创新研究》的书稿撰写工作并将与广大读者见面，释然之余，更感惴惴不安！

　　高校内部管理制度改革是一个研究难度极大的领域，涉及面宽，内容庞杂。各校近年来创新的一些"暂行"或"试行"管理制度，由于保密的需要，一般不对外公开，这就增加了我们研究的难度。我们项目组曾经到重庆科技学院、常熟理工学院、铜仁学院、郑州工业应用技术学院等兄弟院校做调研，但收集到的"新制度"材料可谓寥寥。我们也曾派人到德国亚琛应用技术大学、芬兰洛雷亚应用技术大学进行专题调研，但所获得的"学校内部管理制度"资料比较零碎。另外，由于我们黄淮学院项目组成员大都承担繁重的教学任务和学校工作，科研任务都是平日里加班加点或利用寒暑假挤时间完成的，加之我们人手有限、水平有限，本书水平难馕众意。对此，我们项目组成员是清醒的，这是我们未来需要进一步努力的地方。关心应用型本科高校"管理制度"改革和"内部治理结构"改革的读者倘若通过《我国应用型本科高校管理制度创新研究》一书对"应用型教学、应用型科研、应用型师资、应用型学科专业和社会服务等管理制度的改革策略"有所借鉴，则于愿足矣！

　　本书最初框架和最终框架由刘海峰博士与夏霖博士共同商定，刘海峰博士首先对各章节的谋篇布局、基本内容、创新要点及著作体例做出规定，然后由项目组成员按照任务分工撰写初稿。各部分执笔人是：前言，黄淮学院刘海峰博士；第一章应用型本科高校管理制度概述，黄淮学院刘海峰博士；第二章应用型本科高校教学管理制度的创新，黄淮学院李娟和邰景阁讲师；第三章应用型本科高校学科专业管理制度的创新，郑州工业应用技术学院吴杰霞讲师；第四章应用型本科高校师资管理制度的创新，驻马店技师学院石剑高级讲师；第五章应用型本科高校科研管理制度的创新，驻马店市行政事业单位国有资产管理中心吴荣立高级经济师；第六章应用型本科高校学生管理制度的创新，郑州工业应用技术学院吴杰霞讲师；第七章应用型本科高校社会服务管理制度的创新，黄淮学院张静博士。全书最后由刘海峰博士、夏霖博士统一修改、统稿、定稿。

　　本书得到河南省高等学校人文社会科学重点研究基地黄淮学院应用型高校产教融合发展研究中心的资助。

　　本书的撰写，得到了教育部学校规划建设发展中心创新发展处刘志敏处长、芬兰洛雷亚应用技术大学迈克·J. 考特莱恩（Mika J. Kortelainen）教授、黄淮学院谭贞教授、张彦群教授和常熟理工学院顾永安教授的指导和支持，同时还得到了电子工业出版社的大力支持。在此，谨向他们表达衷心的感谢和诚挚的敬意！

我国应用技术大学管理制度创新研究项目组

2020 年 3 月

反侵权盗版声明

电子工业出版社依法对本作品享有专有出版权。任何未经权利人书面许可，复制、销售或通过信息网络传播本作品的行为；歪曲、篡改、剽窃本作品的行为，均违反《中华人民共和国著作权法》，其行为人应承担相应的民事责任和行政责任，构成犯罪的，将被依法追究刑事责任。

为了维护市场秩序，保护权利人的合法权益，我社将依法查处和打击侵权盗版的单位和个人。欢迎社会各界人士积极举报侵权盗版行为，本社将奖励举报有功人员，并保证举报人的信息不被泄露。

举报电话：（010）88254396；（010）88258888

传　　真：（010）88254397

E-mail:　dbqq@phei.com.cn

通信地址：北京市万寿路南口金家村 288 号华信大厦

　　　　　电子工业出版社总编办公室

邮　　编：100036